内村鑑三

その聖書読解と危機の時代

関根清三
Sekine Seizo

筑摩選書

内村鑑三　目次

第二章　新約聖書読解と戦争論　079

第三章　旧約聖書読解と震災論　209

内村鑑三

その聖書読解と危機の時代

凡例

一、内村鑑三の著作からの引用は原則として、『内村鑑三全集』（全四〇巻、岩波書店、一九八〇―一九八四年）を底本とする。引用の後の、例えば「全二八／二五」といった略記は、この全集の第二八巻、二五頁を意味する。単に『全集』と言う場合にはこちらの新版を指し、『内村鑑三全集』（全二〇巻、岩波書店、一九三二年―一九三三年）は別に、旧版『内村鑑三全集』のように呼び分ける。

二、原文のゴマ、白ゴマ、黒丸、白丸、二重丸等の傍点は、不可欠の場合以外は割愛する。

三、引用者によるゴマは、その旨明記する。

四、引用文中の「……」は、引用者による省略を意味する。

五、亀甲括弧〔　〕内は、引用者による敷衍的説明である。

六、ルビは、原則として原文に従い、それ以外にも現代の読者に読みにくいと思われる漢字には努めて付けることとする。

七、旧字体は原則として新字体に置き換える。

前書き

本書は、五つの章から成る。

まず序章では、内村を読み、また内村について語る際に心すべき一点について、言わば解釈と表現をめぐる方法を確認する。総じてテクストを読む際、徒《いたずら》にネガティヴな批判に終始すべきではない。批判の先に洗い出されてくるポジティヴな価値に対する、言わばクリティカルな視点が不可欠となるはずである（批判とクリティークの違いについては、漢語・欧語の比較に基づく今道友信氏の既に古典的と言ってよい論考を参照(1)）。内村についても或る誤解に基づく批判がなされることがあるが、その誤解を予め解いて、あまり回り道をしないでそのポジティヴな価値へと直進する方途を押さえておきたい。そしてそれは、著者自身、その価値について語る語り口と心組みを確認する手続きともなるであろうか。

続く第一章では、内村の起伏に富む生涯の歩みを辿る。伝記的事実は著者によってそう変わるものではないが、内村について初めての読者には分かり易いように、また既に御存知の読者にも、なるべく多様な資料をバランスよく参看しつつ、不敬事件の偏らない整理や、二人の女性の死とその影響の大きさ、そして生涯一貫してのことだが、理想と現実の間の矛盾といった視点を特に強調し、従来の見方に新味を加えることに努める。

第二章では新約聖書の三つの部分――福音書、行伝・書簡、黙示録――ごとに内村の読解を辿りながら、前後に日清戦争、日露戦争、第一次世界大戦における彼の戦争論の変転を配して、両者の関わりを展望する。

また第三章では、旧約聖書の四つの部分――モーセ五書、歴史書、文学書、預言書――ごとに彼の読みを参看しながら、前後に関東大震災の年の日記を瞥見して、彼の震災論の出自と帰趨を見極める。

もって、彼の時代を襲った、戦争と震災という二つの危機に、内村鑑三はその聖書研究に基づいてどう立ち向かったか、その間の事情を少しく闡明したい。そして各章の小括、中んづく終章では、その現代的射程をクリティカルに吟味し考察する。義戦論から非戦論、更には再臨信仰に基づく非戦論へと変転していったその戦争論は、相互にどのような内的緊張をはらんでいるのか、また震災に際して語った天譴《てんけん》論は世人の批判にさらされ、自身ほぼ撤回したかに見えるが、価値への憧憬としてのクリティークの対象と果たして全くなり得ないものなのか、こうした現実と斬り結び果敢な試行錯誤を繰り返した内村の生涯を貫く独自の地歩は、ではどこに見出されるのか、本書の思考はそうした諸問題へと焦点を結んで行くこととなるはずである。

著者は内村鑑三を専門としているわけではないが、折に触れて内村を読み、その都度感動を与えられ、思考を促されてきた。また請われるままに内村について書き散らすことを、断続的にではあれ、続けてきた。それらを元に纏まった一書を書き上げ、選書の読者とコンパクトな形で、内村を読む感動と歓びを分かち合い、以って貧しいながらも何らかの返礼ができれば――そんな思いが本書執筆の出発点となった。返礼とは、内村から受けたものへの恩返し、また応答の謂であり、そして本書を手に取ってくださる読者の労に少しでも報いたいとのこころでもある。「内村鑑三」と題する類書が多い中で、しかし屋上屋を架しても仕様がない。専門の聖書学の視点から、内村の聖書読解の実例を集め、その特色を闡明することを試みたい。これは、本質的でありながら、従来の内村研究では寡聞の限り十分には論じられてこなかった点である。ここに本書なりの貢献の余地があるであろう(2)。

ただし内村は単に書斎にこもって聖書を解釈した、いわゆる聖書学者ではなかった。むしろ聖書の読解に基づいて、現実の問題と斬り結ぶところにこそ、彼の真骨頂があった。とすれば、彼の聖書読解と彼の生きた危機の時代への対処とを、関連づけて論ずる必要があるに違いない。彼が経験した二大危機――戦争という人災と震災という天災――と、彼はどう斬り結んだのか。その点を追跡することが、本書のもう一つの視点となる。

従って、第二章、第三章、そして終章の考察こそ、本書の根幹となるはずである。(なおしばしば用いている「斬り結ぶ」という表現は、非戦論者となった内村には文字通り剣呑《けんのん》に過ぎると思われる向きもあるかも知れないが、時代の問題と正面から向き合い格闘するといった意味にお取りいただければと思う。時代が攻撃的で、対する内村も一歩も引かなかった限り、これに優る表現を思いつかないのである)。

本論の叙述は、なるべく内村の本文そのものを、長さを厭わず掲げ、その文章自体を味わうことを旨とする。彼の文章は、要約するのが惜しい文章である。格調とユーモアを備え、しかも既に簡にして要を得ている。それで下手な要約はなるべく避け、そのまま引用することを心掛けたい。本書なりの視点から整理する内村鑑三のこれらの文章の、思索と経験の世界をじっくり味わっていただければというのが、著者の先ずは第一の願いである。

特に著者の考えだけ纏めてお知りになりたい御多忙の読者には、内村からの引用の前後に付した私の註釈、中んづく各章の小括、そして終章へと飛ばし読みしていただければと思う。内村の現実は我々自身の現実と二重写しとなり、それとの斬り結びの経験は、読者自身の経験の純度と硬度を査問する試金石ともなる。単なるアンソロジーを編み、それを読んで安閑としていることを、内村のこれらの切迫した文章は許さないのである。著者としては、約一世紀のちの時代を生きる者として、内村の提起する諸問題に幾分でも応答することを強いられ、その応答の拙い素描も、随所に交えざるを得ない。この応答が、読者お一人お一人の応答を促す誘い水、何らかの叩き台となればというのが、著者のもう一つの、ひょっとすると出過ぎた、願いにほかならない。

前書きは以上に留め、さっそく、この五章構成の本論へと入っていくこととしたい。

序章　義についての語り口③

美と義

二一世紀に入っても、貧富の格差は拡大し、世界中に戦争とテロリズムは途絶えることなく、我が国の近くにもその脅威は増し、また自国の利益を優先する国々が恐らく引き金となった地球温暖化による災害も、その規模を増大している。国内に目を転じても、弱い子供やお年寄り、また女性の生存を揺るがす陰惨な事件が減ずる兆しはなく、政治や経済の場面での闇が底知れず深いことは、公然の秘密となって久しい。そんな中で内村鑑三の文章を色々繙読していて、たとえば、約一世紀前に語られた次の文章に心を動かされる。

義の道即ち道徳を語るは偽善者の為《な》す事であるかの如くに思ひ、自分は宗教家でないから事の善悪を差別しないと云ふが如き、是れ人間が自分を人間以下の地位に置いて云《い》ふ事である。文士の取扱ふ問題は芸術と恋愛に限られ、道徳と宗教とは措《お》いて之を顧ざるが現代的であると思ふは、現代を以《もっ》て人間の時代と見做《みな》さゞる最も誤りたる思想である。ギリシヤの弱きは茲《ここ》に在《あ》り、ユダヤの強きは此《この》思想に反対したる点に於《おい》て在るのである。……然るに日本今日の思想家は正義は之を問題の外に追出して、たゞ芸術と恋愛とのみを語つて居《お》る。実に恐るべき事である。(「美と義」全二八/二二五)

「八月一九日、軽井沢鹿島の森に於て述ぶ」、との但し書きをつけて、『聖書之研究』二七九号（一九二三年一〇月）に掲載された、「美と義」と題する文章の一節である。実に立派な文章に違いない。ここには我々の時代が改めて傾聴せねばならない論点が、直截に語られている。しかしこうした立派な語り口が、現今の我々日本人の心にそのまま届くだろうか。しかも徳よりも得、善悪よりも好悪《こうお》、道徳的な義よりも美的な快の方が人の気を引きやすいのは、今日の日本に限らず大正の日本でも同じだったようだし、ギリシアに対するユダヤとて繰り返し預言者に糾弾され叱責されたように大同小異だったようにも思われる限り、義について語ることはいかにも難しい。

するると、我々が留意すべき問題は、差し当たって次の辺りにわだかまるように見える。まず第（一）に、内村はこの語るに困難な義について、それでもなぜ敢えて語ったのか、そして第（二）に、義の語り難さについて内村は自覚的であったか否か、もし自覚的だとすると、どのような点においてなのか、そして第（三）に、その内村について語る本書も留意し肝に銘ずべき、義についての語り口とは何なのか、である。それらを本論に先立って確認することが、本章の主たる課題となるであろう。

日本文学批判

どうも内村の立派な文章は、少なくとも一部の人々の心には届かなかった、むしろ反感をもって迎えられたという事実について、まず顧みておかねばならない。

この「美と義」の一節で批判されているのは、「文士」「思想家」だが、例えば次の引用文でも明らかなとおり、内村は文士と思想家をほとんど互換的に用いるので、ここでの批判の対象も文学者一般と捉えることができる。するとこの批判は、かつて「何故に大文学は出ざる乎《か》」（全三／一七七以下）、「如何にして大文学を得ん乎」（全三／一八五以下）（ともに一八九五年）で展開した、日本文学批判の系譜に属すると見てよいはずなのである。

「何故に大文学は出ざる乎」の中で、「大文学なる者は世界的思想の成体」（全三／一七九）のはずだが、「日本国は世界的精神を養はざりしなり、故に世界的大文学は彼より出ざるなり」（全三／一八〇）、と結論した内村は、言わばその続編として大文学を生み出す方法を論じた、「如何にして大文学を得ん乎」において、更に次のように論じ進めた。

> 文学的偽善、万言立《たちどこ》ろに成て一行挙らず、説を提するを知て之を行ふの実力なく、言語の下痢症、実行の結塞《けつそく》病、小説家の歓迎、実記者の冷遇、文界此の如くにして大文学は迚《とて》も望むべからず、「粋人」は社界に賤視《せんし》せられて其頭を擡《もた》げ得ざるに及んで、「風流人」は月花に愚歌を呈するを止めて、国人悉《ことごと》く誠実を尚《たつと》び、品性は文に優りて尊敬さるゝに及んで、始て世界を風靡《ふうび》する大文学は吾人《ごじん》の中より望むべきなり、先づ人たれよ、文の友よ、ダンテを読まざるも屈辱の奴族《どぞく》たる勿《なか》れ、文若し汝を虚飾に誘はゞ取て之を捨てよ、至誠《しせい》汝を動かすにあらざれば大思想大文学は汝の有《もの》にあらず。（「如何にして大文学を得ん乎」全三／一九九―二〇〇）

文章の綾《あや》にばかり凝って、品位ある思想の実質と行動の伴わない文学者に対する内村のこうした批判は、古くは文芸評論家の高山樗牛（一八七一―一九〇二）から新しくは作家の遠藤周作（一九二三―九六）に至るまで、文学者たちの反感を買って来た。樗牛は「足下《そっか》は現世の筆と紙とによりて他界の事を物語る者也。実在てふ観念は、早く足下の思想より游離して、足下は一切の事物を仮象として見る者なり。……足下の論は経世の言議としては遂に無意味の愚論なり(4)」といきり立ち、遠藤はもう少し諧謔をこめてだが、「内村はこわい。こわいという表現がいけなければ私にとっては煙ったいが、その言葉を肯定せざるをえない大祖父のような存在だ。……こういう言い方をするのは失礼かも知れないが、私はこれらのエッセイ「「何故に大文学は出ざる乎」等」をよむたびに『ソレハアンマリデス』とか、『モウ少シ、大目ニミテクレマセンカ』、『キビシスギルヨウデス』とか、そういう反撥《はんぱつ》や不平を、心のなかに抱きながら、やはりこの明治の大基督者に劣等感を感ぜざるを得ない(5)」と困惑閉口した口振りである。要するに、内村の論は正論ではあるが――あるいは、であるから――、独善的で机上の空論に過ぎないという感じが、彼らの反感の底にわだかまっているように見える。しかしこの感じは果たして当たっているのであろうか。

ユーモア

ここで文学に対する関わり方について、内村の自己評価を聞こう。「古今集擅評《せんぴょう》」(『東京独立雑誌』一八九八年一〇—一二月、全六/一七四以下)の冒頭で、内村は次のように告白する。

余は歌人にあらず、故に歌道は余の全く弁《わきま》へざる所なり、……常に自ら謂《い》へらく、雅致《がち》の感念に欠乏する者にして余の如きは世界に稀れなりと。(「古今集擅評」全六/一七四)

実際この「古今集擅評」の中で内村が行っているのは、例えば藤原琴平の、

春や疾《と》き花や遅きと聞き別《わ》かむ
　鶯《うぐいす》だにも鳴かずも有るかな

といった雅《みやび》の歌の、優美や修辞は全く無視して、ただこれを「鶯」という「預言者」を「翹望《ぎょうぼう》」しての「更生革新」の歌と解釈してみせることであった(全六/一七六—一七七)。明治文学史における内村の位置づけについて中んづく精彩のある、亀井俊介『内村鑑三　明治精神の道標』はこの内村の解釈について、「彼のことばを『ユーモア無き人々』の態度でうけとめると、彼は『只々偉い思想家』に見えるだけだ。しかしそのじつ、『古今集擅評』は内村の明らかな『道化《バーレ》

文《スク》』である。彼は真面目くさって原文を曲解し、自分の『無意気《ぶいき》』ぶりを誇張して見せてもいる。そして結局のところ、予言者待望の真情を示すと同時に、そんなことばかり考えている自分を戯画化してもいる[6]」との、優れた分析をしている。なお「無意気」とは「不意気」に通じ、「余の無風流を咎められし余の親友植物学者ドクトル宮部金吾氏の余に賜はりし綽名《あだな》」（全六／一七四）であったと言う[7]。また「ユーモア無き人々」とは、内村晩年の一文の題名である（THE HUMOURLESS PEOPLE, The Japan Christian Intelligencer. Vol.II.No.11、一九二八年一月、全三一／九四―九五）。そして、「ユーモア無き人々」にとって、「凡ての言葉は唯一つの意味しか有たない（every word has but one meaning）」（全三一／九四）ので、彼らはいちじるしく散文的であり、「真理」という多義的で詩的なものを理解しない、というのがその文章の趣旨にほかならなかった。とすれば、内村自身、「真理」を理解するためには、「ユーモア」が大切なことを重々認めていたのであり、自身厳かな顔をしつつユーモアを実践していたはずである。

「内村氏は貌附《かおつ》きこそ厳しけれ、ユーモアに富まるることは我国人中まれに見る所にて、その家庭には笑ひの声絶ゆることなく、……」との、友人、山県五十雄（一八六九―一九五九）の証言（『東京朝日新聞』一九〇三年四月二〇日）、あるいは例えば『後世への最大遺物』（一八九七年、全四／二四九以下）等の講演に散見される「（満場大笑）」といった記録をまつまでもなく、多くの人が認めるところだろうが、彼の文章は随処で笑いを誘う[8]。

課題（二）をめぐって

このように見てくるならば、「実在てふ観念」を欠いたひたすら「こわい」「大祖父」のような正論家として内村を捉えてこれに反感を抱くのは、内村には少し酷であって、彼の真意を充分に汲み取ってはいないように思われるのである。そもそも「言語の下痢症、実行の結塞病〔すなわち、糞づまり〕」などと言う人が、真面目一方の堅物であるはずがないではないか。むしろ内村は「雅致」のセンスに恐ろしく欠けた自分などには、いわゆる文学は無理であることを自明の前提として認めているのである。(9) それに対して「文士」に大いに期待をかけているのだ。しかしその期待が大きければ大きいほど、日本文学の現状に歯がゆい思いをしているのである。そのような思いの丈を語ったのが、「如何にして大文学を得ん乎」等の呼びかけと言うべきではないか。これにいたずらに反感を持つのは、自己の欠を笑う内村のユーモアと、文学およびそれに携わる者への敬愛といった動機を読み取らず、その結果としてのやむにやまれぬ叱咤激励を、事情を知らぬ部外者の高飛車な批判と誤解したためではあるまいか。

ここで想い起こされるのは、太宰治（一九〇九—四八）が共感を込めて紹介している、内村の有名なエピソードである。(10) 信州沓掛の温泉で、弟子・塚本虎二（一八八五—一九七三）の子供に戯れにお湯をかけて泣かれ、「俺のすることは皆こんなもんだ、親切を仇にとられる」、と嘆いたというのである。これはできすぎた話のようにも思われるが、塚本自身が伝えているところであり、(11) いかにも内村らしい無骨さとユーモラスな哀感のこもった逸話と言えよう。

いずれにせよ内村のユーモアは、必要以上に厳かな宗教家としての自分と、実は多くの人間的弱点を抱え、欠点や間違いの多い者にすぎない自分との落差を率直に語って、自己を相対化し、その滑稽を楽しみ、自他ともに和ませようとする心組みと言ってよいであろうか。序章の課題の第（二）、語るに難い義について、内村はどう注意深く語っているかという問題の答えはここに明らかであり、義の正論にもかかわらず、否、正論だからこそ、居丈高な直球ではなく、ユーモアにくるんだ変化球として投げ込んでいる点に留意したいのである。この点を見落とすと、内村の文章は反発を催すだけであろう。それでは内村を読む行為は徒労に終わろうというもので、これから内村の様々な文章を読んでいくに当たって、先ずは心しておきたい一点にほかならない。

次に、最も深刻な罪の問題との関わりにおいてすら、あるいはそこでこそ、自分の欠点や間違いを笑い飛ばしている典型的な例として、『求安録《きゅうあんろく》』の前半部も拾い読みしておこう。

ユーモラスな罪の指摘

人は罪を犯すべからざるものにして罪を犯すものなり、彼は清浄たるべき義務と力とを有しながら清浄ならざるものなり、……登《のぼり》ては天上の人となり得べく、降《くだ》つては地極《ぢごく》の餓鬼《がき》たるべし、

（『求安録』全二／一三七）

『求安録』はこのような書き出しで、内村の若き日、キリスト教に接して芽生えた罪の自覚とそ

の苦しみを率直に述べている。その筆致は当面深刻であり、笑いとは縁のないものに見える。

余の始めて基督教に接するや、余は其道徳の高潔なると威厳あるに服したり、余は余の不潔不完全を悟りたり、余の言行は聖書の理想を以て裁判さるれば実に汚穢《おわい》云ふに忍びざるものなる事を発見せり、……余は君子振りて実は野人《やじん》なりき、余の目的は卑陋《ひろう》なりし、余の思想は汚穢なりし、是《これ》を思ひ彼を思へば余は実に自身に恥て若《も》し穴あれば身を隠し神にも人にも見《み》へざらん事を欲せり。（全二／一三九）

このような罪の自覚を若き内村の純真な心に呼び覚まし、「鑿《のみ》を以て余が良心を穿《うが》たる、心地」（全二／一四二）に追いやったのは、次のような様々な聖句であったという。先ずは、

人の罪を定むることなかれ。おそらくはなんじらもまた罪に定められん。（『マタイ福音書』七章一節）

「余が友人と会する時、蔭ながら人を批評するを以て第一の快楽となし」（全二／一四〇）ていたが、これはこの聖書の大訓にもとる。加えて『ヤコブの手紙』三章一―一〇節なども鑑みて、悪口のみならず「多弁」（全二／一四一）も制御できない自分は、世人に罪の懺悔を説教する資格は

ない。「余の鉄面皮もこゝに至て其極に達せりと云つべし、然り余は大偽善者たるを感ぜり、余は余の行《おこない》を改むる迄は何の面目ありて他人に基督教を説くを得んや」（全二／一四一）。「人を批評するをもって……快楽となし」、明治の男のくせに「多弁」で、そうした自分を「鉄面皮」「大偽善者」と罵倒するに及んで、読者はここにそこはかとない滑稽味を感じ始めるだろう。

次の聖句は酷に過ぎると最初内村は思ったが、よくその意を探るにいたって、当を得た言葉と知ったという。すなわち、

およそ兄弟を憎む者はすなわち人を殺す者なり。（『ヨハネの第一の手紙』三章一五節）

である。カインがアベルを憎んで殺したように（『創世記』四章八節）、殺人罪が憎悪の結果であることは、歴史と事実の証明するところである。ところが憎悪の心が行為に現れて殺害に至るか否かは、その人の教育、境遇、遺伝等によるのであって、神から見れば意志を決行するか否かは差別がないであろう。続いて、

およそ女を見て色情を起こす者は、中心《こころのうち》すでに姦淫したるなり。（『マタイ福音書』五章二八節）

について内村は言う。「此標準を以て判決せらる丶時は丁年《ていねん》以上の男子にして何人《なんぴと》か能く姦淫罪より免かる丶を得んや、……他人の淫行を摘発すると雖も自己の中心已に姦淫病の骨からみとして存するを如何せん、……自身已に梅毒を心に醸《かも》しながら他の梅毒患者を罵《のの》りその醜躰を摘揚《てきよう》して意気揚々たるの愚者は誰なるぞ」（全二／一四二―一四三）。自己認識は甘いまま他人には辛く、それで「意気揚々たる」ことの愚かさと滑稽を歯切れよく弾劾するこの辺りから、内村のユーモリストとしての面目が躍如としてくる。

なんじ盗むなかれ。（『マタイ福音書』七章一二節）

この戒めも、聖書の原理に基づいて考えるならば、我々は決して守っているとは言えない。盗みとは単に窃盗・強盗だけでなく、天から与えられているものを私することである。「我万人に秀づる才と学とを有せざるに、或は友人の保庇《ほひ》に依り、或は諂媚《てんび》の方便を以て、我の保つべからざる官職を保つに至れば我は其官と其給とを盗むものなり、……神を崇め国家に尽さんが為めに我に与へられし此貴重なる生命と時間とを己が快楽の為めに消費するものも亦盗人にあらずして何ぞや」（全二／一四三）と、突き付けられる時、あるいは小賢しく反論し、あるいは口を拭って素知らぬ顔を決め込もうとも、消し難い臭気の臭い立つ滑稽と醜態を恥じない人は少ないのではあるまいか。

こうして「聖書なる電気燈を以て……心中を探」(全二/一四三)った内村は、自分は偽善者、殺人者、姦淫者、偸盗者《ちゆうとう》等々であることを仮借なく知り、「名状すべからざる不快を感ずるに至」(全二/一四三)った。

しかも自分に罪を犯させるのは自分ばかりではない。この社会が、私に虚言を吐くことを強い、真っ正直だと他人に迷惑が及ぶことがある。更には、

我《われ》若し仁道を以《もつ》て世に対せんとすれば世は詐欺《さぎ》を以て我を向《むか》へ、彼我《かれわれ》に裏衣《したぎ》を求むるに依《より》て我が外衣《うわぎ》を彼にとらすれば彼は尚ほ我の靴《くつ》をも帽《ぼう》をも求む、……我の基督を信ずるは我をして不信者社会に於て最も預《あずか》り易《やす》きものとせり、我の正直は我をして彼等の便具《うつわ》となし、我の良心の命《めい》を重ずる事は我をして偽善者の好敵手となせり、我若し彼の不正を責むれば、彼は云ふ汝の愛心《あいしん》を以て之を恕《じよ》せよと、(全二/一四四―一四五)

生真面目に律法を守ろうとして守れないことに呆然とする若者の姿を深刻そうに描いてきた内村の筆致が、この段に至ると一種「道化文《バーレスク》」の趣きも帯びていたことに、我々は気付き始める。このくだりは、世人のキリスト者への態度を皮肉っているのか、キリスト教の教義の無理を指摘しているのか判然としないまま、呆然と立ちすくむ若者の姿を写し出してユーモラスだが、筆は止まることなく、キリスト教会への痛烈な諧謔へと進む。

世に助けなきもの、中に自己の罪を感ずる基督《キリスト》信徒の如きものはあらじ、而《しか》して世に力強きもの、中に罪を感ぜざる基督信徒（所謂《いわゆる》）に勝るものなし、前者は戦々兢々《せんせんきょうきょう》何事をも為《な》し能《あた》はず、後者は大胆不敵何事をも為し得べし、罪より救はれんとするものも基督教会に来《きた》れ、正義と神聖との後楯《うしろだて》を以て罪を犯さんとするものも基督教会に来れ。（全二／一四五）

罪の赦しの信仰が、ともすればこうした頽落態に堕ちるという、痛いところを見事に突いた指摘に、或いは苦笑し、或いは哄笑するキリスト者は少なくないのではあるまいか。

加えて罪には、積極的に悪をなす罪だけでなく、消極的に善をなさない罪もある。怠惰で功のない一生は罪の一生である。人が滅亡に至るのを手をつかねて傍観しているのも罪である。「我は我たり爾《なんじ》は爾たりとの無情なる世界の精神は基督教の許さゞる所」（全二／一四六）であり、「人類責任連帯論は基督教の教義にして近世社会学の結論」（全二／一四六）なのである。

如斯《かくのごとく》にして神の霊を以て我が心を詮議さるゝ時は我は隠るゝに所なきなり、我が人の前に表白し能はざるの罪も神の前には顕明なり、我の汚穢《おわい》なる感情、我の卑陋《ひろう》なる思想、人知れずして犯せし罪、未だ人の知らざる我が心中の欠点、――嗚呼《ああ》我は之を如何せん……罪に責《せめ》られて余は全く生涯の快楽を失へり、食事進まず、夜眠《ねむり》は妨げられ、事を為す気力なく、唯《ただ》恐怖を以

て震へながら日を送りたり、（全二／一四七―一四八）

身長が一七八センチ[12]ほどあり、当時の日本では図抜けて大男だった若者が、「唯恐怖を以て震へながら」、縮こまっている様が、また笑いを誘う。

もっとも笑いのツボは人様々のようだから、筆者が微笑苦笑あるいは哄笑爆笑して楽しむ章句に、あまり笑えないとおっしゃる読者もおられるかも知れない（実際、『求安録』を共同で読んだセミナーでは、笑えるのはテクストよりも、それらに一人笑っている関根の方だという反応があったことも思い出す）。その場合には少しユーモアの定義を広げていただいて、機知や駄洒落といった言葉のおかしさと別に、「ぎこちなさ（raideur）」も笑いの源となるというH・ベルクソン[13]流の分析を想い起こしていただければと思う。すなわち、《人間としての柔軟性と屈伸性があってほしいところに、機械仕掛けのぎこちなさ、こわばり、ひきつりがある時、人はその齟齬を笑う》という分析である[14]。

閑話休題。笑いを分析するベルクソンが人を笑わせることには成功していないのと同様、こうした解説をしてしまったらユーモアもおしまいであり、笑うに笑えなくなる下策であることを認めつつ、また以下でも、内村のユーモアへの言及は多々出て来るはずだが、無粋な解説はもうすまいことを期しつつ、話を先に進めることとしたい。以上が――これを笑うと否とを問わず――、内村の罪の自覚とその症状の概要であった。ここから脱するべく、あるいはこれを忘れようとして、リバイバル、学問、自然の研究、慈善事業、神学研究、マイ・ホーム、金儲けの利欲主義、オプティミズム等様々な方向を模索し、最後にイエス・キリストの十字架の贖罪の信仰に窮極的解決を見出した、若き内村の精神の遍歴については、ここでは割愛せざるを得ない。特に『求安録』最後の二章「贖罪の哲理」と「最終問題」には、名前は出てこないが思想史的には、贖罪を認めると倫理の自己責任を蔑ろにすることになることを危惧したI・カント[15]や若きG・W・F・ヘーゲル[16]、贖罪思想は罪人が自己正当化するためのイデオロギーとして利用される危険性を指摘したE・レヴィナス[17]等々の贖罪思想批判[18]、また抑圧的な閉じた社会に対する、生《エラン・ヴィタール》の躍動の炸裂した例外的な人格の自ずからなる影響による開いた社会について述べたH・ベルクソン[19]の哲学等々に通ずるものがあり、贖罪についての実に広汎な可能性をもった考察が展開されていることについては、また別の機会に論ずることとしたい。

課題（一）をめぐって

以上、『求安録』の幾つかの文例から、内村が罪についてすらユーモアをもって語っていることを指摘したが、そこから序章の課題の第（一）、内村が本章冒頭の引用や日本文学批判にあったように、なぜあのように義を重んずるかも、自ずと明らかとなったのではないだろうか。それは、贖罪の信仰によって救われた内村の出発点が、自己の道徳的な義の破れ、すなわち罪についての煩悶だったからにほかならない。義の問題を蔑ろにし、あるいはその潔癖な感覚を喪失したとき、人は救いに至ることも、また救いを欲することすらも、できなくなる。内村が義の問題をあれほどに重視した所以は、主としてここにあるように思われるのである。

ただし現代では、内村ほど典型的な形で義の問題から、罪そしてその赦しの問題に進むことは、恐らく困難になっていることも、他方認めざるを得ないのではあるまいか。それは、社会に律法が立っておらず、価値が相対化しているせいもあるだろう。また新約の福音を見ずして、旧約の律法だけを一点一画もおろそかにせずに読む読み方が、歴史学的批判的聖書学や解釈学的経験の釈義学の読み方とも抵触しがちだからかもしれない。そのことは、内村のようなすっきりした罪と赦しの経験に対する、我々の尊敬と羨望の念を少しも減ずるものではないが、内村の義についての語り口が、現代に広範な妥当性を有すると主張することができ難くなっていることも、また事実なのではあるまいか。

聖書の義についての極端なまでに厳格な主張を自明の前提とすることは、躓きを惹き起こす。もちろんたとい躓きとなっても、それが正論ならば、その語り口で通すという姿勢もあり得る。そして価値の転倒した時代にあって、あるべき価値の姿が、そこに示されることもあるだろう。しかし内村の懐の深いところは、一方でそうした筋を通し、あるべき姿を呈示しつつ、他方、現実としばしば相容れないまま屹立した自己の姿勢をユーモアをこめた批判精神で相対化することも知っていたという点にあるだろう。これは幾多の誤解を受けた結果、内村が次第に学んだ点でもあっただろうが、『求安録』のような初期の著作から既に見て取れるとすれば、かなり先天的な美質とも思われよう。しかも内村のように心身ともに巨大な人物が、糞真面目に、しかも歯切れよく自分の卑小さを語る時おかしいのであって、卑小な人間が、ぐずぐず卑小なことを語っても、あるいは逆に背伸びして巨大な主張を語ってみても、残念ながらそれは、ユーモアにも正論にもならない。

課題（三）をめぐって

ここで序章の課題の第（三）、内村という一筋縄ではいかない難物をどう読み、そしてその難物についてどう正当に書くか、その主題が語るに困難な義である限り、それについての語り口とはどうあるべきか、という問題が浮上してくる。以上、当たりを付けた限り、内村の巨大で絶対的な義の理想についての語り口をそのまま固定的に理解するべきではなく、それを語る自己を相対化するユーモア、場合によっては自虐的なアイロニーの視点も見落とさないように注意するということが、内村を読む際の一つの勘所であった。

それに対し、人間の有り触れた弱点を全て抱えた卑小な者に過ぎない[20]著者としては、巨大な内村のようなユーモアはもちろん最初から諦め、またその義の正論を笠に着た物言いを慎みたい。その辺りが、この難物について書く最低限の作法、留意すべき語り口となると考えるのである。それは、内村のユーモアそのものというよりも、破れ砕かれたところで語るということの、驥尾《きび》に付すことと或いはなるかも知れない。更に言うならば、高みからではなく、罪人の低さから、しかも「赦されてあることへの祈り[21]」に基づいて語るということ。

著者の解釈学的立場

ここで一言、著者自身のキリスト教に対する、旗幟《きし》を鮮明にしておくことは必要かも知れない。従来の内村研究は、キリスト者——特に無教会派——の研究者か、非キリスト者——特に思想研究者ないし文芸評論家——かによってアプローチが異なりながら、その著者の立場は不問に付されることが多かった。そこには研究であるからには、客観性に徹したものであり、著者の主体的な立場など等閑に付すべきだという、自然科学との類推で自明とされた前提があったのではあるまいか。しかしこの前提が実は、人文学的研究においては成り立たず、むしろテクストの地平と研究者の地平との葛藤ないし融合の過程が自覚的に問われなければならないというのが、H・G・ガダマー以降の哲学的解釈学がもたらした知見であった[22]。本書もその顰《ひそみ》に倣い、著者の地平を予め明らかにしておくことは不可欠だと考えるのである。

罪人の低さから、しかも赦されてある可能性にすがる信から語るという、先に述べた著者の基本姿勢は、キリスト者としてのものである。そうした自己相対化の眼差しをもった語り口は、先天的な素質如何にかかわらず、キリスト教の根幹である十字架の贖罪を信ずる者が、みな持ち得るし、また持たねばならない特質のように思われる。なぜならそのような自己相対化は、十字架そのものが人に強いるはずだからである。十字架は、神が絶対として顕われつつも、そこで御自身を殺した、つまり自己否定し相対化した場所にほかならない。贖罪信仰は従って常に相対的で不完全な側面を有せざるをえず、『求安録』の結びにあるとおり、「基督信徒」とは、「彼尚ほ不完全なれば祈るべきなり、彼尚ほ信足らざれば祈るべきなり、……／夜暗くして泣く赤児、／光ほしさに泣く赤児」（全二／二四九）以外のものではないはずだからである。

だが現代では、この十字架の信仰そのものの当否が根底から揺さぶられていることが、問題の混迷の度を深くしている。「前書き」で確認したところだが、内村の聖書研究は現実の問題と斬り結ぶところに、その真骨頂があり、これを読む側も読み手なりの現実を査問され、何らかの形で応答することを促される。十字架信仰が揺さぶられている現代の困難な現実と思想状況を踏まえ、著者はキリスト者としてばかりでなく、思想研究を専門とする研究者として、この十字架信仰の問題性をクリティカル(23)に吟味することも課題としたい。

つまり著者の姿勢は言わば二刀流であって、贖罪信仰に立つキリスト者の立場と、それをクリティカルに揺さぶろうとする思想研究者の立場と、両面を持つ。この両方の側面から、内村の人と思想の核心に迫ることを敢えて自分に課することとしたいのである。キリスト者としての読みは、内村の多くの文章にそのまま共鳴し感銘を受けて引用整理するところで、しかし思想研究者としてのクリティカルな考察は、主として各章末尾の小括ないし終章において現代思潮を踏まえて内村の思想的射程を測るところで敢行する。前者については、キリスト教の信仰に立つ読者が共に味読してくださることを期待し、後者については、信仰に批判的な読者が、それでも内村が現代に語り掛ける何かを有しているか否かを探り、これを主体的に読み解くためのささやかな叩き台としてくださることを、冀《こいねが》うものである。

第一章
生涯——二つのJのために㉔

内村鑑三は一八六一（文久一）年三月二三日、上州高崎藩士、内村宜之《よしゆき》（一八三二―一九〇七）とヤソの六男一女の長子として江戸小石川に生まれた。一八七七（明治一〇）年、札幌農学校に二期生として入学、クラークの影響下にあった一期生たちの感化で、キリスト教に入信する。八一年、抜群の成績で農学校を卒業、開拓使御用掛、農商務省等に勤務の後、八四―八八年渡米。渡航費は、自分の貯金と父からの援助に頼っていた。(25) エルウィンの知的障害児養護学校の看護人などを経てアマスト大学に学び、学長シーリーの教えにより回心を経験する。理学士となって帰国後は、幾つかの学校で教鞭を取るが、九一年第一高等中学校教員時代に不敬事件をおこし辞職やむなきに至り、その窮境にあって妻加寿子病没する。その後貧困と不遇のどん底の中で著作に没頭、九三年以降、『基督信徒の慰《なぐさめ》』、『求安録』、『貞操美談路得《ルツ》記』、"*How I became a Christian*" などの主著を次々に著す。九七年、『万朝報』英文欄主筆、九八年この職を退いた後、『東京独立雑誌』を創刊主筆となる。一九〇〇年にはこれを廃刊し『聖書之研究』を創刊、この月刊誌は内村の死にいたるまで続けられ、三五七号を数える（一九〇五年六月、誌名を『新希望』に改めたが、翌〇六年五月には『聖書之研究』に戻している）。これと平行して〇一年から日曜ごとの聖書講義の集会を始め、これも死にいたるまで続けられて、『聖書之研究』と共に内村のキリスト教伝道の主たる活動の場となる。同年にはまた足尾鉱毒事件のため奔走、「理想団」を組織して社会改良運動に携わった。一八九四―九五年の日清戦争に際しては義戦論を唱えたが、一九〇四―〇五年の日露戦争、一九一四―一八年の第一次世界大戦では非戦論を唱え、一三（大正二）年アメリカの排日法案に反対、一八年以降、基督再臨運動を起こすなど、キリスト教信仰に立つ社会運動をその都度展開している。その間も続々と著作を上梓するが、特に晩年の『モーセの十誡』、『羅馬《ロマ》書の研究』、『十字架の道』などが名高い。

内村鑑三の著作を集めたものとして、岩波書店版の『内村鑑三全集』(旧版は二〇巻、新版は四〇巻)と『内村鑑三著作集』二一巻、教文館版の『内村鑑三聖書注解全集』一七巻、『内村鑑三信仰著作全集』二五巻、『内村鑑三日記書簡全集』八巻、『内村鑑三英文著作全集』七巻などがある。代表的な著作については、岩波文庫や『日本の名著38　内村鑑三』(中央公論社)などでも読むことができる(それぞれの書誌情報の詳細については、巻末「主要文献」の一覧を参照されたい。本書の内村からの引用は原則として、新版『内村鑑三全集』に依る)。

なお一九五三年から五五年にかけて岩波書店から刊行された『内村鑑三著作集』の完成に際して、月報や『図書』誌所載の文章を中心に編んだ、『回想の内村鑑三』には、各界の識者の貴重な証言が集められている。これは旧版『内村鑑三全集』が完成した翌年に編まれた『追悼集　内村鑑三先生』(岩波書店、一九三四年)や、それに先立って没後すぐ聖書研究社から出された『内村鑑三先生追憶文集』(一九三一年)が、旧友、近親、弟子筋の文章を集めているのに対し、内村没後四半世紀を経た段階で、距離を置いた回顧や歴史的人物への評価といった趣きの文章が集成されていることに特色がある。思想研究に重きを置く本書としては、この『回想の内村鑑三』の資料的価値を逸することはできず、今や内村研究の古典的資料として定評のある鈴木範久『内村鑑三日録』全一二巻（教文館、一九九三―一九九年）と並んで、しばしば参照することとなる。

以上が、内村の生涯と著作（それに基本資料）についての概観だが、次に「二つのJ」にしぼって、もう少し詳しく見ていきたい。

一　二つのJ

私共に取りましては愛すべき名とては天上天下唯二つあるのみであります、其一つはイヱスでありまして、其他の者は日本であります、是れを英語で白《もう》しますれば其第一は **Jesus** でありまして、其第二は **Japan** であります、二つともJの字を以て始まつて居りますから私は之れを称して **Two J's** 即ち二つのジエーの字と申します。イヱスキリストのためであります、日本国のためであります　私共は此二つの愛すべき名のために私共の生命を献《ささ》げやうと欲《おも》ふ者であります。（「失望と希望（日本国の先途《せんど》）」『聖書之研究』一九〇三年二月、全一一／四九）

これは内村鑑三の「二つのJ」についてのまとまった叙述としては、最も早い時期のものである。しかし二つのJに一身を献げることは、すでに一八八一年、札幌農学校卒業の際、太田（新渡戸）稲造、宮部金吾と三人で誓いあったところであったし、(26) また墓碑銘 **"I for Japan; Japan for the World; The World for Christ; And All for God"** に至るまで、内村が様々に変奏しつつ繰り返し語った（「ストラザース宛の手紙」一八八九年八月、全三六／三一八、「私の愛国心に就て」『聖書之研究』一九二六年一月、全二九／三五一等）、生涯にわたる信念であった。以下、この二つのＪへの愛と献身に焦点をしぼりつつ、内村の思想をその生涯の幾つかの出来事と重ね合わせながらたどっていくこととする。

二　Japan――武士道に接ぎ木されたキリスト教

内村にとって日本とは何であったか。まず何よりも、

日本は私の国である、善くあるとも悪くあるとも私の国である。神が私に賜ひし国である。（「愛国と信仰」『聖書之研究』一九二八年一月、全三一／五）

そして種々の点で日本は悪い国ではないという。地理的、歴史的に、また物産の豊富な点において。そして何よりもその国民の質において。

神は日本人に特殊の霊魂を賜うた。日本人は信義を重んずる、礼節を尊ぶ。日本人は利益を離

れて正義を追求む。日本人が堪え得ぬ事は他人に迷惑を掛けながら自分独り安逸《あんいつ》に在《あ》る事である。日本人は情に厚い。客を大切にする。……此温情、此高誼《こうぎ》は米欧人に於て見る能はざる所である。（全三二／五―六）

こうした諸点に、「清廉、潔白、寛忍、宥恕《ゆうじょ》」（「武士道と宣教師」『聖書之研究』一九〇八年四月、全一五／四三二）なども加えるならば、これは「武士道」によってはぐくまれた日本人の美質である。そしてそのような日本人には世界史的な使命があるというのが、内村の希望となり主張となる。

武士道と基督教

武士道は日本国最善の産物である、然《しか》し乍《なが》ら武士道其物《そのもの》に日本国を救ふの能力は無い、武士道の台木《だいき》に基督教《キリスト》を接《つ》いだ物、其物は世界最善の産物であつて、之に日本国のみならず全世界を救ふの能力《ちから》がある、今や基督教は欧洲に於て亡びつゝある、而《しか》して物質主義に囚はれたる米国に之を復活するの能力《ちから》が無い、茲《ここ》に於てか神は日本国に其最善を献じて彼の聖業《みわざ》を扶《たす》くべく要《も》求《と》め給ひつゝある、日本国の歴史に深い世界的の意義があつた、神は二千年の長きに渉《わた》り世界目下の状態に応ぜんがために日本国に於て武士道を完成し給ひつゝあつたのである、世界は畢竟《つまり》基督教に由て救はるゝのである、然かも武士道の上に接木《つぎき》されたる基督教に由て救はるゝ

のである。(「BUSHIDO AND CHRISTIANITY. 武士道と基督教」全二二／一六一―一六二)

理想と現実の齟齬

しかしこれはもとより希望であり理想であって、日本の現実は内村の理想どおりにはいかなかった。そのことを見るにつけて内村は、「美はしき日本国は醜き明治政府のために汚《けが》されて居る、愛すべき日本人は憎むべき貴族、政治家、教育家等に誑《たぶら》かされて居る、今や日本国と日本人とは其天然の性《せい》を失ふて、全く天意に違《たが》ふたる最も憎むべき者となつて居る」(「余の従事しつゝある社会改良事業」『万朝報』一九〇一年一二月、全九／四七一)などと悲憤慷慨したりもしたが、次のようにユーモアをもって達観することも知っていた。

私共が基督教を信ずる時に総てのものは善のために働くと云ふ事が先づ第一に起る信仰である、……然るに其信仰が吾々《われわれ》にあるにも拘はらず事実はどうであるかと言ふに、人生は吾々の見る通りのものであつて、誰れでも若し真面目に人生を考へたならば其解釈に非常に困るのである。……吾々は理想を以て事実を説明しやうか、或は事実に負けて此世の中の人とならうか、……事実と理想との衝突は今日尚ほ戦つて居る戦ひでありますが、それに就ても大抵勝算が立つて来ましたから、其事に就ても私は喜んで居ります。(「予の宗教的生涯の一斑」『聖書之研究』一九〇二年一二月、全一〇／四二四―四二五)

結局、「余は日本今日の社会を嫌ふ者である、然し余は日本国を憎む者ではない、否《いい》な、余は良夫が其最愛の妻を愛するの愛を以て日本国を愛する者である」（上掲「余の従事しつゝある社会改良事業」全九／四七〇）。内村は終生、理想の日本を愛した。

愛国的行為としての伝道

二個のJ《ジエー》……を較《くら》べて見て、私は孰《いず》れをより多く愛するか、私には解らない。……私は何故に然るかを知らない。日本は決してイエスが私を愛して呉《く》れたやうに愛して呉れなかつた。それに係はらず私は今尚《いまなお》日本を愛する。止《や》むに止まれぬ愛とは此《こ》の愛であらう。（「私の愛国心に就て」『聖書之研究』一九二六年一月、全二九／三五二）

このような日本への愛を、内村は「愛国心」と呼ぶにやぶさかではないが、

私の愛国心は軍国主義を以て現はれない。……私は日本を正義に於て世界第一の国と成さんと欲する。……私は愛国的行為として伝道に従事する（同前、全二九／三五一―三五二）

のである。ではその伝道の要であり、日本と違って内村を「愛してくれた」もう一つのJについ

て、内村はどのように語っているであろうか。

三　Jesus――キリスト教との出会い

二つのJへの愛のうち初めに芽生えたのはもちろんJapanへの愛であり、Jesusへの愛はそれと抵触するものとして、当初うけいれがたかった。内村自身そのことを率直に告白している。

私は極く詰らない者でございますが、然し矢張り日本の武士の家に生れたものであります、武士の家に生れたばかりでなく私の先祖を調べると、先祖は詰らない百姓であつたそうでありますが、鉄砲を撃つのが上手でそれが為めに天草に耶蘇《やそ》教徒が起つた時に、狙撃《そげき》に行くために雇はれて、彼の地に行いて、大部基督信者を撃殺した、其お蔭で武士に取立てられたと云《い》ふことでありますから、其子孫たる私が基督教を信ずることは、遺伝から言つても非常に困難でありました、斯《か》かる遺伝を有《も》つた者でありまして「我国《わがくに》」「日本国」と云ふ考が私の心の中に深く深く染込《しみこ》んで居《お》りましたから外国から来た宗教を信ずると云ふことは、私に取ては非常に辛《つら》い事でありました、(上掲「予の宗教的生涯の一斑」、全一〇/四一八)

内村がキリスト者となるに至る経緯を語った自伝的名著*How I became a Christian*に依れば、

彼は幼少の時から宗教的な感受性が豊かであった。それで日本の種々の民間信仰を信じ、八百万《やおよろず》の神々にそれぞれ礼拝し、それぞれ禁忌とする食物を断った。こうして彼の子供らしい好物はたいてい禁忌目録にのってしまい、また様々な神々の様々な要求が互いに矛盾するので困り果てた。(27)しかし一八七七年、札幌農学校に二期生として入学、そこで転機が訪れた。クラークの影響下にあってキリスト教信仰に燃えていた一期生達から、「筋金入りの禁酒主義者が、度し難い飲んだくれに禁酒誓約に署名するように迫るみたい」に強いられた内村は、抵抗むなしく「自分の意志に反し」「屈服して」、「イエスを信ずる者の誓約」に署名したのであった。内村一六歳の冬のことである。しかしその「効果はたちまちはっきりと現れた」。宇宙には唯一の神がいるのみであって、八百万の神々がいるのではないと教えられ、「キリスト教の唯一神信仰は私の一切の迷信の根本に斧を加えた。……私の理性と良心は『然り！』と応じた」。「新しい信仰がもたらした精神の新たな自由」によって「身体に新しく注がれた活動力に心おどらせて野山を歩き回り」、若き内村は「大自然を通して大自然の神と交わろうとした」のである。(28)

そのような大自然を通しての神から、イエスを通して歴史において現れた神への信仰に進む過程は、青春の純真な友情と活気に満ちた農学校時代と、そしてその後の日曜ごとの礼拝の記録に詳しい。(29)その間内村は洗礼も受けているが、決定的にイエスに出会うのは、共に短くして破れた結婚生活と職業生活を経て、一八八四年一一月、二三歳の時故国を後にし、貧しい私費留学生としてアメリカに渡ってからのことであった。

回心

まず彼はペンシルベニア州エルウィンの知的障害児養護学校の看護人として、八カ月間、働いた。その目的は、ルターのエルフルト修道院入りに似て、「来たるべき神の怒り」[30]を避けるための修行であり、「私は根本において利己的だった……私の生来の利己心はありとあらゆる恐ろしい罪悪の姿をとって立ち現れた。わが中に見出した暗黒に圧倒されて、私は意気消沈し、言いようもない苦悩に悶えた」[31]と後年回想するとおりである。そうした罪の苦しみをかかえたまま、内村はマサチューセッツ州アマスト・カレッジの三年に編入する。彼は二年間在学し、史学、ドイツ語、ヘブライ語、聖書文学、地質学、倫理哲学等の学科を修めバチェラー・オブ・サイエンスの学位を受けるが、何よりの収穫は学長のＪ・Ｈ・シーリー（Julius Hawley Seelye、一八二四―九五）の感化と助言により、キリストの贖罪の信仰を示されたことであろう。シーリーはピューリタン的正統神学に立ちつつ慈父のような愛情をもった教育者であった。彼と出会ってすぐ、自分のキリスト教の針路が一変することを予感した内村は、それから半年後の一八八六年三月八日、日記に次のように記すに至った。

わが生涯に大きな意味を持つ日。キリストの贖罪の力がはっきりと、今までのいつにもまさってはっきりと示された。今日まで我が心を苦しめて来たあらゆる難問の解決は、神の子が十字架にかけられたことの中にある。キリストは我が負債をことごとく支払って、罪に堕ちる前のアダムの潔白無垢に立ち返らしめたもう。今や我は神の子、我が義務はイエスを信ずることである。彼ゆえに、神は我が求むるものをすべて与えたもうであろう。神は我をその栄光のために用いて、ついには天国に救いたもうであろう。（全三／巻末一一七―一一八）[32]

後年内村はこの時の経験を回想してこう述べている。

私は、故国で洗礼を受けてからほとんど一〇年の後に、この地において真の意味で回心した（**converted**）、すなわち向きを回らされた（**turned back**）と思っている。（全三／巻末一一九）[33]

この「回心」とは、更に別の敷衍によれば、

半生間の汝の漂泊煩悶は汝をして自己の念より解脱せしめ全く我に頼らしめんが為なり、汝を苦しめしものは汝自身なり、我に凭《も》たれよわれ汝の罪を贖ひ善より善に汝を導き、汝をして我の為に世を救ふの力となさんと。（「贖罪の哲理」『求安録』一八九三年、全二／二四八）

との神の言葉を聞いたことにほかならなかった。そしてこの罪の贖いは、神の独り児イエス・キ

リストの十字架の代贖死によって成った。イエスは内村にとって何よりも罪の贖い主である。しかしそれに留まらず、内村をして「世を救うの力」とするための範型である。

イエスの二つの側面

基督救世の業は二様なりし、一は人類に完全なる生涯を教へんが為なり、二は人類の罪を彼の身に負《おい》て之を消滅せんが為なり、前者は救世の最終目的にして、後者は前者に導くの必要手段なり、（全二／二三四）

イエスは内村にとって終生この二面において理解されたのである。すなわち一方で、

基督教《キリスト》は十字架教と云ひて間違ないのである。キリストが人類の罪を担《にな》ひて、然り私の罪を担ひて十字架に釘《くぎづ》けられ給うた。そして私の救はるゝは単に此事を信ずるに因《よ》るとの事、其事を教ふるのが基督教である。（「私の基督教」『聖書之研究』一九二九年五月、全三二／一〇四）

この一点に繰り返し立ち返りつつ、他方、

我等は基督信者たるを以て足るべからず、キリストたるを期すべし、是れ自《みず》から神たらんと欲

するの意にあらず、キリストに同化され其義を以て我が義となすの謂なり、(「キリストたれ」『聖書之研究』一九〇六年九月、全一四／二四六)

この点も常に意識され、彼の能動的な信仰活動の根拠となったのであった。

四　不敬事件をへて独立伝道へ

不敬事件

こうして、イエスの愛に覚醒し、またイエスへの愛を再確認して、また四年にわたる異郷での生活の中で故国日本への愛に改めて燃えて、すなわち二つのJへの献身を新たに決意しつつ、一八八八年五月、二七歳となった内村は帰国した。

帰国してすぐ、新潟のキリスト教主義の学校、北越学園の教頭として招かれたが、仏教その他日本文化も尊ぶ内村の主張が、アメリカ人宣教師の意向と相容れず、内村は四カ月でこの学校を去る。その後東京の幾つかの学校で教えたが、一八九〇年九月から第一高等中学校の嘱託教員となった。教育勅語が発布されたのはその翌月であり、いわゆる不敬事件が起こったのは翌九一年の一月九日のことである。その日、一高では年末に受領したばかりの教育勅語の捧読式が行われ、教員と生徒は順次教壇に上がって、勅語に記された明治天皇の署名(宸署《しんしょ》)に最敬礼することを求められた。事件から二カ月後、アメリカの友人D・C・ベル（David C.Bell）宛の英文の手紙（一八九一年三月六・一四日）の中で内村はその式の模様をこう記している。

私はこうした奇妙な儀式（strange ceremony）と出会う準備が全くできていませんでした。というのは、これは校長の新しい発案でしたから。私が登壇して敬礼する順番は三番目でしたので、事態について考える時間はほとんどありませんでした。それで、躊躇《ちゅうちょ》し確信が持てないまま、キリスト教徒としての良心（Christian conscience）にもとらない道を取って、六〇人の教授（みな非キリスト教徒、私のほかに二人キリスト教徒の教授がいますが、欠席していました）と千人を超える生徒が威儀《いぎ》を正している中、私は自分の立場を固守し（I took my stand）、敬礼（bow）しなかったのです。（全三六／三三一―三三二）

その結果、一部の教員、生徒の間から非難の声があがり、これを新聞が「不敬事件」として取り上げ、内村は日本中から不敬漢、国賊とののしられることとなった。その間、木下広次校長が事態の収拾に乗り出し、敬礼は宗教的な礼拝ではないと説いて敬礼のやり直しを求めた。内村も「礼拝（worship）」と「尊敬（respect）」を分けるなら、自分も天皇への尊敬は人後に落ちないとしてこの求めに応じ、重い流感にかかっていた内村の代わりに同僚が代拝した。しかしこれで事件は収まらなかった。自宅への投石、恫喝《どうかつ》等が相次ぎ、仏教各派は機関紙を用いて不敬事件を喧《けん》伝《でん》した。そして流感が悪化し意識不明の状態にあるうちに、何者かによって内村は辞職願いを出させられ、二月三日付で依頼解職の身となっていた。しかも職を失ったばかりか、世間の迫害に耐えて夫の看病に尽くし憔悴《しょうすい》しきった新妻加寿子を、同じ流感によって喪うのである。四月一九日のことである。二年後、彼女の霊に捧げられた処女作『基督信徒の慰』（一八九三年）の中で、内村は当時の心境を回顧してこう述べている。

哲理的の冷眼を以て死を学び思考を転ぜんとするも得ず、牧師の慰言《いげん》も親友の勧告《すすめ》も今は怨恨《うらみ》を起《おこ》すのみにして、余は荒熊《あれくま》の如《ごと》くになり「愛するものを余に帰《かえ》せよ」と云《い》ふより外《ほか》はなきに至れり。[34]（『基督信徒の慰』、全二／七）

独立伝道へ

こうして言わば国をあげての国粋主義の血祭りにあげられた[35]内村は、その後の数年の間、国中に「枕するに所なき」（「読書余録」『聖書之研究』一九〇九年一〇―一一月、全一六／五〇九）困窮の中、[36]各地に流竄《るざん》しつつ筆を取り、『基督信徒の慰』を初めとする名著を続々と世に送った。不敬事件の失意の後、内村はこのようにしてキリスト教文筆家として再び世に立ったのである。その後、一九〇〇年に『聖書之研究』を創刊、この『聖書之研究』誌は内村の死にいたるまでほぼ毎月発行され、またこれと並行して一九〇一年からは日曜ごとの聖書講義の集会を始め、これも死にいたるまで続けられたことは、前述のとおりである。時に内村四〇歳、後半生の三〇年間を彼はこの世から押し出されるようにして独立、「愛国的行為として伝道に従事」（上掲「私の愛国心に就て」、全二九／三五二）し、そのような形で二つのJのための生涯を貫いたのであった。

五　不敬事件とその後再考

ここで振り返って、不敬事件に伏在していると思われる幾つかの問題点を箇条書き風に整理し、確認しておきたい。

不敬事件の顚末《てんまつ》

（1）前掲のベルへの手紙の中で内村は、「私が登壇して敬礼する順番は三番目でしたので、事態について考える時間はほとんどありませんでした」と書いていた。しかし彼は事件の前日の日付けで宮部金吾あてに札幌教会を退会する旨の手紙を書いており、これを事件直後に書いたものと解さない限り[37]、内村は前もって事態についてそれなりに熟慮していたこととなるだろう。この手紙は、翌日の自分の行為が札幌教会に累《るい》を及ぼすことを懸念してのものと思われるからである。

加えて当日欠席した二人のクリスチャンの同僚とは、敬礼を神への礼拝と解するか否かで事前に意見が分かれ、そう解した二人は意図的に欠席したのだ、と後年内村が語ったという証言がある。[38]

（2）ベルへの手紙には全く「敬礼しなかった」と書かれている。しかし少しは頭を下げたが、礼拝はもちろん、敬礼というほどの深いお辞儀はしなかったという口伝が、事実を正確に伝えているようである。[39] これを事件として真っ先に取り上げたのは改進党系の新聞『民報』（一月一七日）で、やがて多くの新聞や雑誌、一高の校友会雑誌などにも批判が渦巻いた。[40]

（3）一人の男の頭の下げ方ひとつで日本中が大騒ぎになったわけである。[41] ただその背景の一つに、次のような逸話が隠されていたことは、記憶に留めておいてよいだろう。すなわち、当時野外演習の後の宿舎で、教師たちが猥談にひとしきり花を咲かせたあと、内村が聞いたら何というかなと誰かが言うと、隅から大声が響いて曰く、「内村はさっきからここにいて、只今のお話を謹んで拝聴していました」、と。満座は静まり返り、爾後同僚たちは、内村に対して恐れと恨みを抱くようになったという逸話である。[42] その報復のために、この男の頭の下げ方にいちゃもんがつけられ、『民報』へのリークとなったとすれば、ここに渦巻いていたのは、当時の突出した国粋主義の義憤[43]ばかりではなく、いつの世にもある人間関係における私怨と鬱憤でもあったのだ。洋行帰りの新任の耶蘇《やそ》、弁も筆も立ち、ただでさえ眼光鋭い大男という、この出る杭《くい》は打たれたのである。内村自身、あからさまにではないが、ユーモアまじりにこう回顧している。「勅語に向《むか》つて低頭しないとて余を責めた人は酒も飲むし、芸妓も揚げるし、酒に酔ふた時には馬族《ママ》同然の言語を発する人達であつた、余は到底是等の人達と教育を談ずることは出来ないと思ふた、／……同僚の前に鶏姦《けいかん》を誇られし諸賢の一人は今尚ほ日本国の子弟薫陶《くんとう》の聖職に居らる丶時に方《あたつ》て余が此職に居るを得ざるに至りしは是れ宇内《うだい》〔すなわち、世界〕万国に対して余の恥辱《ちじょく》ではないと思ふ」（上掲「余の従事しつゝある社会改良事業」全九／四七六）。

（4）その後、木下校長は事態の収拾に動き、これは神への礼拝ではなく、人への敬意を表す敬礼にすぎないからと言い含め、内村もこれに従って敬礼のやり直しに（病気代拝とはいえ）応じたことは前述のとおりだが、この点は後にキリスト教の側からも植村正久[44]（一八五七―一九二五）らによって、一貫性のない矛盾した態度として批判された。

（5）以上すべての辻褄をあわせるためには、次のような説明が必要となるだろう。すなわち、内村は礼拝ではなく単なる敬礼だと解して式に臨んだのだが、勅語捧読をした教頭に「さあ礼拝をしましょう」と言われて、当惑混乱したという説明である。政池仁（一九〇〇―八五）の実証的にもすぐれた内村伝は、この説明を採用しているが[45]、ここに関する限り裏を取ってはいない。

（6）ただ、宮部金吾は、「事の真相は……御名を御親筆あらせられた教育勅語の拝戴式が挙行され、職員生徒一同に其御名に対し奉り礼拝すべしと命ぜられた折、君は礼拝の語に躊躇し、只少しく頭を垂れたのに起因したものであります[46]」と書いており、これが小澤三郎の言うように「事件の真相を内村からつぶさに聞いた親友の言葉[47]」として信憑性があるとすれば、（5）の政池仁の説明は当を得ていることになるだろう[48]。

(7)たといこの説明が事実だったとしても、単なる人への敬意の表現として、勅語の宸署に敬礼すること自体の問題性は残るかも知れない。そういう解釈を採った者が、「天壌無窮《てんじょうむきゅう》の皇運を扶翼《ふよく》」し天皇を「現人神《あらひとがみ》」に祭り上げて、天皇制絶対主義をイデオロギー的に強化しようとした教育勅語の意図を見ようとしなかったとの、後世の歴史家の批判(49)にさらされることはあり得ないことではない。少なくとも、「吾人は今日の小中学等に於て行わるる影像の敬礼、勅語の拝礼を以て、殆ど児戯に類することなりといわずんばあらず(50)」という、同時代の植村の洞察の方が、キリスト者として一貫していることは認めざるを得ないだろう。

(8)そもそも内村の天皇観はどうであったか。共に口伝であるが、不敬事件より一年程前の内村は公の席で、「天壌《てんじょう》とともに窮《きわま》り無き我が皇室は日本人民が唯一の誇りとすべきものである」と発言しており、事件後四〇年になろうとする晩年には、昭和天皇の即位式に際して、「日本がこんなに腐って行」く「わけは何だと思う?……人間を神様として祭るからだ。偶像崇拝とは実に怖ろしいものだよ。ここに偽善の根本があるのだ」、と語ったという(51)。その間の内村自身の筆では、不敬事件をきっかけとしたいわゆる「教育と宗教の衝突」論争中の、「天皇陛下は儀式上の拝戴《はいたい》に勝《まさ》りて実行上の拝戴を嘉し賜ふは余が万々《ばんばん》信じて疑はざる所なり。……普通感念を有する日本臣民にして誰か日本国と其皇室に対し愛情と尊敬の念を抱かざるものあらんや」(「文学博士井上哲次郎君に呈する公開状」『教育時論』一八九三年三月、全二/一二八、一三〇)、然しより時代が下っては例えば、「貴族、政治家、軍隊の代表する日本、是れ早晩必ず亡ぶべき日本にして、余輩が常に予言して止まざる日本国の滅亡とは此種の日本を指して云ふなり／然れども之と同時に亦亡ぶべからざる日本あり、即ち芙蓉千古の雪と共に不変不動の日本あり、是れ勤勉正直《せいちょく》なる平民の日本なり、天壌と共に無窮なる日本とは此日本を指して云ふなり」（「二種の日本」『万朝報』一九〇一年一一月、全九／四六四）などが注目される。

（9）そしてここには、善くも悪くも、二つのＪへの愛に引き裂かれた内村の特質が露呈しているように思われる。キリスト者としてイエスへの愛に殉ずるならば、偶像崇拝の匂いのする宸署拝礼を頭から拒否するのが筋であろう。しかし日本への愛に従うならば、その「誇りとすべき」天皇に敬意を表すにやぶさかではあり得ない。言わんや天皇制への評価が彼の中でまだ熟していなかったにおいてをやである。後世の「常識」で安易にこうした内村の姿を裁くことは慎みたいと思う。そうでなくとも当時すでに彼は充分に裁かれたのだ。日本の側からは挙って、またイエスへの信仰を共にする者の側からも。

（10）内村の日本への愛は現代の我々の目には奇異に映るかもしれないが、これを現代の我々がしばしば常識とする家族への愛などと置き換えてみるとよい（五年ごとに行われる統計数理研究所の国民性調査によると、一九八三年以降、最も大切に思っているものとして「家族」をあげる人が一番多く〔最新の二〇一三年度は四四パーセント〕、「国家・社会」をあげる人は毎回一、二パーセントにすぎない。ちなみにデータが残されているうちで最も古い一九五八年当時は、家族は一二パーセント、「国家・社会」が六パーセントで、トップは「生命・健康・自分」の二二パーセントであった)。いずれにせよ、国家への愛も家族への愛も、共にこの世のものへの、時代によって強弱はあれ、生来の人間の愛である。それに対しイエスへの愛はこの世を超えた者への、回心を経た人間の愛であるはずだ。そして当のイエスが、「あなたがたは〔この世を超えた〕神にも仕え、また〔この世の〕富にも仕えることはできない」(『マタイ福音書』六章二四節)と語っている。にもかかわらず内村は「何故に然るかを知らない」が「止むに止まれぬ」この世への愛をも大切にした。そのことが、彼の爾後の苦闘の淵源ともなり、しかしまた、彼の信仰を抽象的な理想だけに猪突させず、具体的な現実に根差して熟成させ、多くの果実をもたらしたように思われるのである。

義戦論と非戦論

いずれにせよ、この二つのJへの愛を標榜し続けた内村の生涯には、その後も例えば、日清戦争の勃発時には義戦論にくみし(「日清戦争の義」〔訳文〕『国民之友』一八九四年九月、全三/一〇四以下)、その勝利を契機として非戦論に傾き(「時勢の観察」『国民之友』一八九六年七月、全三/二二六以下)、日露戦争に際しては初め絶対的非戦主義を唱えた(「戦争廃止論」『万朝報』一九〇三年六月、全一一/二九六以下)が、開戦後は戦争へのある程度の協力を説き、勝利の報には「帝国万歳」を三唱し(山県五十雄宛の手紙、一九〇四年二月一一日、全三七/一一)、更に第一次世界大戦でまた異なる様相を呈する非戦論へと進むといった、通時的に言えば揺れが、共時的には矛盾がしばしば認められる。その間にはどのような事情があったのだろうか。しかしその点についての詳しい考察は、次章にゆずることとしたい。ここでは、不敬事件に象徴的に露呈したような、二つのJの矛盾に引き裂かれた内村の姿を、それ以上にでもそれ以下にでもなく、冷静に指摘するに留めたい。

妻加寿子の死

「不敬事件とその後再考」と題して論じてきた本節の叙述は、しかしながらここで留まるわけにはいかない。不敬事件直後、内村は妻加寿子の死を経験し、その後の独立伝道においても娘ルツ子の死に遭遇する。[52]その愛する者の死をめぐる、壮絶なまでの悲嘆と再生の経験が、内村のその後のキリスト者としての生を根底から規定することとなる。そしてその二つの死をめぐって、彼は赤裸々に語っているのである。それは、死に面した人間に普遍的な魂の慟哭[53]であり、それを避けて内村の人生の上辺だけなぞるならば、彼のキリスト教信仰といえども、何か時代錯誤のドグマティズムが臭い立つものと誤解されかねないこととなるだろう。以下少し長くなるが、この二つの死をめぐる内村自身の言葉に聞く所以である。

加寿子の死後、二年たって一八九三年二月、『基督信徒の慰』が刊行される。その後も版を重ね、一九一〇年の「改版に附する序」では内村自身、「此書始めて成るや余は勿論先づ第一に之を余の父に送れり（彼は今は主に在りて雑司ケ谷の墓地に眠る）、彼れ一読して涙を流して余に告げて曰く、此書成りて今や汝は死すとも可なり、後世、或ひは汝の精神を知る者あらんと」（全二／七三）と回顧する、自他共に認める名著である。その第一章が「愛するものゝ失せし時」であり、ここで内村は妻加寿子の死が彼の魂にもたらした「真実の無限地獄」（全二／七）について告白するのである。

内村は死について客観的には知っていたつもりだったと言う。そして「若し余の愛するものゝ死する時には余は其枕辺《そのまくらべ》に立ち、讃美の歌を唱《とな》へ、聖書を朗読し、……潔《いさぎ》よく……彼の遠逝《えんせい》を送らんのみと」（全二／六）、達観していたつもりだったと言う。しかし、

嗚呼《ああ》余は死の学理を知《しれ》り、又心霊上其《その》価値を了《さと》れり、然《しか》れ共《ども》其深さ、痛さ、悲《かなし》さ、苦《くるし》さは其寒冷なる手が余の愛するものゝ身に来り、余の連夜熱血を灌《そそ》ぎて捧《ささ》げし祈禱《きとう》をも省みず、余の全心全力を擲《なげう》ち余の命を捨てゝも彼を救はんとする誠心《まごころ》をも省みず、無慚《むざん》にも無慈悲《むじひ》にも余の生命より貴きものを余の手よりモギ取り去りし時始めて予察《よさつ》するを得たり。（全二／六）

そして、

生命《いのち》は愛なれば愛するものゝ失せしは余自身の失せしなり、（全二／六）

という印象深い言葉を刻む。生命の本質は愛であり、自分は愛することにおいて生きていたのだから、その愛の対象を喪い、愛することができなくなった時、自分も消滅するのだとの思いであろう。そして「愛するもの」と「余自身」との喪失の先には、「神」の喪失という、更に予期せぬ深刻な試練が出来《しゅつたい》した。

余は余の愛するもの、失せしより数月間祈禱《きとう》を廃したり、祈禱なしには箸《はし》を取らじ、祈禱なしには枕に就《つ》かじと堅く誓ひし余さへも今は神なき人となり、恨《うらみ》を以《もっ》て膳《ぜん》に向ひ、涙を以て寝所《ねどこ》に就き、祈らぬ人となるに至れり。（全二／九―一〇）

すなわち、愛する者を救ってほしいという「余の満腔の願として溢出《あふれいだ》せし祈禱の聴かれざるより……余は懐疑の悪鬼に襲はれ、信仰の立つべき土台を失ひ、之を地に求めて得ず、之を空《そら》に探《さぐ》て当らず、無限の空間余の身も心も置くべき処なきに至れり。之ぞ真実の無限地獄にして永遠の刑罰とは是事《このこと》を云《い》ふならんと思へり」（全二／六―七）という事態に立ち至ったのである。先に引用した「余は荒熊《あれくま》の如《ごと》くになり『愛するものを余に帰せよ』と云《い》ふより外《ほか》はなきに至れり」（全二／七）という発言はこの文脈で出て来るのである。

しかも、「無限地獄」はそれに留まらなかった。生前、妻にしてやれなかったことの「後悔」が押し寄せ、肺腑《はいふ》を抉《えぐ》るような、次の告白となる。文中の「彼」はもちろん加寿子を指す。

余は余の失ひしものを思ふ毎《ごと》に余をして常に断腸後悔《だんちょうこうかい》殆《ほとん》ど堪《た》ゆる能《あた》はざるあり、彼が世に存せし間余は彼の愛に慣れ、時には不興《ふきょう》を以《もっ》て彼の微笑に報い、彼の真意を解せずして彼の余に対する苦慮を増加し、時には彼を呵嘖《かせき》し、甚《はなは》しきに至りては彼の病中余の援助を乞ふに当《あたっ》て——仮令《たとい》数月間《すげっかん》の看護の為めに余の身も精神も疲れたるにもせよ——荒《あら》らかなる言語《ことば》を以て之《これ》に応ぜざりし事ありたり、彼は渾《すべ》て柔和に渾て忠実なるに我は幾度か厳酷《げんこく》にして不実なりしや、之を思へば余は地に耻《は》ぢ天に耻ぢ、報ゆべきの彼は失せ、免《ゆるし》を乞《こ》ふの人はなく、余は悔ひ能はざるの後悔に困《くるし》められ、無限地獄の火の中に我身《わがみ》で我身を責め立てたり。（全二／一三—一四）

横浜恕の長女加寿子（一八六九年三月四日—九一年四月一九日）については、余り資料は残っていない。鑑三とは、父同士が高崎藩士で、幼馴染みだったらしい。一八八九年七月に満二〇歳で八歳年上の鑑三に嫁ぎ、一年半後の九一年一月に不敬事件に巻き込まれ、世間からの迫害に耐え、(54)流感に罹った鑑三の献身的な看病の後、自身罹患《りかん》し、四月一九日に死去。二年足らずの結婚生活であり、満二二歳となったばかりで亡くなっている。鑑三がアメリカの友人たちに結婚を報告した手紙では、「彼女の名前は**Kaz**であり、**Kanzo minus no**です」と紹介している。更には、大学は出ておらず、知的でも、クリスチャンですらないけれど、家事に優れ、夫を立て、複雑な家庭環境のもと六人の継母によく仕え、自覚的な嘘は一度もついたことがない、キリスト者の妻に相応しい条件を全て備えた女性だと書いている。そして自分が信仰について教えることに喜んで傾聴している、と（全三六／三二七）。亡くなる五日前、病床にあって、不敬事件後も鑑三を支え続けた友人の牧師、横井時雄（一八五七―一九二七）から受洗している。

この愛妻への罪責の念に耐えかねて「無限地獄」に落ちた鑑三は、しかしその果てに、妻の墓前で、ある声を聴くこととなる。

> 一日余は彼の墓に至り、塵《ちり》を払ひ花を手向《たむ》け、最高《いと》きものに祈らんとするや、細き声あり――天よりの声か彼の声か余は知らず――余に語《かた》つて曰《いわ》く「汝何故《なんじなにゆえ》に、汝の愛するもの、為《た》めに泣くや、汝尚《な》ほ彼に報《むく》ゆるの時をも機《おり》をも有せり、彼の汝に尽せしは汝より報《むくい》を得んが為めにあらず、汝をして内に顧みざらしめ汝の全心全力を以て汝の神と国とに尽《つく》さしめんが為めなり、汝若《も》し我に報ひんとならば此国此民《このくにこのたみ》に事《つか》へよ、渠《か》の家なく路頭に迷ふ老婦は我なり、我に尽さんと欲せば彼女に尽せ、渠《か》の貧に迫められて身を恥辱《ちじょく》の中《うち》に沈《しず》む可憐《かれん》の少女は我なり、我に報ひんとならば彼女を救へ、渠《か》の我の如く早く父母に別れ憂苦《ゆうく》頼《たよ》るべきなき児女《じじょ》は我なり、汝彼女を慰むるは我を慰むるなり、汝の悲歎後悔は無益なり、早く汝の家に帰《かえ》り、心思《しんし》を磨き信仰に進み、愛と善との業《わざ》を為《な》し、霊の王国に来《きた》る時は夥多《あまた》の分捕物《ぶんどりもの》を以《もっ》て我主《わがしゅ》と我《われ》とを悦《よろこ》ばせよ」と。（全二／一四）

娘ルツ子の死

一八九二年一二月、加寿子没後二年たらずで、鑑三は岡田静子と再婚している。加寿子病没をあれだけ愁嘆した男にしては、早すぎる再婚であり、しかもその間九二年の春ごろには、築山もとという女性と結婚し直ぐ離婚しているとの説もあって、鑑三を非難する向きもあることは確かであろう。(55) しかしあの愁嘆場は、例えばシェークスピアの悲劇(人は『リア王』の嵐の場(56)や『オセロー』の死の終幕(57)を想い起こすでもあろう)にも比すべき、真摯で振れ幅の広いものであって、言わば古典的な、すなわち、第一級の卓越したという意味でのクラシカル(58)な人間のみが到達できる深い境地なのでもあろう。同じような経験をしても、我ら凡人はその深さに達しないし、たとい達することがあるとしても一年かかるところを、彼は数カ月で経験するのかも知れない。没後二年は凡人の十年に匹敵するとして鑑三を弁護しても、強《あな》ち《が》牽強に過ぎることもあるまいとも思うのである。いずれにせよ、鑑三はこの再婚、正確には三婚ないし四婚のとき、すでに三一歳となっていた。そしてこの、京都の判事で弓術家だった岡田透の一八歳の娘とは、生涯添い遂げることとなる。結婚の翌々年に長女ルツ子(一八九四年三月一九日—一九一二年一月一二日)が、更に三年後、長男祐之(一八九七年一一月一二日—一九八〇年九月一七日)が生まれる。

このルツ子が、後に一八歳で夭逝することとなるのである。このルツ子については、加寿子の時と違って、その生と病と死について鑑三自身、かなり詳しく語っている。特に死の直後の一九一二年二月一〇日の『聖書之研究』一三九号は、「此号自づからルツ子号となりぬ、是れ敢て余輩の私情を読者に訴へて諸君の同情を求めんがために非ず、此機会を利用して死に対する余輩の態度を明かにし、以て聊《いささ》か世を慰めんと欲するに外ならず、キリストの恩恵は最も著《いちじるし》く死に際して顕はる」（全一九／二八）との断り書きを付して、ルツ子の死の前後について詳しく述べている。その記録を時系列に再編して、そこで何がこの父娘に起こったか、顧みておきたい。(59)

彼女の容〔貌〕は全然内村的でありました、彼女の父を識つて未だ彼女を識《し》らざりし者が始めて彼女に会ひました時には、直《ただち》に彼女の「父の子」であることを認めました、(60)而《しか》して「父の子」でありし彼女に美くしき貌《かたち》なく、慕ふべき艶《みばえ》色なかりしことは言ふまでもありません。

（「ルツ子の性格」全一九／五九）

というのが、鑑三らしいユーモアをもった紹介だが、もちろんここに込められているのは謙遜ばかりではない。「美くしき貌なく、慕ふべき艶色なかりし」とは、知る人ぞ知る、『イザヤ書』五三章二節の引用であり、元来、神から選ばれ代贖の死を遂げた苦難の僕《しもべ》について言われているのだから、ルツ子が特別に選ばれた者だったという含意も込められているかも知れない。

しかし彼女の幼少期に特段神に選ばれたといった風はなく、普通の、孤独を愛し友は少ないが、小児と動物の好きな少女として育った。ただし、家では信仰に無頓着に見えたが、学校では「私は基督信者であります」と公言し、そのために虐《いじ》められることもあった。「然し彼女は能く之に耐えました、彼女はイエスを人の前に認《いいあら》はして恥と致しませんでした。／……忍耐は彼女の特性でありました、……彼女はメツタに彼女の苦痛を人に訴へませんでした、而して殆んど度に過ぎたる彼女の忍耐が終に彼女の敵《あだ》となつたのであります、彼女は苦痛を父母に告げずして、終に疾病《やまい》をして私供が知らざる間に癒すべからざる程度にまで進ましめたのであります」（同、全一九／六〇―六一）。

一九一一年三月に実践女学校を卒業して、すぐ父が経営する聖書研究社の社員として働き始め、雑誌の宛名書きなどの事務を担当、三円の月給を得ている。そしてその二カ月後に原因不明の疾病を発症し、一二月四日には医師から死の宣告が下されたのである。その疾病は、結核症、混合黴菌性の発熱、あるいは慢性脚気併発等と、医師の診断が定まらないまま、頑固な高熱だけは下がらずに衰弱していった（「祝すべき哉疾病《かなやまい》」全一九／二九）。しかしその疾病が医学的には不明なまま、霊魂の上では偉大な効力を発揮したことは明白だと、父は述懐する。「無邪気なりし彼女は六ケ月間の病苦に由りて成熟せる信仰的婦人と成れり、疾病は彼女の肉を滅して彼女の霊を救へり」（同、全一九／二九）、と。その最期について、父の筆は次のように書き留めている。

殊に医師より死の宣告の下りし後のルツ子は信仰的に立派なりき、神とキリストの名を聴て彼女の眼球は涙にて浸《ひた》されたりき、彼女は己の罪を悔ひ、之を神の前に認《いいあら》はして其赦免《ゆるし》を得たりき、彼女は又悉《ことごと》く彼女の敵を赦したりき、彼女は曰《い》へりき「我が心中今や一点の怨恨を留めず」と、病床に在りて彼女は瞑目して感謝するにあらざれば食を取らず薬を飲まざりき、平素信仰の表彰には至て無頓着なるが如くに見えし彼女は終焉《おわり》に近づくに循《したが》いて篤信《とくしん》の婦人となれり。

殊に臨終の前三時間、彼女が其父母と共に聖餐式に与《あずか》りし時の如き、是れ彼女に取り生れて始めての聖餐式なりしに拘はらず、彼女は能く其深き意義を解せるが如く、自《みず》から其細りし手を以て杯を採りて主の血を飲み了りしや、死に瀕せる彼女の顔面《おも》に歓喜の光顕はれ、彼女は鮮かなる声を以て

感謝、感謝

と繰返せり、誠に死を宣告せられてより死に至るまでの五週間は彼女に取りては全然信仰の生涯なりき、彼女の平生を知る我等は之を観て異様の感なきを得ざりき。

人命の貴きは健康の故にあらず、聖霊の故なり、人の体は聖霊の殿《みや》なり、……聖霊の聖業《みわざ》成りて人は何時死するも可なり、そは彼は是れがために世に生れ来りたれば也。（上掲「祝すべき哉疾病」全一九／一二九―一三〇）

ルツ子の最後の言葉は「モー往《ゆ》きます」であったという（「最後の一言」全一九／一三〇）。何処《いずこ》へ往くのか。善き処《ところ》に違いないことは、死に顔の微笑から知られる。先に往った友達が迎える光輝の国へと天使が連れて行ったことを、「信ぜざらんと欲するも能《あた》はず」。「彼女の場合に於て霊魂

不滅は事実的に証明せられしなり」と記した内村は、「最後の一言」というこの追悼文をこう結ぶのである。

「モー往きます」、脉搏《みゃくはく》絶えてより殆んど四十五分、一時間に余る死との大苦闘を続けし後に、ルツ子の唇より発せし此貴き一言、而かも苦痛の調子を帯びず、小女らしき自然の声、嗚呼《ああ》年は来り、年は去り、世は移り、物は変るとも、我等は此一言を忘れざるべし、願ふ我等も亦此《またこの》世《よ》の業《わざ》を終へて、聖父《ちち》の国に往かんとする時、

モー往きます

の言を発して彼女の往きし処に往かんことを。（全一九／三一—三二）

翌一月一三日午後、今井館で告別式、雑司ヶ谷墓地で埋葬式が、執り行われた。告別式の謝辞の中で、内村はこう述べている。「今日の此式を私供は葬式と見做さないのであります、今日の此式は是れルツ子の結婚式であります、私供彼女の両親は今日私供の愛する娘を天国に嫁入さするのであります、今日は是れ黙示録に示してある所の羔《こひつじ》の婚姻の筵《むしろ》であります、ルツ子は今日潔《きよ》くして光ある細布《ほそきぬの》即ち聖徒の義を衣《き》せられましてキリストの所に嫁入りするのであります、故に私共は彼女の棺を蔽《おお》ひまするに彼女の有する最上の衣類を以てしました、今日は是れルツ子の晴れの祝儀《いわい》の日であります」（「謝辞」『聖書之研究』一九一二年二月、全一九／三三）。

なおルツ子と同い年の矢内原忠雄（一八九三―一九六一）は、内村の門に入った年にその葬列に従って墓地まで歩いて行った。そして、「棺を地下に納め、先づ御遺族が土をかけられる事になりました。先生は一握りの土を摑《つか》んだ手を高く上げられて、肝高い声で『ルツ子さん万歳』と叫ばれました。全身雷で打たれた様に、私は打ちすくめられてしまひました」(61)という有名な述懐を残している。

愛娘《まなむすめ》永眠百日目の心境は、次の手紙に余すところなく記されている。ルツ子の死がまた、伝道者内村鑑三のもう一つの転機となり、後の再臨運動に繫《つな》がって行ったことは、容易に推測されるところである。

愛する葛巻《くずまき》〔行孝〕君

一昨二十日はルツ子永眠百ケ日に当り、午後彼女の友人三人を具して家族一同雑司ケ谷に至りて花を以て彼女の墓を飾りき、万感衷《うち》に満ちて家に帰り涙の中に夕餉《ゆうげ》を終りし所に君よりの書《しょ》翰《かん》達す、披《ひら》き見れば君が彼女に代りて最後の感を語りし言、之を一座の前に朗読せんと欲して声曇りて終る能はず、さらでだに湿《し》めりがちなる晩春の夕、一層袖の潤ふを覚え候、余は茲に彼女に代り君の厚き友誼を謝する者に有之候《これありそうろう》

彼女逝きて余の心中に革命あり、今は此世は欲しく無之《これなし》、何時なりと喜んで之を去り得べくと存候、此世はたゞ神の労働園《タスクガーデン》としてのみ価値あり、其他に更らに価値無之候《これなくそうろう》

春の日伝道旅行より帰りければ
停車場に待つべき者の影消えて
　涙ながらに帰る我が家
梅散りて躑躅《つつじ》花、やまぶき、ぼけ、桜、
　競へど庭のつまらなきかな
天国、復活、永生、是れのみが事実にして問題に有之候、其他の事はすべて一顧の価値だに無き者に有之候
右御礼までに申上候
　　一九一二年四月廿二日《にじゅうに》　　　　　　　　鑑　三
（全三七／四八二―四八三）

小括

矛盾

以上、愛する二人の女性の死が内村に与えた甚大な影響について見てきた。この二つの死は、内村の人生にとって隠れた転機となった。我々は他方、内村の生と思想の表に一貫して現れているのは、二つのJへの愛であることも見てきた。この二つのJへの愛に立ち帰って、内村の生涯

をめぐる本章の瞥見を終えたいと思う。
鈴木範久氏が指摘するように、二つのJの緊張の中に生きることによって、内村は「西欧のキリスト教に対しては、それを相対化する目を『日本』から得た。愛国心に対しては『イエス』の目でこれを浄化してとらえた」(62)と見ることは大切であろう。これは確かに「二つのJ」という視座が持つ積極面であったはずだ。しかし相容れない二つの中心に引き裂かれて、内村はその揺れを糾弾され、また自身、次に引用する小文の表題にあるとおり、「我が矛盾」を認めざるを得なくなった。「我に大なる矛盾あり、我は其事を自認す、我は自身、円満無欠の人なりと言はざるなり」(全一六/二七九)という、その消極面からも、我々は目を逸らしてはならないはずだ。

而して我は我が矛盾を調和せんと努めざるなり、そは是れ我れ一人に限る矛盾にあらずして、聖書に示され、人生全般に渉《わた》る矛盾なるを知ればなり、矛盾は人生の事実なり、而して事実は事実として之を受くべきなり、矛盾を恐れて事実を信ぜざらん乎、人は何事をも信じ得ざるに至る。

詩人ホヰツトマン曰へるあり
　我に大なる矛盾あり、そは我は大なればなり
と、人は何人も神に象《かたど》られて無限大に造られし者なり、故に矛盾は彼に於て免《まぬ》がるべからず、人は唯悪意的に矛盾ならずして善意的に矛盾ならんのみ、小人的に矛盾ならずして巨人的に矛

盾ならんのみ、矛盾は敢て恐る丶に足らざるなり。(「我が矛盾」『聖書之研究』一九〇九年四月、全一六／二八〇。なおこれに先立つ「イエスの矛盾」同誌、一九〇六年八月、全一四／二二〇―二二六も併照)

内村その人は、矛盾の消極面を見据えた上で、それをこのように積極面へと転ずる方向へと進むのである。

二つのJと嘻々的人生観

この「我が矛盾」という一文で内村が例として具体的に挙げているのは、自由意志と恩寵、万人救済と少数聖別、受動的愛と能動的愛という三つの教義上の矛盾だけだが、「我が矛盾は之に止まらず、猶ほ此他にも甚だ多し」(全一六／二八〇)と語る。そして、「人は何人も神に象られて無限大に造られし者なり、故に矛盾は(元来、有限なる人である)彼に於て免がるべからず」というのであるが、我々はこれを拡げて、この矛盾は突き詰めれば「二つのJ」という、無限なる**Jesus**と有限なる**Japan**という相反する原理の間の矛盾にこそ最も先鋭な形でわだかまる、と指摘してよいのではないか。

Jesusへの愛は「神」の「無限」の愛への応答であり、**Japan**への愛はこの有限な世に対する生まれつきの自然の情である。二つのJは無限と有限、あるいはこの世を超えたものとこの世という、元来相反するものであり、「一方を重んじれば他方を軽んずる」（前掲『マタイ福音書』六章二四節）類いのものであるはずだ。しかし内村の特質はこの両方を共に重んじようとした点にこそ存した。ために内村は、両者の矛盾に引き裂かれることしばしばであったが、そうした引き裂かれ破れた自分をユーモアをもって笑うことができた。ここに掲げた「我が矛盾」という文章にも、また日露戦争で非戦論の立場に立ちながら勝利の報に「帝国万歳」を三唱し、そうした自分の姿を「矛盾した男（An inconsistent man）ですね、私は」と書く手紙（前掲山県五十雄宛の英文の手紙、全三七／一一）にも、「一見開き直った姿勢のなかにほのかなユーモアがあり[63]」、笑いがある。そこに我々は、「何故に然るかを知らない」が「止むに止まれぬ」日本への自分の片思いに対する苦笑が漏れるのを聞き取り、それがためにキリスト者として一貫した（consistent）生き方ができないことへの自己憐憫の笑い声も聞くであろうが、しかし何よりも、その矛盾に引き裂かれ破れ、宗教的には生まれつきの罪としか名付けようのない所に堕ちて、しかし正にそこでこそ贖罪のイエスの愛と出会えたという「人生の事実」に目覚めた「大な」る「我」の、心躍る歓びの笑いを聞く思いがするのである。内村が自己の人生を擬して[64]ホイットマン（一八一九―九二）の人生観を要約した言葉を用いるならば、ここにこそ内村が二つのJに引き裂かれつつも、あるいは引き裂かれたからこそ、「嘻々的人生観」（「詩人ワルト　ホヰットマン」『櫟林《らくりん》集 第壱集』一九〇九年一月、全一六／一七〇以下。中んづく一九三―一九五。また二三四も併照）を持し得た秘密があるように思われる[65]。

同情に富みし詩人は自身は徹頭徹尾歓喜の人であつた、彼に若し人生観なるものがありしとすれば之を嘻々的人生観と称するより他に言葉はない、余輩が彼の詩を悦ぶ所以は主として此奪ふべからざる彼の歓喜性に於て存するのである。（同、全一六／一九三）

なるほどホイットマンには、イエスの十字架による贖罪の信仰は、表立っては、ない。

彼は屢々《しばしば》明言して曰ふた

『余は正統派の信者に非ず』

と、而して彼の国人も亦彼を基督信者として認めなかつた、彼等は彼は万有神教徒《パンセイスト》なりと曰ふた、彼はメッタに神と基督との名を用ゐなかつた、……然らば彼は無宗教の人であつたかと云ふに、決して、否な決して爾《そ》うでない、彼は真に「神に酔ふたる人」であつた、余りに神と親しかりしが故に無神論者のやうに見えたる人であつた、……預言者は常に教会の外に起る、昔《せき》時《じ》の猶太《ユダヤ》国に於ても爾うであつた、今の米国に於ても爾うである。（同、全一六／一七九―一八〇）。

ホイットマンはより直截に「神に酔ふたる人」（全一六／一七九）として「嘻々的」であった。

しかしそのホイットマンのような「『嘻々的人生観』を余の所有《もの》となしたく欲ふ、……ワルトホヰットマンの迹を逐《お》ふて、……余の救主なるイエスキリストに従ひたく欲ふ」（全一六／二三四）と内村は語った。内村の命綱は、イエスの贖罪に対する信仰であった。内村は飽くまでイエスを介して間接的に「神に酔ふたる人」であったはずだ。その彼が、イエスを抜きにしたホイットマンの宗教心にこれほど心酔すること自身、矛盾はここに極まったようにも見えるのである。

あるいは更に、上述の二人の女性の死に代表される数々の悲しみに遭遇し、内村をして「今は此世は欲しく無之、何時なりと喜んで之を去り得べくと存候」（全三七／四八二）とまで言わしめた、哀々たる、言わば悲々的人生観と、この喜びに満ちた、嘻々的人生観との矛盾対立は、果たして整合し両立し得るのであろうか。

しかしこうしたところにこそ実は「巨人的に矛盾ならん」とした内村の巨人性が、あるいは隠されているのではあるまいか。

以下、その間の事情を、後半生の戦争論と震災論、更には生涯一貫してなされた聖書の研究に焦点を絞りこみつつ、探っていくこととしたい。そのような探求こそ、急ぎ足でその生涯を通覧した本章の考察を踏まえた、更なる本質的な課題であり、内村の現代的意義を望見する鍵となりそうな予感がしてならないのである。概観と予断は以上に留め、本題に進むこととしたい。考察はこうして、第二章へと展開する。

第二章　新約聖書読解と戦争論

前章では、内村の生涯を、その根底に良くも悪くも、「二つのJ」の矛盾が蟠踞《ばんきょ》しているという視点から、通覧した。不敬事件以後、その矛盾が最も先鋭な形で露呈したのが、日清戦争における義戦論と日露戦争以後の非戦論の矛盾ないし展開と言ってよいに違いない。本章はこれを、内村が生涯を貫いて最も時間と労力を傾注した聖書の研究（亡くなるまでの三〇年間、執筆刊行し続けた月刊誌がいみじくも『聖書之研究』であった）とからめて、検討することを課題とする。内村の思想の基底をなすはずの、この聖書の研究については、聖書学ほどではないが汗牛充棟《かんぎゅうじゅうとう》の様相も呈してきた内村研究において然しながら、未だ整理検討されることが少なかった(66)。本書は研究史のこの重要な欠落を補うことも企図するものである。

本章を一幅のタペストリーに譬えるならば、これを綾なす縦糸は内村の戦争論であり、横糸は新約読解となる。前者は一A節「日清戦争の義戦論」、二A節「日露戦争の非戦論」、三A節「第一次大戦の非戦論と再臨運動」に分け、後者は一B節「福音書読解」、二B節「行伝・書簡読解」、三B節「ヨハネ黙示録読解」に分ける。一Aの後に一Bを置き、続いて二A、二Bという風に、縦糸と横糸を交互に通すことによって、それ自身として独立した聖書読解が、どう現実と噛み合っていたかが浮き立つ、一種の織物を織ることを企図したのである。しかし両者を分離して内村の戦争論だけを辿りたい読者は、一A、二A、三A節を飛ばし読みしていただけばよいし、彼の新約理解だけを取り出したい向きには、一B、二B、三B節を飛び飛びに読んでいただくことをお願いしたい。

敢えて縦糸と横糸を分けてその交差する様を浮き立たせようとしたのは、内村の聖書読解が、単に書斎に閉じ籠った学者の机上の研究ではなく、現実の社会と斬り結んだ信仰的「実験」[67]に基づくものだからにほかならない。これは新約だけでなく、次章の旧約読解についても同様に言えることである。

内村の聖書の読み解きは、客観的な研究を踏まえつつ、それを自己の信仰的現実体験と共振させ、雄渾な文体、明晰な論旨、堂々たる論陣によって、聖書の核心を鋭く突き、力強く解き明かす思索であった。本章ではその信仰的な現実体験の例として戦争体験を、次章では震災体験を取り上げるわけだが、「前書き」でも触れたように、内村の聖書読解について考える側も、ただ抽象的に整理概観しただけでは、これを理解できないことを肝に銘じなければならない。各章末を中心に、拙いながら論者自身の理解に触れざるを得なかった所以は、主としてここにある。

さて内村は、旧約新約ともに「凡そ聖書は一節について、又は一章について、又は一書について研究する事が甚だ大切であると等しく全体について総括的の研究をするのも亦甚だ大切である」（全二五／五二六）と指摘する。一九二〇年七月に「三日間に渉り箱根強羅に於て開かれたる平信徒夏期修養会に於て為せる講演の大意」である「新約聖書大観」（全二五／五二六―五四四）は、同年九月の『聖書之研究』誌に掲載されたが、五八歳となった内村円熟期の新約をめぐる「総括的の研究」である。その当該箇所を、一B、二B、三B節それぞれの冒頭に掲げることとしたい。それと並べて「一節について、又は一章について、又は一書について」の個別的研究を参看し、もって総括・個別両面から、内村の新約読解に迫りたいと思うのである。

引用は、ここでも新版の『内村鑑三全集』によるが、旧版『内村鑑三全集』は、新版のように年代別ではなく内容別に編集されているので、そちらで試算すると、五巻から七巻に収められた新約研究は、上中下巻あわせて二三二〇頁に及ぶ。福音書、行伝、書簡、黙示録それぞれに、約三三パーセント、五パーセント、六一パーセント、一パーセントの力を傾注して、七五六頁、一〇六頁、一四一三頁、四二頁が充《あ》てられていることになる。書簡では中でも『ロマ書』に中巻一冊、七〇四頁が費やされていることが注目される。それに比べて『行伝』や『黙示録』への言及は少ない。以下それぞれのうち、戦争論とかかわる一九一八年以前のものに限って、代表的な文章を参看していくこととしたい。その際、網羅的な概観が眼目ではなく、たとい数は一つ二つでも、それが精選された適切な実例ならば、却って内村の新約読解の本質に迫ることができるのであって[68]、量より質を優先する。

そうした新約読解が斬り結ぶ現実の危機の代表的な例として、ここでは一A、二A、三A節において、内村の経験した三つの戦争を取り上げる。内村は、日清戦争（一八九四―九五年〈明治二七―二八年〉）では義戦論を唱え、日露戦争（一九〇四―〇五年〈明治三七―三八年〉）では非戦論に転じ、第一次世界大戦（一九一四―一八年〈大正三―七年〉）では更にそれを再臨信仰の視点から深化して訴えた。後年、内村自身、義戦論を唱えたことを愚かだったと言明しており（二A節で引用する「戦争廃止論」等）、反戦平和が大方の趨勢である現代日本では、内村の非戦論を、しかも特異な再臨信仰とは結び付けない日露戦争時のそれを、評価しがちである。[69] だがこれらの戦争論の間には、もう少し複雑な事情があるのではないか。義戦論なしに非戦論を正しく理解することは果たして可能なのか。非戦論と再臨信仰の結び付き如何。それぞれの戦争論のそもそもの論拠は何なのか。それらは、背景となる政治的歴史的認識とどう関わり、何よりも、どのような聖書的典拠を持つのか、あるいは持たないのか。その辺りの検討が、ここでの課題となる。

そしてその検討は或いは、我々現代の読者が危機の時代に聖書を読み抜くことの、意味と射程とを探る試みともまたなるであろうか。

一A　日清戦争の義戦論[70]

「世界歴史に徴して日支の関係を論ず」

日清戦争の正式な宣戦布告は一八九四年八月一日になされたが、両国の正規軍の戦闘は既に七月二五日に始まり、日本が大本営を設置して戦時状態に入ったのは、更に六月五日にさかのぼる。内村は七月二七日の『国民新聞』に「世界歴史に徴して日支の関係を論ず」を発表し、旧新の勢力の衝突は歴史の必然であることを様々な歴史的実例、中んづく、ヘロドトス（前四八五頃―前四二〇頃）の記した小国ギリシアの大国ペルシアに対する戦いを挙げて論じ、日清の戦争もそうした観点から強く肯定した。

日支両国の関係は新文明を代表する小国が旧文明を代表する大国に対する関係なり、……旧は大なるが故に新を侮り、小は新なるが故に旧を賤しむ、二者の衝突は免かるべからざる所、正流逆流《せいりゅうぎゃくりゅう》の相接する処《ところ》、之をして平和に経過せしめんと欲す、是れ宇宙の大理に反するもの、歴史の趨勢《すうせい》に逆《さから》ふもの、平和を愛して進歩を憎むものなり。（「世界歴史に徴して日支の関係を論ず」全三／三〇）

このように論を興《おこ》した内村は、自身流血を好むものではないけれど、「若し人類の幸福を増進せんが為めには此血路《このけつろ》を通過せざるを得ずとならば余輩《よはい》は摂理《せつり》の声に聴かざるを好まず」（全三／三五）との覚悟を表明する。そして日支の衝突と日本の勝利は、人類全体の利益となり、世界進歩のために必要だと説く。その勝利がなければ、「東洋に於ける個人的発達は妨阻《ぼうそ》せられ、自治制度は廃滅《はいめつ》に帰し、美術は失せ、文運は廃し、亜細亜《アジア》的旧態は永く東洋五億の生霊《せいれい》を迷夢《めいむ》の内に保持せんとす」（全三／三五）ることを危惧するというのである。

「日清戦争の義」と「日清戦争の目的如何」

内村は続いて八月号の『国民之友』誌に英文でJUSTIFICATION FOR THE KOREAN WAR.を寄稿（八月七日付執筆、全三／三八―四八）、その訳文「日清戦争の義」は同誌九月号に掲載された（全三／一〇四―一一二）。そこで内村は先ず、「欲に依らざる」戦争などないと現今の人は考えがちだが、「義戦」というものが存在することは歴史的事実だとして、古くはギデオンによるミデアン人討伐から、新しくはギリシアによるトルコに対する戦いに至る数多《あまた》の例を挙げる。そして日清戦争も然りというのである。

吾人《ごじん》は信ず日清戦争は吾人に取りては実に義戦なりと、其《その》義たる法律的にのみ義たるに非らず、倫理的に亦《ま》た然《しか》り、……
今回の衝突《しょうとつ》たるや吾人の自ら好んで来たせしものならざるは……、吾人を導くに戦争を非常に嫌ふ内閣あり、加るに内治の改革将《まさ》にその緒《ちょ》に就《つ》かんとし、隆盛《りゅうせい》其極《きわみ》に達せんとす、若し利慾にして吾人の最大目的たらん乎《か》、……非戦争こそ吾人の最終最始の政略《せいりゃく》たるべきなり、然《しか》るに過ぐる二十余年間支那の我に対するや其妄状無礼《そのもうじょうぶれい》なる事殆《ほと》んど吾人の忍ぶ可《べ》からざるあり、大《だい》西郷已《さいごうすで》に此《これ》に見る所あり、即時《そくじ》に其罪《そのつみ》を問はんとする彼の熱血的希望は実に彼の生命を捨てしむるに至り、我邦《わがくに》も之が為《ため》に悲惨なる内乱の害に遇《あ》へり、（「日清戦争の義」全三／一〇五）

当時の伊藤博文（一八四一―一九〇九）第二次内閣（一八九二―九六）が、後述の陸奥宗光（一八四四―九七）外相を含め、一方で海軍の軍備拡張をし、民党の猛反対にあって、これを削減した経緯などを考えると、「戦争を非常に嫌ふ内閣」と言えるかどうかについては、留保を付けた方がよいかも知れない。しかし、強硬的な外交方針を主張した国民協会等が世間に受け入れられず議席を減少した情勢などを鑑みるならば、民心が「非戦争」に傾いていたことは事実であろう。そして同じく一八九四年に出版された *Japan and the Japanese*（全三／巻末一六九以下。後に一九〇八年、*Representative Men of Japan*／『代表的日本人』と改題）の中でも内村が筆頭に挙げる西郷隆盛が、いわゆる征韓論を唱え、板垣退助への手紙では西郷自らを使節として朝鮮に派遣して交渉、国交要求が入れられなければ、武力に訴えて朝鮮の開国を実現させる方針を主張していたことは、内村が高く評価するところであった（全三／巻末一八四以下）。そうした情勢を考慮しつつ「吾人の忍ぶ可からざる」「支那の……妄状無礼」に内村は言及するのである。具体的には、「朝鮮に於て常に其内治に干渉し、我国の之に対する平和的政略を妨害し、対面的に我に凌辱《りょうじょく》を加へて止ま」（全三／一〇五―一〇六）なかったことを内村は念頭に置いている。

もちろん、日本も支那と同様、朝鮮の内政に干渉しているのではないか、という非難を内村も知らないわけではない。しかし内村は、そうした非難に対して三つの方向から反論する。第一に干渉そのものが悪ではない。むしろ隣人が飢えたり泥棒に入られたり危急の時は助けねばならない。いま隣国朝鮮はそのような状況にある。第二に朝鮮出兵は、明治一八年の天津《てんしん》条約の明文に依るのだから、法理的に批難《ひなん》される謂《いわ》れはない。そして第三に、日本は終始朝鮮の独立と保安を促してきたのだ。その平和的提案を「押柄《おうへい》にも卻《しりぞ》け」る支那に対して、「鉄血を以て正義を求むるの途《みち》」（全三／一〇九）しか残されていないと言うのである。

こうして日清戦争を義戦であると断ずる内村は、戦争が終ってみればそのことが分かる、と次のようにこの一文を結んでいる。

吾人は朝鮮戦争を以て義戦なりと論定せり、其然《そのしか》るは戦争局《きよく》を結て後に最も明白なるべし、吾人は貧困に迫りし吾人の隣邦の味方となりたり、其物質的に吾人を利する所なきは勿論《もちろん》なり、又支那と雖《いえど》も壊滅《かいめつ》は吾人の目的に非らず、……吾人は永久の平和を目的として戦ふものなり。
（全三／一一二）

この「日清戦争の義」論文の結びは、一〇月の『国民之友』誌に寄せられた「日清戦争の目的如何《いかん》」でも繰り返される。九月半ばには既に日本軍は朝鮮全土を制圧、黄海海戦にも勝利し、内村はここでは日本の勝利を自明の前提としつつ、終戦後、朝鮮にも支那にも「仁愛」をもって「大義」を貫徹する日本の姿勢を信じて疑わなかった。

仁愛《じんあい》の道は最善の政略なり、厳《げん》と寛《かん》とは適宜《てきぎ》の比例に自ら其内《そのうち》に含有するあり、已《すで》に朝鮮の独立を扶助《ふじよ》して吾人《ごじん》の大義今は宇内《うだい》に洽《あまね》し、敵国支那を救ふに至りて吾人の余徳は世界を化《か》せん、誰か云《い》ふ仇恨《きゆうこん》は大和民族の特性なりと、吾人の武勇は大慈より来るなり、……（「日清戦争の目的如何」全三／一四七）

終戦と挫折

「仇恨《ピンイン》」という、元々中国語で、激しく根にもって恨むことを指す言葉を使って、これは全てを水に流す「大慈」を知っている大和民族の特性ではないと断言した内村だが、遺憾ながら、この見通しは甘かった。半年後の一八九五年四月、下関条約で終戦の講和に応じた日本は、遼東半島、台湾などの割譲、軍事賠償金として二億両の支払いなどを求め、「仁愛」や「大義」どころか「利欲」こそがこの戦争の目的であったことを暴露したのである。結局、ロシア、フランス、ドイツの三国干渉によって遼東半島は返還を余儀なくされたが、代償に三千万両が上乗せされたので、合計二億三千万両、すなわち三億六千万円前後の大金を日本はこの講和条約で獲得することとなった。これは、当時の日本の国家予算八千万円の四倍強の額であり、現在価格で約一兆二九四億円と推測される。この賠償金で、日本は長年の悲願だった金本位制への復帰を遂げ、清国はいっそう弱体化の道を進んだのであった。

こうして内村の義戦論は、政治的現実との乖離を露呈し、決定的に挫折したかに見える。これを「理想主義的」な「夢想」であり、また「聖書の思想はあまり介入していない」とする小原信氏(71)や、E・W・サイード、中んづくJ・バンダの知識人論に照らして、「たちの悪い扇動」であり、「『裏切りの知識人』による言論の系に位置するもの」だとして断罪する、最近の柴田真希都氏(72)の否定的評価は、大方の評価と合致し(73)、また一面において正しいことは認めざるを得ないかも知れない。

陸奥宗光『蹇蹇録《けんけんろく》』の見方

実際内村の態度が「理想主義的」であることは、日清戦争時代の外務大臣、陸奥宗光の終始現実主義的な態度と比較するとき、明らかなように見える。この時代の外交秘録である『蹇蹇録』の中で陸奥は、当初、「隣邦」「朝鮮」を「扶助」する「義俠」の戦いという点に「我が国朝野の議論が……一致協同を見たるのすこぶる内外に対して都合好《よ》きを認めたり[74]」。ところが、自分はもとより「毫も義俠を精神として十字軍を興すの必要を視ざりし故に、朝鮮内政の改革なるものは、第一に我が国の利益を主眼とするの程度に止め[75]」、初めから戦争は「日清両国の間に蟠結して解けざる難局を調停せんがために案出したる一箇の政策なりし[76]」と、この「天皇絶対主義官僚の切れものであったカミソリ大臣[77]」は、冷徹に現実を分析し回顧しているのである。『蹇蹇録』は、九四年の朝鮮東学党の乱（甲午農民戦争）を利用した軍隊の派遣に始まり、日清両国の外交交渉、朝鮮内政改革、欧米各国との交渉、日英条約改正の成功を経て戦争に突入、戦後の日清講和の駆け引きに至るまでの現実の歴史を、当事者が詳細に語った記録である。理想主義者、内村が知り得べくもなく、また知ろうともしなかった、「国の利益を主眼とする」「政策」としての戦争の現実が、ここに記されているのである。

ベル宛の書簡と「何故に大文学は出ざる乎」

さて内村の日清戦争をめぐる発言は、一八九四年一〇月の前掲「日清戦争の目的如何」をもってぷつりと途絶え、九五年四月の下関条約前後においては、日本の「利欲」を諌めることもなく、条約締結一月以上後の五月二二日、D・C・ベル宛の書簡へと飛ぶ。そこで内村は、

「義戦」（A "righteous war"）は略奪戦《りゃくだつ》（a piratic war）に近きものと化し、その「正義」（"justification"）をとなえた預言者は今や恥辱の中にあります。（全三六／四一四）

と述べる。また同年七月の『国民之友』誌に載った前掲「何故に大文学は出ざる乎」の中では、

日本勝た、日本勝た、支那負た。えらい奴ぢや、台湾取た、えらい奴ぢや、償金取た、負なよ、えらい奴ぢや（大坂人士の祝勝歌）。（「何故に大文学は出ざる乎」全三／一八〇）

を引いて、「ミリヤムの凱歌《がいか》に比敵すべきもの……高尚美厳《こうしょうびげん》の言語」と揶揄するに留まる。

「時勢の観察」と "A RETROSPECT."

さて同じ一八九五年の一〇月には、ソウルの宮廷に日本軍守備隊、日本人壮士、朝鮮親衛隊ら

が闖入し、ロシア寄りの王妃閔妃《びんび》を暗殺する事件が起こった（乙未《いつび》事変）。その後この事件に、ソウル駐在の日本公使、三浦梧楼らがからんでいたことが次第に明らかになると、[78]内村は悲憤慷慨して「時勢の観察」という長い論文を一気呵成に書き上げ、九六年八月の『国民之友』誌に発表する。この中で内村は日清戦争への自己の関わりについて初めて公に言及する。すなわち、宗教哲学から政治外交問題に至るまで「実益主義」が日本人の原理だと指摘した後、次のように述べるのである。

之《これ》を近来の日本の外交に於て見よ、同一の実利主義の実行を見ん、何故に朝鮮は救はざるべ《〔からざる〕》きや、曰く朝鮮の独立は日本国の利益なればなりと、何故に支那を撃つべきや、曰く充分の勝算あればなりと、彼等は日清戦争を義戦なりと唱へり、而して余輩の如き馬鹿者ありて彼等の宣言を真面目に受け、余輩の廻らぬ欧文を綴《つづ》り「日清戦争の義」を世界に訴ふるあれば、日本の政治家と新聞記者とは心密《こころひそ》かに笑て曰《い》ふ「善哉《よいかな》彼れ正直者よ」と、義戦とは名義なりとは彼等の智者が公言するを憚《はばか》らざる所なり、故に戦勝《いくさかち》て支那に屈辱を加ふるや、東洋の危殆《きたい》如何程《かほど》にまで迫るやを省みる事なく、全国民挙《こぞり》て戦勝会に忙《せ》はしく、ビールを傾くる何万本、牛を屠《ほふ》る何百頭、支那兵を倒すに野猪《のじし》狩を為すが如きの念を以てせり、而して戦局を結んで戦捷《せんしよう》国の位置に立つや、其主眼とせし隣邦の独立は措《お》て問はざるが如く、新領土の開鑿《かいさく》、新市場の拡張は全国民の注意を奪ひ、偏に戦捷の利益を十二分に収めんとして汲々たり、義戦若し誠に実に義戦たらば何故に国家の存在を犠牲に供しても戦はざる、日本国民若し仁義の民たらば何故に同胞支那人の名誉を重んぜざる、何故に隣邦朝鮮国の誘導に勉めざる、余輩の愁歎《しゅうたん》は我が国民の真面目《まじめ》ならざるにあり、彼等が義を信ぜずして義を唱ふるにあり、彼等の隣邦に対する深切は口の先きに止て心よりせざるにあり、彼等の義侠心《ぎきょうしん》なるもの、浅薄なるにあり、或人は肥後人を評して「逃る敵を追ふに妙を得たる武士なり」と曰へり、今日の日本人は皆悉く肥後人と化せしにあらざるなき乎!!!(「時勢の観察」全三/二三三)

内村の肥後嫌いは随所に出てくるが(全四/一二八、全五/二一八等)、内村の JUSTIFICATION FOR THE KOREAN WAR 論文を『国民之友』誌に掲載させ、共に日清開戦の論陣を張り、しかし戦後、三国干渉による遼東半島返還を呑んだ政府の弱腰に対しては激怒した徳富蘇峰(79)(一八六三—一九五七)、あるいはまた横井時雄、金森通倫(一八五七—一九四五)等々の熊本人を念頭に置いていたようである(80)。いずれにせよ、ここでの内村は、日清戦争を「義戦」として「わが国朝野の議論」に同調するなり、英語の論文を書いてこれを少なくとも対外的に主導するなりしたこと、またそのことによって、「わが国の利益を主眼」とした「政策」として「利欲」の戦争を起こした政治家にまんまと「利用」されたこと、の反省へとは進まないのである。自分を「馬鹿者」と嗤《わら》いつつ、依然威勢良く、「真面目ならざる」「国民」を叱咤《しった》するだけである。我々はそこに嘱目《しょくもく》せざるを得ないだろう。

正面から日清戦争を顧みたものとして、終戦から二年半たった九七年一二月『万朝報』英文欄に著した"A RETROSPECT."（回顧）があるが、ここでも内村はなるほど、

> 我らは「朝鮮戦争の正当化」（"the Justification of the Corean War"）を書いたことを大いに恥じたことを、告白する。（"A RETROSPECT" 全五／一九三）

と言うけれども、結局、

> 下関条約がこの戦争を非―正当化した（*un*-justified）。それは義戦として始まったが、強欲な戦争（an avaricious war）として終った。（全五／一九三）

という点を強調するのである。彼は気弱く自分の義戦論が間違いだったと認めたりはしないのである。何故であろうか。

義戦論を撤回しない理由

内村がD・C・ベル宛の書簡において「預言者は今や恥辱の中にあります」と書いたとき、終戦になれば「略奪戦」でないことがはっきりするという彼の「預言」が外れたことが念頭にあっ

ただろう。また“A RETROSPECT.”において義戦論論文を「書いたことを大いに恥じた」と「告白」する際には、「利欲」の戦争を起こした政治家に「利用」されたという、苦い認識があったことであろう。それでも内村は簡単に義戦論を撤回して謝罪したりはしない。この一見不可解なほど頑強な態度は、何に由来するのであろうか。

もちろんみだりに説を変えることへの、躊躇があったかもしれない。「恥」に言及した両文とも英語で書かれている——しかも一方は私信である——ことを鑑みれば、日本人同胞への面子があったかもしれない。しかしより積極的には、少なくとも二つ、次のような理由が考えられるのではあるまいか。

一つは、日本が義戦に出発したが、最後に欲得に目が眩んで変節したという自分の理解が、大綱において間違っていないという理由。なるほど陸奥宗光の分析によれば、義戦などというのは、理想主義者の掲げる建前であって、戦争は総じて初めから終わりまで国益のための政策にすぎないというのが、現実主義者の本音である（前掲「時勢の観察」では内村もこの方向の理解に立っている。なお『蹇蹇録』は九五年一〇月の口述筆記だが、外務省の機密文書を引用した外交秘録として、一九二九年《伯爵陸奥宗光遺稿》に収録されるまで、長く公にはされなかったから、内村はこれを読んではいないはずである）。なるほど陸奥的な見方の方が如何にも冷静で賢明な現状認識のように見えるけれども、二つの方向からこれを揺さぶることも不可能ではないはずなのである。第一に、『蹇蹇録』は終戦後間もない回顧録で資料的価値が高く、陸奥の「深謀ある外交手腕には見るべきものもある」とはいえ、現実主義的な切れ者としての「自己の業績を賞揚しすぎている感はある[81]」点である。第二に、陸奥は外交の中枢にいたとはいえ、一人で戦争を起こすことはできず、むしろ「義戦」という正当化による世論の支持をまって初めて、野党の賛同も得ることができ一億五千万円の臨時軍事費も獲得して、戦争を進めたのだった。一外務大臣の胸中とは別に、ほとんどの「国民はこれを、弱い朝鮮をいじめて横暴をきわめる清国をこらし、朝鮮の独立を助ける義戦だと心底から信じていた[82]」のだとすれば、この戦争はやはり「義戦として始まった」という内村の見方にも一面の真理があることは否定できないはずだ。とすれば、問題は義戦論を唱えた内村自身にではなく、義戦論に出発しながら欲に目が眩んでこれを貫徹しなかった国民の方にあることになる。内村が頭を下げない理由の一つはここにあるだろう。

さて内村が気弱く己が非を認めたりしない第二の、そしてより本質的な理由は、義戦論そのものの正しさを内村が依然信じている点にあるだろう。そしてそれは、現実よりも理想の側に立つ、内村固有の発想法とかかわるように思われる。理想と現実ということで、筆者は亀井俊介氏の内村論を想起する。氏は、内村を「時代の理想を最も強くもち、その結果、時代の現実に最も強く衝突した」「明治精神の道標」(傍点、引用者)として、むしろこれを肯定的に捉えた[83]。氏は言う、

内村にとって、理想こそ本物の存在であり、現実は偽物にすぎなかった。いいかえれば、彼は絶対的に理想の側に立っており、現実の側にはぜんぜん立とうとしなかった。その両者の中間

的な立場も彼にはなかった。理想にもとる国家の現実をやむをえないものとして認め、理想を現実の方に引き下げようというような発想は、彼にはまったく思い浮かんでこなかった。[84]

亀井氏の直接の文脈では「理想にもとる国家」とは具体的にはアメリカを指しているが、日清戦争時の日本にもそのまま当てはまるであろう。こうした理想主義的な態度にこそ、「時代の困難さのなかに埋没しないで、理想の存在を示し続けた[85]」内村の真価がある、と亀井氏は見るのである。このような見方に立てば、徒に「理想主義的」な自分を責めることなく、むしろ理想をなげうった日本人を、あるいはもともと理想などなく現実の「実益」のためにそれを「利用」するだけの政治家など二枚舌の輩を、叱咤し続けるところに、むしろ内村の面目躍如たるものがあると、これを肯定的に評価することも可能なように思われるのである。いわんやその理想が単なる「夢想」ではなく、「朝鮮の独立を扶助し」「敵国支那を救ふ」「仁愛」と「大義」を現実化することであり、「永久の平和を目的として戦ふもの」であり得たにおいてをや、である。このように見直すならば、先に引用した、内村の義戦論が「理想主義的」な「夢想」にすぎないという小原氏や、サイードやバンダの知識人論の枠組みからいささか外在的に「たちの悪い扇動」として断罪する柴田氏の否定的評価は、内村に対して少し酷にすぎるかも知れないだろう。当時からあった、そうした批判に対しては、内村が敢えて頭を下げない所以である。そして「若し人類の幸福を増進せんが為めには此〔戦争流血という〕血路を通過せざるを得ずとならば余輩は摂理の声に聴かざるを好まず」（「世界歴史に徹して日支の関係を論ず」『国民新聞』一八九四年七月、全三／三五）と言い切った先に非戦論へと転じたところに、単に戦いを嫌い争いを恐れ自衛を蔑ろにしただけの反戦平和を唱える凡百の非戦論者とは出自を異にする、内村の真骨頂があると見ることは、果たして贔屓の引き倒しとなるのであろうか。否、必ずしもそうではないのではないか。現代的視点から歴史上の人物の「扇動」的な筆の走りを批判することは必要であり、また容易でもあろうが、論者が眼差しを向けたいのはその先である。すなわち、そのような筆の走りを敢えて自らに許した内村が非戦論に転ずるダイナミズムの中には、義戦論の真理性も未だ谺《こだま》していないかどうか。そちらの方向へと、考察を展開して行くこととしたい。

「寡婦の除夜」から非戦論へ

しかしそれでも最後に残る問いは、本当に「血路」が「摂理の声」なのか、義戦が果たして聖書的な理想なのか、あるいはまた日清戦争を義戦と弁ずることによって、内村は少なくとも戦争のお先棒をかついで、内外の様々な悲惨を惹起したことにならないか、そのことの反省が内村にはあまりに欠けていないか、といった諸点にわだかまるだろう。明敏な内村のことだから、薄々そうしたことは察知していたに違いない。特に悲惨さについての認識は、先の「支那兵を倒すに野猪狩を為すが如きの念を以てせり」といった言い方にも窺われるが、後に『小憤慨録』下巻（一八九八年）に再録する際、「明治廿九年（一八九六年）の歳末、軍人が戦勝に誇るを憤りて詠める」と副題が付せられた「寡婦の除夜」の詩に至って、明らかとなる。

月清《きよ》し、星白し、
霜深し、夜寒し、
家貧し、友尠《すくな》し、
歳尽《としつき》て人帰らず、

思《おもひ》は走る西の海
涙は凍《こお》る威海湾《いかいわん》
南の島に船出《ふなで》せし
恋しき人の迹《あと》ゆかし

人には春の晴衣《はれごろも》
我には仮《か》りの侘住《わびずまい》
軍功《いくさいさお》の祝酒《いはいざけ》
独り手向《たむ》る閼伽《あか》の水

我空《むなし》ふして人は充つ
我衰へて国栄《さか》ふ
貞《てい》を冥土《めいど》の夫《つま》に尽《つく》し
節を戦後の国に全《まっと》ふす

月清し、星白し、
霜深し、夜寒し、
家貧し、友尠し、
歳尽きて人帰らず。

（「寡婦の除夜」全三／二七三―二七四）

与謝野晶子（一八七八―一九四二）の有名な「あゝ、をとうとよ、君を泣く、君死にたまふことなかれ」で始まる反戦詩は日露戦争時のものであるから、内村のこの詩は近代日本の最も初期の反戦詩の一つとされる(86)。この年の九月、名古屋英和学校の教師として名古屋に移り住んだ内村は、近くの城に第三師団があり、「町で軍人の横行、乱行を見る機会も多かったにちがいない(87)」。義戦論という理想をまげないでいた内村は、しかしこうした悲惨な現実への眼差しを開いたとき、更には聖書の使信《メッセージ》への反省を加えて、どのような非戦論を語り出すに至ったのか。こうした問題意識を抱懐しつつ、次節へと考察の歩を進めることとしよう。

一B　福音書読解

第二章の冒頭で既に述べたとおり、内村の新約読解を検討するにあたっては、まず「新約聖書大観」の当該箇所（「第一回　四福音書」〔全二五／五二六―五三一〕）を参看して総括的な見方を押さえた後、戦争論に陰に陽にかかわる個別的な研究も参照するという方法を採りたい。

総括的研究

「新約聖書大観」の冒頭で、内村はこう語る。

凡《およ》そ聖書……全体について総括的の研究をするの……に最も適せる者は聖書学者ならずして寧《むし》ろ平信徒《ひらしんと》である、余亦《よまた》平信徒の一人として平信徒の立場よりの見方を茲《ここ》に述べんとするのである、……

……新約聖書を多年愛読せし者は其各書に一として無用のものなきを知る、そは各の書が各《おのおの》の場合に於《おい》て自己に適切なることを実験上味《あじわ》ふからである、之を天然に譬《たと》ふれば新約聖書は恰《あたか》も箱根や日光の如きものであつて、塩原や伊香保のやうに単調ならず、山あり噴火口あり温泉あり湖水あり瀑布《ばくふ》あり　多趣多様容易に人を飽かさないのである、我等《われら》は一生の間聖書の各処を周り歩きて倦怠《けんたい》を感ずることはない、その各書は或は我等の知に、情に、意に、或は喜憂楽苦《きゆうらつく》の各の場合に必ず訴ふる処《ところ》あるのである、実にかゝる書は世界広しと雖《いえど》も聖書のみである、これ平信徒実験上の真理であつて、神学者が之に反対するも不信者が之に怪訝《かいが》の眼を向くるも、事実は事実であつて打消し難いのである。(88)（「新約聖書大観」全二五／五二六―五二七）

内村がここで「余亦平信徒の一人として平信徒の立場よりの見方を茲に述べんとする」と断っているのは、「聖書学者」の見方を無視するための遁辞と取るべきではない。内村は、後述するとおり（第三章一A節、同小括、終章等参照）、聖書学の「高等批評」の方法を重視し、取り入れてもいるのである。しかし「全体について総括的の研究をする」、ここでの課題にとっては、木を見て森を見ずとなりがちな歴史的批判的な方法が得策ではないと言っているのだ。新約冒頭の三福音書、いわゆる共観福音書の成立については諸説があるが、例えば現代新約学の二資料説は、マタイとルカがマルコ福音書と、大部分がイエスの言葉から成るQ資料と、二つの資料を利用したと想定する。しかもマルコに手を加えたのは、マタイ、ルカ一個人ではなく、教会内での長い修正、発展、編集の歴史があったことを想定して、その資料や編集上の諸段階を分けて考えようとする。しかしこうした想定の上に福音書を切り刻んでいった時に見失われる「全体について総括的」な視点を取り戻すことを、ここでは内村は重視しているのである。そして内村は、新約各書の価値は必ずしも一様ではないとする「学者の疑に対して……反撥抗議」し、「実験の上にイエスの神性、復活、昇天、再臨の約束等の記事を真と認めざるを得ないのである、これ之等が信仰の不可分的部分なるがためである」（全二五／五二七）と述べる。このような観点から、では内村は福音書をどう見るのであろうか。

福音書大観

まずマタイ福音書は、「徹頭徹尾ユダヤ式である」（全二五／五二八）と言う。マタイは純粋のユダヤ人で、メシア出現を待望していた。そしてそのメシアをイエスにおいて見出したのである。従ってイエスが救い主であることを、ユダヤ人に向かって証明しようとするのが、マタイ福音書だというのである。

しかしこれだけでは、イエスの一面しか描けていない。そこでマルコが、「羅馬《ローマ》人の立場より馬可《マルコ》伝を著はしたのである」（全二五／五二九）。「かの公的精神に充溢《みちあふ》れ完全なる政治を以て理想とせし羅馬人の立場よりイエスを見れば、彼は完全なる君王《カイザル》にして神の力を世に施し勝利の連続を以て一生を貫きし人である」（全二五／五二九）。

さてマタイ、マルコに比し、ルカはギリシア人であり、ギリシア的教養が豊かな人であった。「彼は人情の美を知り人の本性の自然さを貴び、情あり涙あり、文芸美術を愛好する優雅の民であつた」（全二五／五二九）。ルカはこのギリシア人の立場からイエスを観て、情の人、美の人、人道の人として、これを描いたのである。「路加《ルカ》伝が婦人と小児との福音書と称せらる、理由も茲《ここ》に在る」（全二五／五二九）とされる。マタイやマルコにないルカの特種《とくだね》である「『善きサマリヤ人の話』の如《ごと》き如何《いか》にも彼の好んで採用しさうな材料ではないか、彼は此材料を発見して如何に飛びたつ歓びを以て『これこそ我《わが》福音書に取り入る、べき珠玉《しゅぎょく》である』と叫んだことであらうか、実に彼はイエスを世界人類の救済者として描くを目的として殊に其慈《そのじ》愛《あい》、その恩寵《おんちょう》、そのやさしさを強調したのである」（全二五／五二九）。

こうした共観福音書記者に比し、ヨハネは「民族の囲ひを脱《ぬ》け時間空間を超え、絶大なる宇宙的哲学観の立場よりしてイエスの本質を語れるものである、劈頭《へきとう》まづ『太初《はじめ》に道《ことば》あり、道は神と偕《とも》に在《あ》り、道は即ち神なり』と断ず、時間を超越せし太初に於ける空間を超越せし世界を想《おも》ひ、そこに父と子の偕在《かいざい》を見、そして此子《このこ》が時《とき》来《きた》つて『肉体となりて我等の間に宿れ』るもの是《こ》れ即《すなわ》ちナザレのイエスであると云ふ、げに荘大神秘なるイエス観である」（全二五／五三〇）。ヨハネは、こうしてイエスの本質を高く且深く観て記したイエス伝を物したのである。

内村は、「以上の如くにして四福音書ありてイエスは猶太《ユダ》的、羅馬《ローマ》的、希臘《ギリシヤ》的、人類的の四方面より描かれて完全に描かれたのである」（全二五／五三〇）と述べ、その福音書概観を結ぶのであった。

四福音書をこのように大観した後、内村の筆は、続く行伝・書簡へと進む。「イエスを知りて遂に救に浴するを得るに至り、救に浴すれば外部的活動は自《おのずか》ら表はれざるを得ない、イエスを知りて救に浴せし使徒等は外部的活動の舞台に入りて福音を猶太に、希臘に、羅馬に、世界に弘布《ぐぶ》するに至つた、かくて使徒行伝と書翰《しょかん》とは当然現はれざるを得ない」（全二五／五三二）。しかしこれについては、二B節に稿を改めたい。むしろここでは、福音書の全体について概観した内村が、各部分についてはどう見ているか、二三、個別例を参看することとする。

「善きサマリヤ人の話」

まず「大観」で言及のあった「善きサマリヤ人の話」についての聖書講義から見ていこう。これは、一九〇八年五月の『聖書之研究』に掲載されたものであり、「路加《ルカ》伝十章二十五節より三十七節まで。四月五日柏木今井館に於て」という副題がついている（全一五／四五五）。イエスの教えの二つのポイントを押さえて、まことに間然するところがない。

律法学者が、「我れ何を為さば永生《かぎりなきいのち》を受くべき乎」（全一五／四五五）と問うたのに対し、「イエスは来世を俟《ま》たずして、現世に於て今時《いま》より生くるの道を伝へられました」（全一五／四五七）。しかも「『愛神愛人の普通道徳を行へ、然らば今より直に生くべし』と答へられました、イエスに取りては永生を承継《うけつ》ぐに足るべき特別の大事業とてはなかつたのであります、神を愛し、人を愛すること、それが生命であつたのであります」（全一五／四五七）と言う。これが一つ目のポイントである。

更に内村は原語ディカイオーサイ（ルカ福音書一〇章二六節）を「自身を正しき者とせんとて」

と正確に訳し、学者が愚問を発した自らの浅薄さを誤魔化そうとして「我隣とは誰なる乎《か》」と更なる質問を発したことを指摘する。それに対しイエスは、強盗に襲われたユダヤ人の旅人を、宗教職にある同胞の祭司やレビ人が見て見ぬふりをして通り過ぎたのに対し、敵対していたサマリヤの商人が惻隠の情を発して助けた話を語り、「然らば此三人の中誰か強盗に遇ひし者の隣なると汝意《おも》ふや」と問うた。ここでも内村は原語ゲゴネナイ（同書一〇章二九節）を正確に訳すべきことを指摘し、「『隣なる』では足りません、隣となりしであります、イエスの教訓は此一語に存して居るのであります、斯かる場合に於ける訳字の不完全は殆《ほと》んど免《ゆる》せません」（全一五／四五九―四六〇）と言う。「隣とは誰なる乎との学者の問に対して、イエスは隣となりしは誰なる乎と反問されました、……彼より我に接近する者は隣人ではない、我より彼に近より援助を供して彼の隣人となるべきであるとのことでありました、実に稀態なる隣人の定義であります、然し実に深い定義であります、世の人は隣人を求めます、然かし基督者は我より進んで人の隣人となるべきであります」（全一五／四六〇）。これが二つ目のポイントとなる。

そして講義はこう結ばれる。

「何を為して永生を受くべき乎」との学者の問に対して、イエスは「神を敬し人を愛して今より生くべし」と答へられました、「隣人とは誰ぞ」との問に対して「汝より進ん〔で〕苦む人の隣人となれよ」と答へられました、意外と云ひませう乎、深遠と云ひませう乎、敬嘆するの外はありません。（全一五／四六〇）。

「山上の垂訓に就て」

続いて「山上の垂訓に就て」を参照する。この一文には、「取除くべき三個の誤解」という副題が付されている。すなわち、名称、時期、聴衆をめぐる誤解を正す文章である。

まず名称について。「山上の垂訓」は英語の**Sermon on the Mount**の訳と思われるが、こうした表題は聖書にはついていない。**Sermon**を「垂訓」と訳すと、道徳教師が垂れる、道徳上又は処世上の訓誡の意になるし、「説教」と訳しても或る聖語を主題として教師が語る信仰奨励の言辞と解される。これでは、イエスの語っている内容を写すに足らない。むしろ聖書自身が「イエス、偏《あまね》くガリラヤを巡り、其《その》会堂にて教《おしえ》を為《な》し、天国の福音を宣伝《のべつた》へぬ」（『マタイ福音書』四章二三節）と称しているのだから、「天国の福音」という称号こそが相応しいと内村は指摘する。すなわち、これを「厳格なると同時に恩恵に充ち溢れたるイエスの宣べ給ひし喜ばしき福音」（全二〇／二八四）と解するのである。

次に時期についての誤解だが、この福音をイエスの宣べた最初の教えと見るのは誤りだと言う。イエスは最初にエルサレム伝道を行い、ついでガリラヤ伝道に向かったと内村は見る。『ヨハネ福音書』はエルサレム伝道に重きを置くのに対し、マタイ、マルコ、ルカの共観福音書はエルサレム伝道を省いてガリラヤ伝道に言及する。そのため、山上の垂訓もイエス初期のものと誤解されがちなのである。しかし、イエスが「南方ユダヤに下り給ひしこと二回、ヱルサレムにパリサイ人とサドカイ人と、学者と祭司等とに会合し、其宗儀と信仰とを視察し給ひし……事を心に留めずして、『我汝等に告げん、汝等の義にして学者とパリサイの人の義に勝ることなくば必ず天国に入ること能はず』との彼の言葉は理解《わか》らないのである（五章二十節）」（全二〇／二八五）。『ヨハネ福音書』四章一二節以下の、洗礼者ヨハネ捕縛の記事が、イエスのエルサレム伝道の終わりを告げる。「此時に都会に於て天国の福音を宣伝《のべつた》ふるの無効を覚り……是れより後彼は田舎伝道に身を委ぬべく決心し給ふた」。そして「ガリラヤの中にて湖畔のカペナウムの邑《まち》を彼の伝道地として選み給ふたのである（路加《ルカ》伝四章十六節以下）」（全二〇／二八六）。そして、「犬に聖物《きよきもの》を与ふる勿れ、又豚の前に汝等の真珠を投与《なげあた》ふる勿れ、恐らくは彼等足にて之を践み、振返りて汝等を噬《か》まんとあるは伝道失敗の辛らき経験を土台として語られし彼の智慧の言葉として見るべきである（七章六節）」（全二〇／二八六）と内村は考える。

　さて第三の誤解は、イエスの言葉が大群衆に向かって語られたということである。しかし五章一節が告げるとおり、イエスは「群衆を見て」、これから離れて「山に登り」、そこに「弟子たちが来た」のであって、弟子たちに向かって語ったと解すべきである（『ルカ福音書』の並行箇所、六章一二節はより明白にそう記している）。そして内村はこう結論する。

目にて目を償ひ歯にて歯を償へと言へることあるは汝等が聞きし所なり、是れ現世《このよ》の道徳にして汝等が今日まで教へられし所なり、然れども我れ天国の市民にして我が弟子なる汝等に告げん、汝等の社会に在りては悪に敵すること勿れ、人若し汝の右の頰を批《う》たば亦他の頰をも転《めぐ》らして之に向けよ、云々、

茲処《こゝ》に於けるイエスの言葉は大略斯くの如くにして解すべき者であると思ふ、是は一般道徳ではない、信者道徳である、現世《このよ》の道徳ではない、天国の道徳である、信者の国（社会）なる天国に於てのみ行はるゝ道徳である、所謂《いわゆる》「山上の垂訓」をイエスの宣べ給ひし人類の一般道徳と見て其不可能事たるは何人が見ても明かである、……所謂「山上の垂訓」は露国英国などいふ非基督教国……に於て行はれ得べき者ではない、是はキリストの血に由て其罪を贖はれたる、清くして心の虚《むな》しき、謙下《へりくだ》りたる信者の間にのみ行はれ得べき道徳である、イエスは国家道徳として又は社会道徳として此天国の福音を宣べ給ふたのではない、彼の弟子等に、俗衆を離れて山の上に於て、天国の道徳として之を伝へられたのである。（全二〇／二八八）

なおこの文章は、時代的には少し下って、一九一四年三月の『聖書之研究』誌に掲載されたものである。これは、次項で見る非戦論との連関で「山上の垂訓」に言及する一九〇四年の文章とは、共時的に言えば矛盾、通時的に言えば進展がある言い方である。ここで内村は、「『山上の垂訓』は露国英国などいふ非基督教国……に於て行はれ得べ」くもなく、「人若し汝の右の頰を批たば亦他の頰をも転らして之に向けよ」を、文字通り彼らに為すことはイエスの求めるところで

もなく、実効性も期待できないことを、重々認めているからである。「是はキリストの血に由て其罪を贖はれたる……信者の間にのみ行はれ得べき道徳」と言われる。こういう見方にも立つ内村だからこそ、「信者の間」ではない対外道徳としては、冷徹に義戦論を唱えることができたとも言えるだろう。

しかしそれにもかかわらず、彼は非戦論に転じた。ではその、より直截な聖書的典拠はどこなのか。新約聖書大観から見てきた本節を結ぶに当たり、平和をめぐる新約聖書のめぼしい箇所について、内村がどう註解しているか、落穂拾い的に押さえておかねばならない。

平和への言及とところどころ

まず『マタイ福音書』五章九節「和平《やわらぎ》を求むる者は福なり、其人は神の子と称へらるべければ也」について、「馬太伝《マタイでん》第五章」（全一四／三二四―三四五）という一文の当該箇所を参照しよう。これは、日露戦争直後の一九〇六年の文章で、彼の非戦論形成と密接に関わる時期のものとして注目される（なおこの聖句には内村は後年、一九一四年に「平和の祝福」〔全二〇／二九八―三〇二〕という一文でも言及している）。

この節の前半の「和平《やわらぎ》を求むる者」について、内村はまず原語エイレーノポイオイをこのように訳すのでは弱く、むしろ「平和を行ふ者」と改訳することを主張する（全一四／三三二）。平和の人たるに止まらず、平和を愛するに止まらず、進んで平和を行う者という意味だというのであ

る。敷衍すれば、

総《すべ》ての方法を尽して争闘を妨止せんとし、己《おの》れ自《みず》から之に加はらざるは勿論、他人をもして之を避けしめんとする者、是を平和を行ふ者と称《とな》ふ、平和を行ふに多くの勇気を要す、自己に在りては多く赦し多く譲らざるべからず、社会に在りてはすべての党派に加はらず、厳然たる中正を保たざるべからず、国家に在りては如何なる場合に於ても戦争を非認し、世界の平和を唱へざるべからず、平和を行ふ者は平和の主（帖撒羅尼迦《テサロニケ》前《〔後〕》書三章十六節）の外《ほか》に主を求めず、彼は平和の君（以賽亜《イザヤ》書九章六節）に属し、平和の神（羅馬《ロマ》書十五章三十三節）を龥《よ》びまつる、彼は公道の外に政党あるを知らず、キリストの外に教会を認めず、彼は多くの人に憎まれながら平和の道を歩まざるべからず、平和を行ふ者は怯懦《きようだ》の人にあらず、安逸を求むる者にあらず、十字架に釘《つ》けらるゝも堅く平和を取て動かざる者なり（全一四／三三二）

さてこの五章九節後半の「其人《そのひと》は神の子と称《とな》へらるべければ也《なり》」については、まずは、愛国者と称えられないという意味だと内村は指摘する。なぜなら「彼は此世の国家が愛国的行動と認むる戦争を根本的に非認」（同）するからである。また、熱心なる教会信者と称えられないという意味でもある。「彼はキリストの分つべからざる者なるを確信し、すべての教派的行動に絶対的に反対すれば也」（全一四／三三二―三三三）。彼は従って、帝王から位階、法王から賞賛を受けることはないが、「唯《ただ》神の性を帯ぶるが故に神の子と称へらるゝ者のみ、能《よ》く神の懐《ふところ》に入りて彼をアバ父よと籲《よ》び奉《たてまつ》るを得るなり」（全一四／三三二）。その意味においてこそ、平和を行うことの報賞は大きいのだと内村は言う。

いずれにせよ、ここに、内村の平和、更には非戦が、単に心配やもめごとがなく穏やかで和らいだ状態を意味したり、この世から名誉や賞賛を得たりすることではなく、神の子としてこの世の国家・宗教と戦う覚悟を秘め、独り神との親しい交わりにある事の謂《いい》だと知られるのである。

次に、「主戦論者に由て引用せらるゝ基督の言葉」（全一二／一四〇―一四九）を参看しよう。これは、日露戦争開戦後二カ月の一九〇四年四月に『聖書之研究』に発表された文章である。ここで内村は、「四福音書の中に録されてある基督の言葉の中に……総ての抵抗を明白に否認した言葉は数多《あまた》ある、然かし彼が戦争を是認したるが如くに見ゆる彼の言葉は極く僅少《わずか》であつて、其意味も至て曖昧である」（全一二／一四〇）という論定から入る。

そして「抵抗を明白に否認した言葉」として、先ずは『マタイ福音書』五章三八節、「目にて目を償ひ、歯にて歯を償へと言へることあるは爾曹《なんじら》が聞し所なり、然れど我、爾曹に告げん、悪に敵すること勿れ、人、爾曹の右の頬を撃たば亦ほかの頬をも転らして之に向けよ」を挙げるのである。「目にて目を償ひ、歯にて歯を償へ」は、『出エジプト記』二一章二四節、『レビ記』二四章二〇節、『申命記』一九章二一節などに見られる旧約の律法だが、それを否定するイエスの言葉について内村は、是れ確かに戦争を勧めるの声ではない、是れは勿論守るには実際、甚だ困難《かた》い教訓《おしえ》である、然し是れが基督の教訓であつて、天国の民の守るべきものである、吾等《われら》は此《この》罪悪の世界に於て実際上其《その》不可能事なるを唱へて、其最も明白なる基督《キリスト》教の教義であることを拒んではならない。

（「主戦論者に由て引用せらる、基督の言葉」全一二／一四〇）

と、註釈する。ここでの内村は、「人、爾曹の右の頰を撃たば亦ほかの頰をも転らして之に向けよ」の適用範囲を、前項で見た「山上の垂訓に就て」のように信者間に限定せず、戦時の敵に拡大しているように見える。

また、『マタイ福音書』二六章五一―五二節、「イエスと偕《とも》に在《あ》りし者の一人、手を伸べ、剣を抜いて祭司の長の僕を撃ち、其耳を削《そぎ》おとせり、イエス彼に曰ひけるは爾《なんじ》の剣を故処《もと》に収めよ、凡て剣を執る者は剣にて亡ぶべし」について、内村はこう述べる。

是《こ》れイエスが明状《あからさま》に剣を執ることを禁じ給ひし言葉である、如何なる主戦論者もイエスの口より此言の出《いで》しを知《しり》ては彼に戦争是認の責任を負はせることは出来ない、イエスの此言《このことば》たるや実に非戦主義者の標語として存するものであつて、此聖語を心に留めて、幾人《いくたり》の帝王や侯伯が戦はんと欲して戦を止めたか知れない、古代の基督教の弁護学者として名を知られたるターチユリアンと云ふ人はイエスの此言に就て曰ふた「主はペテロの手より剣を奪ひ給ひて全人類に廃剣を命じ給へり」と。（全一二／一四〇―一四一）

内村は、ターチュリアン、すなわち二世紀のラテン教父、クイントゥス・テルトゥリアヌス（Quintus Tertullianus、一六〇頃―二二二頃）を引用して、以上のように述べているのである。

凡ての人の使役となるべし

また、『マルコ福音書』九章三五節、「イエス坐して其十二の弟子を召び、彼等に曰ひけるは若し首《かしら》たらんと欲《ねが》ふ者は凡ての人の後となり、且つ凡ての人の使役《つかはれびと》となるべし」については、

是《こ》れは戦争とは直接、何の関係もない言葉ではあるが、然《し》かし善くキリストの心を顕《あら》はしたものであつて、若《も》し此語《このご》の精神が人類間に貫徹すれば戦争は根より絶たれて仕舞ふに相違ない、首《かしら》たらんと欲するのが、総ての争闘の起因《おこり》である、我が正当の権利を衛《まも》るためであるとか、人類の平和を計るためであるとか云《い》ふのは、詮ずる所皆な此首たらんと欲する野心を蔽《おお》ふための託言《かごと》〔すなわち、口実〕に過ぎない。

其他直接間接に争闘を誡《いま》しめたる聖書の言は実に数限りない、基督《キリスト》教其物《そのもの》が特別に負ける者を慰めるための宗教である、柔和なる者は福なり、其人《そのひと》は地を嗣《つ》ぐことを得べければなり（馬太《マタイ》

伝五章六節）、是《これ》を今日の言葉を以《もつ》て言へば「践附《ふみつ》けらる、者は幸ひなり、其人は世界を其所有となすを得べければ也《なり》」となるのである、……然るを是事を知らずして、今時の英吉利《イギリス》人や亜米利加《アメリカ》人が唱ふる所謂《いわゆ》る基督教なるものを見て其れが基督の基督教であると思ひ、グラッドストンに聞いてキリストに聞かず、ルーズベルトに学んでパウロに学ばない者は、全然《まったく》基督教を誤解する者である、国威《こくい》宣揚《せんよう》とか、権利拡張《けんりかくちょう》とか云ふやうなことは基督教の聖書には一つも書いてない、基督教は現世に於ける凡《すべ》ての権利の放棄を勧めるものである、（全一二／一四一―一四二）

日露戦争後、日本脅威論者となり、排日移民法の端緒を作ったアメリカ大統領セオドア・ルーズベルト（Theodore Roosevelt、一八五八―一九一九）については、内村は終始批判的であった（全一二／三五四、全一六／一七一等）。また実際、米国が西半球に、欧州諸国が介入するのを妨げる権利のみならず、砲艦外交をちらつかせる権利を持つという彼のいわゆる棍棒《こんぼう》外交は、「国威宣揚」「権利拡張」外交の典型であったと言ってよい。

それに対し、ヴィクトリア朝中期から後期にかけて自由党を指導して四度にわたり首相を務め、敬虔なイングランド国教会の信徒としてキリスト教の精神を政治に反映させることを目指したイギリスの政治家、ウィリアム・グラッドストン（William Ewart Gladstone、一八〇九―一八九八）に対しての内村の高い評価は生涯変わらなかった（全三／二四四、全六／一三〇、全六／三三三、全七／三三八、全八／一四四、四五五、五二二、全九／五〇二、全一〇／三〇三、四二六、全一六／三〇七、全二六／四四、四八九、全三一／三六六等々）。しかし親ドイツの政策を取って、ドイツ、フランスの植民地獲得競争を容認する結果となるなど失策もあったグラッドストンについて他方では、「余の敬慕するキリストは大工の子なるナザレのイエスである、彼に比べてはリンコルンもグラッドストンも平民としては遥かに劣る」（「余は何故にキリストを愛する乎」『聖書之研究』一九〇五年三月、全一三／一二四）と見なし、また「基督の贖罪」（全八／一三二）について語って、「一度び贖罪の恩恵を感得したものはアウガスチンのやうな推理学者でも、グラッドストンのやうな博学な人でも、誰でも彼でも之に優る真理は宇宙間にまた無いと申します」（『宗教座談』第二回真理の事、一九〇〇年四月、全八／一三二）と言う内村は、グラッドストンその人よりも彼の信仰するイエス・キリストに聞くことを、薦めるのである。

主戦論の典拠の検討

こうして新約聖書が非戦論の書であることを指摘した後、翻って内村は主戦論者が己が典拠とする二、三の箇所の検討へと進む。まず、『マタイ福音書』一〇章三四節、「地に泰平《おだやか》を出さん為めに我来れりと意《おも》ふ勿れ、泰平を出さんとに非ず、刃《やいば》を出さん為なり」（並行箇所、『ルカ福音書』一二章五一節）、そして『ルカ福音書』二二章三六―三八節、「イエス彼等に曰ひけるは今は財布ある者は之を取れ、旅袋ある者も亦《また》然り、此等を有たぬ者は衣服を売りて刃《つるぎ》を買ふべし、我れ爾《なんじ》曹《ら》に告げん、彼は罪人の中に算へられて有りと録《しる》されたる此言は我に於て遂《と》げらるべし、蓋《そは》、我を指したる事は必ず成《と》げらる可ればば也、彼等曰ひけるは主、見よ、爰《ここ》に二つの刃あり、イエス彼等に曰ひけるは足れり」である。

前者については、聖書における自動詞、他動詞の用法から説き起こし、内村は次のように反論する。

「我れ刃を出す」云々の場合に於ても自動的動詞は他動的に解釈されねばならない者である、地に泰平を出すのはイエス来世の目的であつた、然しながら世が罪悪を愛して正義を嫌ふの結果、平和の福音は却《かえつ》て分争《あらそい》を呼び起すに至らんとの歴史的預言をイエスは此処に宣べられたのである、刃は勿論キリストの出したものではなくして、其れはキリストの福音を忌嫌《いみきら》ふ彼の敵が彼と彼の弟子とに対して執《と》る者である、イエス自身が斯かる刃に斃《たお》れ給ふたのである、（全一二／一四四）

また後者、ルカの箇所については、

余輩《よはい》は勿論《もちろん》衣服を売りて刃《やいば》を買へとのイエスの言は彼の発せられし言葉の中で最も激烈なるものであることを承認する、……然しながら吾等はイエスが此言を発せられし当時の境遇を善く考へて見なければならない、……イエスの此痛言を発せられし時は実に福音の危機であつた、彼の言に依れば是れ「黒暗《くらき》の勢《いきおい》」が来て神の聖業を其根本より挫《くじ》かんとする時であつた、斯かる精神昂進の時に発せられた彼の言葉は自《おの》づから過激ならざるを得なかつた、今や彼を敵人に附《わ》たさんと欲する者の足は彼の門に在り、彼の受くべき十字架の苦痛と恥辱とは有り〳〵と彼の想像に上つた時に、彼の言が殊更《ことさ》らに痛切であつたことは決して怪しむに足らない、然るに此事を忘れて、イエスの此言は彼の歴史哲学の一斑であるかの如くに思ひ、是《これ》を以《もつ》て彼が戦争問題てふ人生の大問題に解案を下したやうに考へるのは大なる間違である、（全一二／一四八―一四九）

このように、内村は日清戦争が自分の期待したような義戦ではなく、却って日本人の不真面目さを暴露し、また助長し、様々な悲惨を惹起したことを知って、日本が再び戦争に突入する日露戦争前後、改めて新約聖書の平和と争いをめぐる諸処を検討し直す。そして新約聖書が主戦論の書ではなく、非戦論を主張した書であること、そしてキリスト者としてそれを奉ずる限り、非戦論に立たざるを得ないことへと、思いを定めていくのである。

二A　日露戦争の非戦論(89)

実利的観点からの非戦論

一A節の終わりに見たとおり、「寡婦の除夜」という反戦詩において、内村は戦争の悲惨さに目を開いていた。その後、戦争についての公の発言は少ないが、ようやく日露戦争の可能性がささやかれる一九〇三年に至って、『万朝報』紙（六月三〇日）に「戦争廃止論」という短文を著している。

余は日露非開戦論者である許《ばか》りでない、戦争絶対的廃止論者である、戦争は人を殺すことである、爾《そ》うして人を殺すことは大罪悪である、爾うして大罪悪を犯して個人も国家も永久に利益を収め得やう筈はない。

……世には戦争の利益を説く者がある、然り、余も一時は斯かる愚《ぐ》を唱へた者である、然しながら今に至て其《その》愚の極《きょく》なりしを表白する、戦争の利益は其害毒を贖《あがな》ふに足りない、……近くは其実例を二十七八年の日清戦争に於て見ることが出来る、二億の富と一万の生命を消費して日本国が此戦争より得しものは何である乎、僅少の名誉と伊藤博文伯が侯となりて彼の妻妾の数を増したることの外に日本国は此戦争より何の利益を得たか、其目的たりし朝鮮の独立は之がために強められずして却て弱められ、支那分割の端緒は開かれ、日本国民の分担《ぶんたん》は非常に増加され、其道徳は非常に堕落し、東洋全体を危殆《きたい》の地位にまで持ち来つたではない乎、此大害毒大損耗《そんこう》を目前に視《み》ながら尚《な》ほも開戦論を主張するが如きは正気の沙汰とは迚《とて》も思はれない。（「戦争廃止論」全一一／二九六―二九七）

ここでは非戦論は、主として利益の面から語られている。これをより具体的に述べたのが、同年同じく『万朝報』紙（九月一日）に書いた「平和の実益」であって、日露戦争を起こしても戦費四億円は丸損となるが、それを朝鮮や北清の経営、国外への移住、国内の農業改良等に幾ら幾ら配分すると、どのような「実益」が上がるかを述べている（全一一／三八一―三八二）。これらは発表紙が『万朝報』ということもあり、かつて日清戦争直後、内村が「実益主義の国民」と慨嘆した（「時勢の観察」全三／二二六以下。一A節、「『時勢の観察』と“A RETROSPECT.”」の項併照）日本人一般の関心に訴えての論じ方と言えよう。

聖書的観点からの非戦論

しかし同じ年の『聖書之研究』誌（九月一七日）では、キリスト者に向けて、聖書に基づいた非戦論の訴えをしている。「絶対的非戦主義」という副題のついた「平和の福音」という論文がそれである。そこで内村は、既に一B節で参看した『マタイ福音書』五章九節と二六章五二節を

引いた後、

問題は如何《いか》に混雑して居《お》りまして、亦其間《またそのかん》に如何なる情実が纏綿《てんめん》して居りましても、聖書の、殊《こと》に新約聖書の、此事《このこと》に関して私共に命ずる所は唯《ただ》一つであります、即ち絶対的の平和であります、如何なる場合に於ても剣《つるぎ》を以《もっ》て争はないことであります、万止《ばんや》むを得ずんば敵に譲《ゆず》り、後《あと》は神の怒《いかり》を待つことであります、此態度を取るの難易は私共の問ふべき所ではありません、絶対の平和は聖書の明白なる訓誡《いましめ》でありまして、私共、若し神と良心とに対して忠実ならんと欲すれば此態度を取るより他に途《みち》はありません。（「平和の福音」全一一／四〇四）

と、力強く宣言する。そしてかつて日清戦争の「義」を訴えた己が「愚と不信」への反省をまじえつつ、三つの方向からの反論に応えている。（一）旧約が戦争を是認しているではないか、という反論に対しては、人の「心の頑硬《かたくな》」さゆえに、神は旧約時代は戦争を「黙許」したが、時代が熟し新約に至って「人、爾の右の頰を批《うた》ば亦他の頰をも転《めぐら》して之に向けよ」として、復讐と戦争を「絶対的に非認」したと応える（全一一／四〇五―四〇六）。（二）キリスト信者にして剣を抜いた者も多いではないか、という問いに対しては、クロムウェルらも偉かったが、むしろ「戦はずして自己《おのれ》の身を敵人に附《わ》たし、之を十字架に釘けしめ給ひし」「キリストを学ぶべきであります」と応える（全一一／四〇七）。そして（三）大なる悪事を、より小なる悪事である戦争によって駆逐すべきでは、という問いに対しては、「怨恨《えんこん》、嫉妬《しっと》、忿怒《ふんぬ》、兇殺《きょうさつ》、酔酒《すいしゅ》、放蕩《ほうとう》等の有りとあらゆる凡ての罪悪を一結《いっけつ》したる戦争よりも大なる悪事が世にあるとならば其悪事は何んでありまするか」と反問するのである(90)(全一一／四〇八―四〇九)。

「余をして若し外務大臣たらしめば」

こうした実利的観点と聖書的観点と両方から非戦論を固めた内村は、次第に開戦論に傾く時勢にあって、再び『万朝報』紙に九月二四日から三〇日にかけ、五回に分けて「近時雑感」を書き、更に多様な観点から非戦を訴える。例えば、日露の衝突は、両国の帝国主義者の衝突であり、迷惑なのは平和を求める良民であること、平和は臆病ではなく、忍耐・寛容・勤勉等の勇気に基づくこと、詐欺と収賄が時代遅れの忠孝道徳(91)と併立して国を内から蝕《むしば》むことの方が、外からのロシアの満州占領よりも危険なこと、軍隊があるから戦争せよという政治家は、凶器を持つから凶行に出ろ、というのに等しい暴論を吐《は》いていること、軍人を刺激すると如何に国民の富と自由を奪うことになるかは、日清戦争後の一〇年が教えていること、いずれの文明国にもあるのに日本にだけないのは平和協会であること、等々を語った後、三、四百年先の夢としつつも、「余をして若し外務大臣たらしめば」という一節を掲げ、「若し余をして日本国の外務大臣たらしめば……先づ内閣会議に於て軍備全廃を議決し置き」、続いて「露国政府に通牒して」その「横暴」を諫め、そうした遣り取りを経て国際世論を味方とし、旅順港等をロシアが使用することを認めつつも日本が満州の開発を続けることも認めさせ、手を携えて「亜細亜の億兆を開明に導くの天職」を遂行する、と雄大かつ具体的な構想を述べるのである（全一一／四二七）。

こうした一連の文章は、『万朝報』紙自体が開戦か否かで揺れていた状況下での必死の説得の試みでもあったが、世間の流れが開戦に傾くにつれ、黒岩涙香ひきいる朝報社は売れ行きを恐れて開戦論に決する。内村は、社会主義の立場から開戦に反対した幸徳秋水（一八七一―一九一一）、堺利彦（一八七〇―一九三三）と共に、一〇月九日付けで退社する。[92] その毅然たる訣別の辞は「退社に際し涙香兄に贈りし覚書」と題して、同紙一〇月一二日号に掲載された。

朝報にして開戦に同意する以上は（其意は小生の充分に諒《りょう》とする所なれども）其紙上に於て反対の気味を帯ぶる論文を掲ぐるは之れ亦小生の為すに忍びざる所にして、又朝報が世に信用を失ふに至るの途と存候《ぞんじそろ》。
茲に至て小生は止むを得ず、多くの辛らき情実を忍び、当分の間論壇《ろんだん》より退くことに決心致し候間《そろあいだ》、小生の微意《びい》御諒察被下度候《ごりようさつくだされたくそろ》。（「退社に際し涙香兄に贈りし覚書」全一一／四三一）

足掛け七年にわたって健筆をふるった朝報社を辞する決断は、当時、年老いた入院中の母の治療費もかさみ生活が火の車だった内村にとって、経済的には大きな痛手であった。[93]

なお日露戦争において非戦の立場を取ったクリスチャンは、他に柏木義円（群馬県安中教会牧師、一八六〇—一九三八）、住谷天来（評論家、一八六九—一九四四）等少数で、日本基督教会の植村正久、日本メソジスト教会の本多庸一（一八四八—一九一二）、日本組合教会の小崎弘道（一八五六—一九三八）、海老名弾正（一八五六—一九三七）等、諸教会の代表者は皆開戦論者であったことを付記しておく。(94)

日露開戦以後

明けて一九〇四年、二月八日の旅順、仁川での日本軍の奇襲攻撃をもって日露戦争は実質的には始まり、更に一〇日のロシアへの宣戦布告で正式の開戦となった。その月の一八日の『聖書之研究』誌上に内村はいち早く、「国難に際して読者諸君に告ぐ」という短文を書き、

> 戦争の悪事なると否とは今や論争すべき時に非《あら》ず、今は祈禱《きとう》の時なり、同情、推察、援助、慰《い》藉《しゃ》の時なり、今の時に方《あたつ》て我儕《われら》の非戦主義を主張して矜恤《あわれみ》の手を苦しめる同胞に藉《か》さざるが如きは我儕の断じて為すべからざることなり。我儕は各自、手に手にギレアデの乳香を取り、我が民の女《むすめ》の痛める傷を医《いや》さばや（耶利米亜記《エレミア》八の廿二《にじゅうに》）。（「国難に際して読者諸君に告ぐ」全一二／八九）

と、訴えた。「ギレアデ」は周知のとおり、旧約時代のヨルダン河東岸に位置した森林地帯で、

エリコバルサムの低木から薬効のある「乳香」が取られた。旧約は傷を癒す香料としてしばしばこれに言及し（『創世記』三七章二五節、四三章一一節、『エレミヤ書』八章二二節、四六章一一節）、内村も預言者エレミヤともどもこれを引用することを好んだ（全一二／二〇〇、一八七、全一四／二六、全四〇／三三五等）。今や戦争に突入し同胞が苦しんでいる時に、非戦論を盾に取って高みから拱手傍観することを厳に戒めた内村は、「ギレアデの乳香」を取って民の傷を癒すことに努めようと訴えるのである。

同年四月の「戦時に於ける非戦主義者の態度」という一文においてはまた、「『……何故非戦主義を唱へて開戦後の今日と雖も開戦前の如くに戦争に反対しない乎《か》』と、此詰問に対して私共は斯う答へます」、として、三つの理由を挙げている。

一、……戦争を喰止めて平和を維持せんとの私共の希望が破れた以上は、私共は今度は如何にして一日も早く平和を恢復《かいふく》せん乎《か》との思考《かんがえ》を起すに至つたのであります、……私共が主義を遂行せんとするは私共の名誉を博せんとするためでもなく、亦《ま》た、我が潔白を世に表して己が満足を買はんとするためでもありません、……堰止《せきとめ》んとして止め得ざりし水は第二の堰を作って之を止めんとするのみであります、然るを第一の堰の破れしを憤り、水を叱り、堰守《せきも》りを罵《ののし》るのは快は少しく快なるかも知れませんが、然かし是れ何の益にもならないことであります、国民の憤怒《ふんぬ》は今は既に放たれて大河の土堤を決せしが如き勢力を以て敵国に向て注がれつゝあるのであります、是れは今は冷静なる忠告を以て留めることの出来るものではありません、……
二、……私共平和主義者は今は茫然として手を束《つか》ねて居る乎といふに決して爾《そ》うではありませ
ん、爰《ここ》に今日、私共に取りて最も相応しき一つの事業が具へられてあります、それは出征兵士
の遺族の慰問であります、……非戦論者として世界に有名なる露国のトルストイ伯の如きも、
宣戦の布告に接するや、直《ただち》に彼の著書一千組を寄附して其売上高を以て兵士遺族の救済に当て
たとのことであります、……
三、……平和とは好意より出た者でなくてはなりません、軍人は勝利を説き、政治家は国威宣
揚を唱へまするが、然し真個《ほんとう》の平和はそんな低い卑しい思念《かんがえ》より来るものではありません、永
久に継ぐべき平和は敵を敬し、其適当の利益と権利とを認めてやるより来る者であります、
……総《すべ》ての手段を尽《つく》して彼我《ひが》の間に存する総ての敵意を排除し、彼をして我を信ぜしめ、我を
して彼を敬せしむるの道を講ずる者であります……争闘は大抵は相互《あいたがい》の誤解から来るものであ
りますから、私共平和主義者は彼我の間に立つて其間に存する総ての誤解を取除くやうに努め
ます……
……私共は戦時の今日は、軍人の平時に於けるが如く私共の労役の要求さるゝ時を静かに待つ
て居れば宜いのであります、……（「戦時に於ける非戦主義者の態度」全一二／一五一―一五四）
これは、四月二一日号の『聖書之研究』誌に掲載された文章である。(95) そして同じ誌上の「雑

録」欄で、「内村生が開戦後口を閉ぢて非戦を唱へざるとて文学博士井上哲次郎氏并《ならび》に『福音新報』記者などは嘲弄し又は冷評し居らるれども、生は決して沈黙を守らず『神戸クロニクル』新聞の紙上を借り、開戦後今日まで四回、拙きながら生の英文を以て、其意見を識者に訴へたり」（全一二／一六二）と、反論している。

また英文以外でも、例えば、「主戦論者に由て引用せらる丶基督の言葉」（全一二／一四〇）においては、イエスが「剣」に言及する『マタイ福音書』一〇章三四―三六節や『ルカ福音書』二二章三五―三八節を、主戦論者が戦争肯定の論拠とすることに対し、如何にイエスの非戦論の福音と相容れない曲解であるか、を詳しく説いていることは、既に一B節で見たとおりである。

更に「無抵抗主義の教訓」（全一二／一六七―一七四）では、悪に抵抗しなければ悪は増長するだけではないか、無抵抗主義を実行すれば人は無気力で勇気のない者となるのではないか、無抵抗主義は個人間の態度であって国家間の非戦論にまで拡大適用すべきではないのではないか、といった諸種の疑問への応答を試みており、(96)「近時に於ける非戦論」（全一二／三四三―三四六）では、「実益問題」として見ても、戦争はその目的を達しないし、「道徳問題」としても、「人に勝つの武器は永久の忍耐と無限の愛とを措いて他に」（全一二／三四六）ないので、非戦の立場を取らざるを得ないと述べているのである。

このような開戦後の内村の態度は、冷たく見れば確かに矛盾する面があり、如上の批判にさらされたことも分からなくはない。しかもその矛盾は二重である。一つは、非戦を説きながら、戦争になったらばこれに非協力を貫かない態度が矛盾である。もう一つは、戦争が始まったからには最早非戦を説かない、としつつ、実際には非戦を説き続けていることも矛盾である。しかしこうした矛盾を批判してみても大して意味はないだろう。むしろ見方をかえれば、様々な思惑と利害が錯綜する激動の渦中にあって、聖書に基づく平和の「理想」と、飽くまで好戦的な同胞の「現実」[97]と、その両方を見据え、敢えて両者の齟齬に忠実であろうとした懐の深い態度と、これを肯定的に評価することもまた可能なはずである。いわんや内村自身、旅順港海戦の勝利の報に接し、近所中に聞こえる大声で「帝国万歳」を三唱し、「**An inconsistent man, I am!**（我、矛盾せる人かな）」と、ユーモアをもって自分を許しているにおいてをやである（一九〇四年二月一一日付けの山県五十雄宛て英文書簡[98]、全三七／一一）。

良心的兵役拒否の是非

しかしこうした矛盾は内村にとっては特に、良心的兵役拒否をすべきか否か、という問題において深刻化した。開戦前夜、一九〇三年一二月一八日、岩手県花巻の斎藤宗次郎（一八七七―一九六八）という内村を敬慕する青年から、聖書の非戦論の立場に基づき、銃殺されることを覚悟で、兵役と、軍費に費やされる納税とを、拒否する旨の手紙が届いた。以前から花巻地方の『聖書之研究』読者から依頼されていた伝道旅行を、内村はここに決意し、即日、「御面会の上とくと小生意見申上ぐるまでは確定御控え願い上げ候」と書き送って、その月の『聖書之研究』刊行、講演等の用事を済ませた一八日午前一一時、車中の人となり、翌一九日午前二時雪の花巻駅に降り立つのである。斎藤宅に仮眠をとって、一九、二〇日と、それぞれ二〇人および三八人の聴衆に向けて聖書を講じ、時をみて斎藤の問い合わせに答えている。その要点は、鈴木範久氏の纏めによれば、「聖書の教えの根本を『愛の精神』ととらえて、斎藤が、自分の信念をつらぬくため、その身近な人々のことを配慮せずに決行することは、累を他に及ぼすことが大きく、『聖書の曲解』とみる。また、聖書の真理だからといい、人の世が、すべて真理のとおりに簡単に変えられるものではなく、それには外からではなく、内的に霊的に変革をはかることが大切である」[99]ということになる。これは、斎藤という幾分特異な青年に対する誡めではあるが、兵役問題一般に対する内村の基本姿勢を述べたものとも解せよう。他に、海軍中尉太田十三男《とみお》（一八八〇―一九六八）が非戦論のゆえに職を辞そうかと内村に相談したときなどにも、内村は思い留まるように返事している。ちなみに日本最初の兵役拒否者はクリスチャンだが、内村の弟子ではなく、セブンスデー・アドベンチストの矢部喜好《きよし》（一八八四―一九三五）である。[100]

このように兵役拒否に反対する内村の基本姿勢は、日露戦争の最中、一九〇四年一〇月の『聖書之研究』誌に発表された「非戦主義者の戦死」（談話）という文章において、突き詰めた表現へともたらされる。

……若し此時に当て兵役を拒まんか、疑察を以て満ち充ちたる此世は我儕《われら》を目《もく》するに卑怯者を以てし、我儕の非戦論なるものは生命愛惜のためであると信じ、我儕の説を聞くも之に耳を傾けざるに至るであらふ、且又我儕にして兵役を拒まんか、或る他の者が我儕に代て召集されて、結局我儕の拒絶は他人の犠牲に終ることゝなれば、我儕は其人等のためにも自身進んで此苦役に服従すべきである、殊に又《ま》た総ての罪悪は善行を以てのみ消滅することの出来るものであれば、戦争も多くの非戦主義者の無残なる戦死を以てのみ終《つい》に廃止することの出来るものである、……若し世に「戦争美」なるものがあるとすれば、……生命の貴さと平和の楽さとを充分に知《しり》悉《つく》せる平和主義者の死であると思ふ、……戦争其物の犠牲になつて彼の血を以て人類の罪悪を一部分なりと贖はんがためには、彼は欣《よろこ》んで、然り神に感謝して、死に就《つ》かんとする、……逝けよ両国の平和主義者よ、……行いて汝等の忌み嫌ふ所の戦争の犠牲となりて殪《たお》れよ、戦ふも敵を憎む勿れ、蓋《そ》は敵なるものは今は汝に無ければなり、只汝の命ぜられし職分を尽《つく》し、汝の死の贖罪の死たらんことを願へよ、人は汝を死に逐《お》ひ遣《や》りしも神は天に在《いまし》て汝を待ちつゝあり、（「非戦主義者の戦死」全一二／四四七―四四八）

ここでは、イエスの愛敵の教えに基づく非戦論の帰《き》趨《すう》として、贖罪死に至らざるを得ないことが、突き抜けた筆致で述べられるのである。(101)

二B　行伝・書簡読解

行伝・書簡大観

本節の考察も、「新約聖書大観」の当該箇所（「第二回　使徒行伝と書翰」〔全二五／五三二―五三七〕）の瞥見から入りたい。ここで内村は、イエスかパウロかという、神学者の議論から筆を起こしている。

イエスかパウロか

イエスの言行は四福音書に記されて完全に伝へられて居る、之を読みて其美《そのうる》はしきに撲《う》たれ之のみにて足ると做《な》す人がある、近世の「パウロよりイエスに還《かえ》れ」と云《い》ふ叫《さけび》の如きはそれである、パウロはイエスの単純を化して複雑となせし人、神学と教会との創始者にして有形無形の圧抑《あつよく》を人の魂に加へた人である、そして現今の基督教は実は是れパウロ教である、故に我等は此パウロの支配を脱してイエスに帰り彼にのみ依て生命の至純に汲《く》むべきであると云ふのである、此種の人々の唱ふる処に由れば神性、贖罪、復活、再臨等はパウロの創造した教義であつて全くイエスの与《あずか》り知らぬ所であると云ふのである。（「使徒行伝と書翰」全二五／五三一）

ここで名指しはされないが、内村の念頭には当然、イエスとパウロを対立的に論ずる問題を提起したW・ヴレーデ（William Wrede、一八五九―一九〇六）の議論があるだろう。彼はキリスト教の第二の創始者であるパウロの影響は、第一の創始者であるイエスに比して、より良いとは言えないが、より強いと論じた。[102] いずれにせよ、パウロよりイエスに還れという神学者の論を右のように要約した後、内村は平信徒の立場から、これを論駁していく。

第一に、「果して四福音書のみを以て事は足るか、これ吾人の慎慮考究すべき問題である」（全二五／五三二）と言う。「先づ我等を苦しむることはイエスの誡の実行難である、『己の如く汝の隣を愛すべし』と言ひ、『汝施済《ほどこし》をする時右の手の為《な》す事を左の手に知らする勿《なか》れ』と云ひ、『天に在《いま》す汝等の父の完《まった》きが如く汝等も完くすべし』と云ふ、いづれも是《こ》れ貴《とうと》き誡《いましめ》である、我等衷心《ちゅうしん》より之を実行せんと欲し完全なるイエスの姿を前に置きて偏《ひとえ》に彼に倣《なら》ひて完全ならんと欲する、然るに理想は茲《ここ》にあれど事実は茲に至らない、これ凡ての基督者の心を悩ますことである、而《しか》して若《も》し四福音書のみを以て足れりとする時は、我等は此重荷を課せられて而も之を取り去る道はないのである」（全二五／五三一―五三二）。

単にそればかりではない。「パウロの創造せしと云はるゝ贖罪、復活、再臨等の教義が吾人本性の深き要求に合し霊魂の飢渇《きかつ》を医《いや》すは平信徒の実験上に確実なる事である」（全二五／五三二）。しかも「之等の教義は四福音書にあるイエスの言行に於て明に其萌芽《ほうが》を発せるものなる故、之を全然無視すると云ふ事は四福音書そのものの解釈上にも無理を生ずるのである、故に四福音書の外にも必要なる文書ありと考へ、それに依て我等が教へらる丶と共に更にそれに照らして福音書の記事の意味を益《ます》す明かに悟ると云ふが最も健全なる道である」（同）というのが、内村の見立てである。その例として『ロマ書』を挙げ、「世界最大の書と云ふべき此書を我等は不用として無視し得るであらうか、此書の唱ふる所について如何なる批評をもなし得べしと雖《いえど》も此書なくしては福音は解らずと断定し得るのである、或場合に於ては此書さへあれば福音書なくも可なりと云《い》ひ度《た》きほどである」（同）とまで言うのである。そしてこう結論される。

イエスの事業はその生時《せいじ》を以て終つたのではない、即ち四福音書を以て終つたのではない、彼の事業は更に別の道をとつて進展し、使徒行伝となり、更に羅馬《ロマ》書以下の各書翰《しよかん》となりて現はれたものと見るべきである。（全二五／五三二）

そのことを、『マルコ福音書』は冒頭に「神の子イエスキリストの福音の始《はじめ》」（一章一節）と記して、イエスの言行が福音の始めであって、福音が福音書を以て尽きないことを明示したと内村は解する。同じことは、『使徒行伝』一章一節についても言える。内村はこれを「テヨピロよ我れ既に前書《まえのふみ》を作りて凡《およ》そイエスの行へる所教へし所の始を録《しる》し」と訳し、「前書」とは『ルカ福音書』を指すから、『ルカ福音書』と『使徒行伝』との共通の著者であるルカは、『ルカ福音書』の内容をもって「イエスの行へる所教へし所の始」と見たと解するのである。ちなみに「テヨピロ」すなわち、Theophilos（直訳すれば「神の友」）は、ヘレニズム・ローマ世界の高官と考えられ、ルカが『ルカ福音書』一章三節と『使徒行伝』一章一節で言及して、両著を献呈している相手である。その他、パラクレートス、すなわちイエス死後に遣わされる真理の霊としての聖霊に言及する、『ヨハネ福音書』一四章二六節、一五章二六節、一六章八節、更には二一章等を引いて内村は、「是れ以後の神国発展にはイエスが直接その衝《しょう》に当らずして弟子たちが聖霊の指導を受けて之に当るべき事を象徴的に教へたものではあるまいか」（全二五／五三三）と見なすのである。そして言う。

されば神の国は決して福音書を以て終つたのではない、イエスの働きを弟子たちが継承して使徒行伝及び書翰の出現となつたのである、先づ使徒行伝を見るにそれが甚だ面白き書たるは万人の認むる所である、……中にも、十七章に記さるゝパウロの典獄いぢめの場面の如き（三十七節以下）は偉人の諧謔味を伝ふるものとして無限の味あり、二十六章に記さるゝアグリッパ王の面前に於けるパウロの大演説の如きは今尚ほ読者の血を湧かしむる大文字である、……使徒行伝の骨子は一章八節に記さるゝイエスの語なる「されども聖霊汝等に臨むに因りて後汝等力を受けヱルサレム、ユダヤ全国、サマリア及び地の極《はて》にまで我証人となるべし」なる一句の中に在る、聖霊の活動によりて（在来の如くイエスの直接の活動に依らずして）弟子たちが力を得て、ヱルサレムよりユダヤ、サマリヤ、異邦まで福音を宣播《せんぱん》した事績を記すものが使徒行

伝である、（全二五／五三三―五三四）

「パウロの典獄いぢめ」

「パウロの典獄いぢめ」は、一七章ではなく一六章の誤植だが、ここに内村は、本書序章「ユーモア」の項の註（8）で既に見た通り、「偉人の諧謔味」を読んで楽しんでいる。

行伝一六章の一一節以下は、ローマの植民都市、フィリピでのパウロの伝道と逮捕の報告である。人々の讒謗《ざんぼう》を鵜呑みにしたフィリピの「政務官」[103]がパウロを鞭打ちの刑に処し、牢屋に入れたが、翌朝、「警吏」[104]を遣わして釈放を命ずる。その間、夜中に大地震があり、パウロによって命を救われて洗礼を受けた「看守」[105]も登場するが、内村が「典獄」という言葉でこの三者のいずれをさしているかは詳らかでない。「典獄」とはふつう、監獄で事務を扱う官吏を指し、場合によっては監獄の長の謂だが、内村の依拠したはずの文語訳聖書にこの職名は出て来ないのである。近いのは文語訳では「獄守」とされている「看守」だろうが、彼はパウロに「いぢめ」られてはいない。「いぢめ」られているのは、直接には「政務官」、間接には「警吏」と言うべきだろう。しかしそのどちらが内村の念頭にあるのかは、決し得ない。一六章の誤植ともども、この辺り内村は、記憶をたよりにこの面白い挿話を想い起こしているくだりなのでもあろう。

いずれにせよ、この警吏の釈放命令に対しパウロは次のように応じた。「政務官たちは、ローマ〔帝国〕市民権を持つわれわれを、裁判にかけもしないで、人々の面前で鞭打ち、牢に放り込んでおきながら、今になってひそかにわれわれを出そうとするのか。それはいけない。自分たちでここに出向いて来て、われわれを連れ出したらよかろう」(三七節)、と。そして警吏はこの言葉を、政務官たちに伝えた。政務官たちは、パウロらが「ローマ市民であることを聞いて恐れ」(三八節)、自ら出向いて詫び釈放した、その顚末《てんまつ》が語られるのである。その前後、リュディアという女の回心、牢の看守の洗礼等、伝道の成果も報告されているというのが、このフィリピ伝道の単元である。

現代の聖書学者は、鞭打ちの前にパウロがローマ市民であることを明かさなかったのだから、政務官は追訴されないはずで、彼らは「恐れ」る必要などなかった。従って、ここはルカの編集句だとする。[106] この「恐れ」は編集者ルカのパウロに対する「畏怖の念」を投影したものだと言うのである。[107] しかしこれだと、ルカは随分辻褄の合わない編集句を物したことにならないだろうか。元来恐れる必要などない政務官が、徒に恐れたということになってしまうのだから。またこのパウロ像は、本文のままに読んだ時の「無限の味」(全二五/五三四)をそがれて、ずいぶん痩せ細ってしまうのではあるまいか。理不尽な投獄を諌めることもなく、釈放が告げられると唯々諾々とそれに従うだけの、権力に対して無批判な男になってしまうわけだから(もっともその方が、あの『ロマ書』一三章で「人は皆、上に立つ権威に従うべきです」(一節)と語ったパウロらしいと読む向きもあるかも知れないけれど)。

確かに内村が、「偉人の諧謔味を伝ふるものとして無限の味」(全二五/五三四)があると言うとき、具体的に何を意味しているかは、「典獄」のイメージともども、必ずしも詳らかではない。後に内村は一九二六年になって行伝当該箇所の「ピリピ伝道」について釈義しているが（全三〇／二五三―二五五）、そこでもこの点について敷衍することはなかった。しかし「典獄いぢめ」の「諧謔」と言うからには、少し典獄を困らせてお灸をすえてやろうというパウロのからかいを読み取っていることは確かであろう。あるいは、無抵抗主義で鞭打たれつつも、このままでは独善的で居丈高なまま終わる政務官への教育的配慮もあったのかも知れない。その際、政務官がパウロのローマ市民たることを知らなかったとはいえ、事前にそれを確認しないで鞭打ちにしたことは落ち度となり得るかも知れず、保身を第一とする役人はそれを恐れたということはあり得ないことではない。加えて、鞭打ちの時はパウロも動転していてローマ市民の権利を守るポルキウス法の存在を忘れていたが、一昼夜たってみたら鞭打たれる必要などなかったと臍を噛んだということなのかも知れない。実際、後にエルサレムで鞭打ちの刑に処せられそうになったときは、「ローマ帝国の市民権を持つ者を、裁判にかけずに鞭で打ってもよいのですか」（行伝二二章二五節）とパウロは反問して刑を免れているのである。パウロは何も無抵抗主義者ではなく、うっかり者だったという解釈の幅があるのも、「無限の味」というものではあるまいか。更に言えば、やられっぱなしではなく仕返しの一つもする、ちょっと意地悪な「諧謔味」もある親爺という、そういうパウロ像だって悪くないではないか。

聖書学の歴史的批判的な釈義に対して、「平信徒」を標榜する内村の釈義の豊かな可能性については、終章で纏めて論じたいが、例えばこの行伝の短い一節についての何気ないコメントにも、それは既に見て取れるということをここに確認しておきたかったのである。さて閑話休題、行伝の大観へと戻るならば、この後、内村の筆は、現代の使徒たちに対する叱咤激励へと展開する。

使徒行伝

使徒没後の基督教史は実に使徒行伝の続篇であつて今日の基督者は尚ほ此続篇に筆を染めてゐるのである、キリスト再び臨《きた》るまでは彼は其代理者たる聖霊を以て世にその業をなす、此意味に於て使徒行伝は未だ完結せず尚ほ執筆せられつゝあるのである。（全二五／五三四）

このように喝破したあと内村は、使徒行伝が聖霊活動の歴史であったのに対し、使徒行伝の続篇たるべき現今のキリスト教が、聖霊を受けること希薄にすぎると慨嘆する。自分を無力だと卑下して偉人の出現を待つと言う者もいるが、けっきょく百年河清を俟《ま》つことにならないと誰が保証できよう。「むしろ自身まづ聖霊を祈り求めて人のため、同胞のため、国のため、世界人類のために働かんと力《つと》むべきである」（全二五／五三五）。聖書の研究を基礎としつつ、決して研究に留まらず、聖霊接受を求め、更に他者に開いた行動へと向かい、非戦論を唱え平和のために働く、内村の面目躍如のくだりである。そして使徒行伝の大観は、こう結ばれる。

我等もし熱心に祈り且努めてやまずば或意味に於て自己自身がパウロたりペテロたり得るのである、ガリラヤの漁民〔ペテロ〕、タルソの学究〔パウロ〕召されて一度聖霊を注がるゝや「ヱルサレム、ユダヤ全国、サマリア及び地の極《はて》にまで」福音を弘通《ぐつう》せしむべく働く、その働きを記したものが使徒行伝である、我等亦霊感に魂を揺り動かされて全世界教化の業の一部を担当すべきではないか、諸君に此大なる聖望なきか、余は混乱の洪波《こうは》〔すなわち、大波〕に漂《ただよ》ひつゝある日本民族、支那民族、印度民族（原文ママ）……黄色人、白色人凡てのために信者一人々々奮起せんことを熱望せざるを得ない。（全二五／五三五）

ガリラヤ湖で弟アンデレと共に漁をしていてイエスに声をかけられ、その最初の弟子になったペテロや、古代ローマの属州キリキアの州都タルソス生まれで、初めイエスの信徒を迫害していたが、回心してキリスト教徒となったパウロに倣って、我々もまた、「霊感に魂を揺り動かされて全世界教化の業の一部を担当すべきではないか」と、内村は呼び掛けるのである。

パウロ書簡

さて、行伝が「大体から云へば聖霊の外的活動の記録」（全二五／五三四）であるのに対し、「其内的活動の記録」（全二五／五三四）が、その後に続く書簡である。

その中重《うちおも》なるものは使徒パウロの書翰《しょかん》である、そして羅馬《ロマ》書以下腓利門《ピレモン》書までの十三書翰は全部彼の作であつて、他の使徒の書翰は其後に載せられて居るのである、其中牧会《ぼっかい》書翰の如きは大に疑はれつゝあれど其れは暫《しばら》く別問題として、彼の書翰が著作の年代に従はずして排列せられあるは大に意味あることゝ思ふ。（全二五／五三五）

「羅馬書以下腓利門書までの十三書翰」とはふつう「パウロ書簡」と呼ばれる、『ローマの信徒への手紙』、『コリントの信徒への手紙一、二』、『ガラテヤの信徒への手紙』、『エフェソの信徒への手紙』、『フィリピの信徒への手紙』、『コロサイの信徒への手紙』、『サロニケの信徒への手紙一、二』、『モテへの手紙一、二』、『テトスへの手紙』、『フィレモンへの手紙』だが、このうち『モテへの手紙一、二』、『テトスへの手紙』の三つは「牧会書簡」と呼ばれ、牧会すなわち教会的活動、特に聖職者の心構えや教会の規律や制度について書かれたもので、文体や語法の点からもパウロのものではないというのが、聖書学の通説である。それを踏まえつつ、しかし内村はこれらもパウロ晩年の作としてよいという説に傾く。

　いずれにせよこのように導入した後、パウロ書簡がどういう内容に従って排列されているかへと、内村の論述は進む。まず『ロマ書』は、「各個人が如何にして救はるゝかを教へたもの」であって、すべての基礎だという。他人を救い世の中を救うと言っても、自分が先づ救われていなければ空言《くうげん》たるに過ぎないのであつて、個人の悔い改め、赦免、救済を論じたロマ書こそが出発点となる。次に、エクレーシアに関して実際上に必要な種々の教えを含む『コリントの信徒への手紙一、二』が置かれている。悔い改めて義とされた者は自ずから相会して兄弟的団体を作る、これがエクレーシア、すなわち、召し出された者の会合の義にほかならない。

『ガラテヤの信徒への手紙』は、ロマ書と相補足するものであつて史的外衣の下に救済の根本義を説いたものだが、史的なだけエクレーシアと関係が深く、コリント書の後に排列されているのは合理的だと説明される。続く、『エフェソの信徒への手紙』はエクレーシアの本質をキリストの体と見、『フィリピの信徒への手紙』はエクレーシアと其教師との間に起れる美わしい心情の関係を示し、『コロサイの信徒への手紙』はエクレーシアの首《かしら》たるキリストの本質を明らかにする。その他の書簡については割愛して、内村は行伝書簡の案内を次のように結ぶのである。

> 我等は右の如くに使徒行伝と書翰とを解せんとするものである、そして茲に我等は尚ほ一問題の残留せるに気がつくのである、そは四福音書に於て早く既にイエス自身の未来事に関する予言少からず在るのみならず、更に使徒行伝及び書翰に至つて使徒たちの確実なる希望としての予言ありて、その希望の熾烈強固にして精気横溢《おういつ》せる到底これを無視し去るを得ないのである、これ即ち世の終末、キリストの再臨、新天新地出現の予言である、……これ即ちキリストの予言に立脚せる再臨の希望であつて之を主として取扱ひたるが新約最後の黙示録である。（全二五／五二六―五二七）

こうして内村の「大観」は、黙示録の考察へと続くのだが、これについては、三B節で取り扱うこととする。本節ではまだ行伝・書簡に関する各論を見ておく必要がある。ところが行伝の箇所については先の引用に目ぼしい箇所への言及があったので割愛し、内村が最も重視するパウロにここでは焦点を絞っておきたい。

内村晩年の名著『羅馬書の研究』は、一九二一年一月から二二年一〇月にかけて為された六〇回の講演を纏めたものであり、二四年に刊行されている。従って日清・日露、更に第一次世界大戦という三つの戦争の後に物されたものであり、内村の戦争論の形成と直接には関わらない。またこれ自身体系的に書かれた大著であって、限られた紙幅で言及するのに相応しくない。むしろここでは『羅馬書の研究』よりも、次の二つの文章に注目しておきたい。

一つは、『ロマ書』一二章一四―二一節についての註釈たる「親愛宥恕の途」（全一三／二七〇―二七六）であり、もう一つは、内村のパウロ理解の大綱を述べた「パウロの救拯観」（全集一九／三〇六―三一四）にほかならない。前者が『新希望』[108]誌に掲載されたのは、一九〇五年九月一〇日であった。日露戦争終結の講和条約（ポーツマス条約）の調印がなされ、賠償金を獲得できず窮乏生活を継続しなければならないことを不服とした国民の不満が爆発して同日、日比谷焼打事件が起こった九月五日から、一週間もたたないうちに発表されている。これは、先の「二A節日露戦争の非戦論」の聖書的典拠を示す重要な文章となるはずだ。それに対し後者は、一九一二年一二月の『聖書之研究』に発表され、第一次世界大戦直前の内村のパウロ理解の大綱を述べたものである。これを参看することは、続く「三A節　第一次大戦の非戦論と再臨運動」への良い繫ぎとなるに違いない。

「親愛宥恕の途」

この一文は、冒頭に『ロマ書』一二章一四―二一節の訳文を掲げ、ついで一節一節の註釈を続けている。ここでは重要な節ごとの冒頭に訳文を配し、それについての内村の論点を押さえていくこととしたい。

まず一四節、「汝等を迫害する者を祝せよ、祝して詛《のろ》ふべからず」について内村は、「汝等」がキリスト者を指すことを確認した上で、「汝等天国の市民たる者は斯く為すべしとなり、基督を信ぜざる者は斯く為す能はず、彼等に敵を愛するの深き動機あるなし、彼等は復讐は正当の権利なりと信ず、然れども汝等は新らしき律法を学びし者なり、汝等の道義的観念は全然彼等のそれと異なる、汝等主にありて無限の財宝を天に蓄ふる者は此世の事に関しては全然譲退《じょうと》の途《みち》に出《い》づべし」（全一三／二七一）とする。また「迫害する者」については、汝等の信仰が自分たちのなすところと懸隔がありすぎるが故に、汝等を忌み嫌う者、あるいは汝等が無抵抗主義なのでくみしやすいと侮り、「蹴《け》仆《たお》し、汝等に唾《つば》きするを以《もっ》て快楽となす者」（全一三／二七一）と解説する。「呪」うことは、相手に対する復讐の最たるもので、これをなしてはならない。むしろ「我等は思念《おもひ》に於ても行為《おこなひ》に於ても全然我等の敵を赦し、更らに進んでその幸福を祈るべきなり」（全一三／二七二）と解するのである。

冒頭の一節をこのように押さえた上で、内村の各節の註釈は、諄々と諭すように深められていくが、日露戦争後の両国の平和を陰に陽に念頭に置いていると思われる箇所を、以下、順に摘記《てきき》しておこう。

一六節、「相互に対し同一の事を念《おも》ふべし、高き思念《おもひ》を懐《いだ》くべからず、反《かえつ》て低きに就《つ》くべし、自己《おのれ》を智《さと》しとする勿《なか》れ」については、高ぶりの心ほど「平和一致」を欠く思いはないとする。なぜなら高ぶりの心は、「自己を中心とし、他は悉《ことごと》く自己に事《つか》ふべき者と思ひて調和は破壊されざるを得」（全一三／二七二）ないからである。そして、「人は何人も主人公たるの思念を抛棄《ほうき》して下僕《げぼく》たるの覚悟を定めよ、人に奉仕《つか》はれんと欲せずして、人に事《つか》へんとせよ、是れキリストの心なり」（全一三／二七二—二七三）とし、家長主義の優勢な「東洋の国家に温情和楽《おんじょうわらく》の掬《きく》す〔すなわち、情け深い心をもち和やかに楽しむ気持ちをすくいとって味わおうとす〕べきなき」（全一三／二七三）は、このキリストの心が欠けているからだと釘《くぎ》をさす。

また一八節、「為し得べき限りは汝等よりしてはすべての人と相和《あいやわら》ぐべし」については、「為し得べき限りは」という一句で、「平和は万事を犠牲に供しても保つべき者にあらず」（全一三／二七四）ということが含意されている、と言う。すなわち、「主義信仰」のように、「平和に優《まさ》りて更《さ》らに貴重なるものあり」（全一三／二七四）ということが前提とされている。しかしそうした貴重なものを犠牲にしなくてよい限りは、できる限りすべての人と相和らぐべきである。主義信仰以外の妥協ならば、例えば財産を提供してでも平和を保つことを選択すべきである。「汝等よりしては恒《つね》に平和の手段に出《い》でよ、若《も》し汝等《なんじら》に依《より》て和戦《わせん》孰《いず》れかゞ決せらるべき場合に臨まば汝等は必ず和に決せよ、汝よりして戦を挑《いど》む勿《なか》れ、汝よりして争闘を求むる勿れ、汝等はドコまでも平和の人たるべし、然り、出来得べき限りは、汝等よりしては、すべての人と相和《あいやわ》らぐべし」（全一三／二七四）と内村は述べる。

そして一九節でパウロは、「愛する者よ、自から讐《あだ》を復《かえ》す勿れ、退きて主の怒に任せよ、そは録《しる》して『讐を復へすは我にあり、我之を報ゆべしと主は曰ひ給ふ』とあればなり」と、旧約の『申命記』三二章三五節を引用して語っているわけだが、これについて内村は、「汝、自から讐《あだ》を復《か》へさんとするか、汝の敵は永久に汝の敵として存すべし、然れども若し神が汝に代りて汝の仇を報いんか、汝の敵は其罪を悔ひて終《つい》に汝と和らぐに至るべし」（全一三／二七四）と註釈する。

続く二〇節でパウロは、再び旧約から、箴言二五章二一―二二節を引いて、「否な、汝の敵若し飢《うえ》なば之に食はせよ、渇《かわ》かば之に飲ませよ、そは此《か》く為して汝は熱炭《あつきひ》を彼の首《こうべ》に積めばなり」と語っているが、これを内村は、「悪に報ゆるに善を以てして汝の敵の心に羞恥《しゅうち》の念を起し」と解するか、「一層迅速《じんそく》に汝の敵の頭上に神の怒を招くべし」と解するか、二通りの解釈を呈示し、「二者孰《いず》れに解するも敵に悪意を表するの意にあらざるは明かなり、我等の目的は敵人の改悛《かいしゅん》に在り、其他に在らず」と言い切るのである（全一三／二七五）。そして最後の「汝、悪に勝たるゝ勿《なか》れ、善を以《もっ》て悪に勝つべし」という二一節については、こう註釈して論を閉じている。

悪を以て悪に報ゆるは悪に勝たるゝなり、即ち悪の刺戟を受けて之に応ぜしなり、悪の刺戟は善を以て代を挫《くじ》かざるべからず、悪は火の如し、火を以て火に対すれば火は益々熾《さかん》なり、悪の火を熄《け》さんと欲せば善の水を以てせざるべからず、而して火を熄すの途は何人も能く之を知る、然れども悪に勝つの途は智者も能く之を知らず、曰く懲罰、曰く懲誡と、而して之を加へて悪は益々その猛威を逞《たくまし》うす、悪の懼《おそ》るゝものは悪に非ずして実は善なり、而してキリストは己を悪の手に附《わた》し給ひて悪を其根本に於て挫き給へり、我等彼の弟子たる者も亦彼に倣《なら》ひ、彼の偉業を賛《たす》けて悪の全滅を計るべきなり。(全一三/二七五―二七六)

この一文の背景には上述のとおり、日露戦争の戦後処理の問題があったことと思われる。日本は満州南部の鉄道及び領地の租借権、大韓帝国に対する排他的指導権などを獲得したものの、軍事費としてかかった二〇億円を埋め合わせる戦争賠償金を獲得することができなかった。これは国家予算四年分にあたり、賠償金が取れなかったことは、国民の窮乏生活が続くことを意味する。それに対して国民の不満が爆発したのが、日比谷焼打事件だったわけだが、ここで内村はロマ書一二章の愛敵思想がキリスト者に向けてのものであることを踏まえ、キリスト者の戦後処理問題への対処の仕方を語りつつも、広く日本人全体に向けて「東洋の国家に温情和楽の掬す」ことを勧めているとも読めるであろう。

況《いわん》や、国民は大勝利のように報道されていたが、日本が実はこれ以上戦争を続ける余力がなかった実情を、明敏な内村は推測していた節もあり、悪に悪をもって報いようとすることの愚を一層深く感じていたのかも知れない(109)。

現代新約学との異同

しかしそうした時代背景と関わる裏の意味だけでなく、パウロの愛敵思想をめぐる表の意味について内村は、どう考えているだろうか。このパウロの文章で最大の躓きは、申命記三二章三五節を引用した一九節、「自から讐を復す勿れ、退きて主の怒に任せよ」という言い方である。これでは、弱者が強者に対して溜めこんでいる怨恨感情《ルサンティマン》を、神を笠に着て放出しようとする、宗教的に内攻した報復意識にすぎないのではないか。F・ニーチェ（Friedrich Wilhelm Nietzsche、一八四四―一九〇〇）が『善悪の彼岸(110)』等で奴隷道徳として鋭く批判したのは、正にこうした道徳ではなかったか。

例えばP・アルトハウス（Paul Althaus、一八八八―一九六六）のような、新約学・教義学ともに通じた神学者は、そのことを陰に陽に意識してであろう、「神の復讐の仕方は……ただ神の愛の心と合致した、あの『復讐』への願いだけを、換言すれば、神の義の審きを顕したまえと求めるその祈りだけを、もっぱらに叶えるのである(111)」という言い方で、この躓きを回避しようとする。

確かに神の審きが下されればよい。しかし現実のどこに、そのような神の審きがあるだろうか。一九四九年に上梓されたアルトハウスの註解に対しては、アウシュヴィッツのどこにそのような「神の義の審き」が「顕」れたのかと、反問せざるを得ないのではあるまいか[112]。

いや、現世における神の審きは当てにならなくとも、来世で悪に対する審判は降るのだと、信仰者はまだ言いくるめようとするかも知れない。しかし来世の存在こそもっと当てにならぬではないか。そうした希望の戯言を語って、応報の破れた現実を糊塗することを潔く拒否することこそが、リアリストとしてのニヒリストの洞察なのだというのが、正にニーチェの主張であった（精神生活の最晩年一八八七年一一月から八八年三月の間に書かれたと推測される「ニヒリズム到来の三条件[113]」）。

それに対して内村の独自の地歩はどこにあるか。それは正に、「我等の目的は敵人の改悛に在り、其他に在らず」（全一三／二七五）という一点を見据え、これを恕《ゆるが》せにしないところにこそ存するのではないか。その一点を恕せにしない限り、ニーチェの貴族道徳は却って、貴族や強者のみに光を当てて、奴隷や弱者を排除した偏頗な道徳であることが知られるのではないか。むしろ愛敵思想こそ、「迫害」され「低きに就」き、「悪」を被り、「讐《あだ》を復《かえ》す」、そのような「怒《いかり》」に苛《さいな》まれた弱者の身の処し方を指し示す、広範な射程をもつ道徳であることが知られるのではないか。それは「敵」を「祝」し、「之に食はせ」「飲ませ」ることで、却って敵の「首」に「熱炭を積」み、可能ならばお灸をすえて兜を脱がせるように仕向け、たといそれが可能でない場合でも、少なくとも自らは憎悪と復讐の思いに絡《から》み取られることを拒否し、そこから解放されることを目指すのである（内村のこの一文はニーチェに触れていないが、後年の名著『羅馬書の研究』では、「ニイチェ」への短いが重要な言及がある。そこで内村は、憎しみに憎しみをもって報いるのは自然の情であり難しいことではないが、愛をもって報いるのは自然の情に打ち克ち、聖霊の恩化に浴して初めて可能となる難事であるから、これを敢えてするのはニーチェの言うように退嬰《たいえい》的弱者道徳などではなくて、「積極的、進取的の道である」と語っているのである〔全二六／三九六〕）。

しかも、それは愛と誠意と知略をもってすれば、可能であるに違いないというのが、内村の真意であり覚悟であろう。「我等の目的は敵人の改悛に在り」という宣言は、そうした覚悟の表明にほかならない。ここで我々は、一九節の申命記の引用から二〇節の箴言の引用に移る際、内村が文語訳[114]にはない「否《い》な」を加えていることに注目したい。新共同訳[115]や新改訳[116]もこの一句を落としているが、原文にはアッラの一語があり、この方が翻訳として正確である。口語訳[117]、塚本虎二訳[118]、青野太潮訳[119]はこれを「むしろ」と訳しているが、内村は「否な」とより強く訳出しているのである。すなわち、「若し神が汝に代りて汝の仇を報いんか、汝の敵は其罪を悔ひて終に汝と和らぐに至るべし」〔全一三／二七四〕と一旦、神に託して楽観しつつも、それを否定して、「否な、汝の敵若し飢なば〔汝みずから〕之に食はせよ、渇かば〔汝みずから〕之に飲ませよ、そは此く為して汝は熱炭を彼の首に積めばなり」〔全一三／二七〇〕と、人間の能動的な行為を重視している。この方が、翻訳として正確であるだけでなく内容的にも、復讐心に捕らわれたまま下駄を神に預けることとなりかねない、躓きに満ちた申命記的な物言いを、超えることとなる。内村はここで、「敵人の改悛」を欠いた愛敵思想の現実乖離と欺瞞に着意しているのである。まことに内村の面目躍如と言うべき深い洞察がここに開陳されていると言うべきであろう。これは後に、彼の義戦論と非戦論の関係を改めて問う際、逸しえない重みをもってくるに違いない註釈であることを、心に留めておきたい。

「パウロの救拯《きゅうじょう》観」

一九一二年の「パウロの救拯観」において内村は、難解と思われがちなパウロの文章が実は、「救拯《すくい》とは何ぞや、人は如何にして救はるゝ乎」との根本問題に対する「明白」な解答を与えるものだと言う（全一九／三〇六）。

パウロの教ふる所に従へば救拯に三つの階段がある、即ち左の如し、
第一、義とせらるゝ事、
第二、聖《きよ》くせらるゝ事、
第三、栄《さかえ》を衣《き》せらるゝ事、
此事を一言に約《つづ》めて述べた者がコリント前書一章三十節である、即ち
イエスは神に立られて汝等の智慧また義また聖また贖となり給へり

とある、「智慧」に就ては他日之を述ぶること丶して、義、聖、贖は以上の三階段を指して言ふたのである、信者の救拯《すくい》はイエスに於てある、而してイエスは彼等の義また聖また贖であるとの事である。（「パウロの救拯観」全一九／三〇六）

では、救拯の第一、「義とせらる丶事」とは何を意味するか。それは、「世の謂ふ所の義人と成ると云ふ事ではない、即ち俯仰《ふぎよう》天地に恥ぢずと云ふやうな人と成ると云ふ事ではない、義とせらる丶とは神と義《ただ》しき関係に入ると云ふ事である、即ち父子の関係に入ると云ふ事である、今までは叛逆の子でありし者が従順の子となることである」（全一九／三〇六―三〇七）と言われる。換言すれば、「今までは叛逆の結果、子たるの権利を失ひし者が、イエスに由りて復《ふた》たび之を附与せられて子として取扱はる丶に至ると云ふ事である」（全一九／三〇七）。そして内村は三つの聖句を引く。

「背ける諸子《こどもら》よ、我に帰れ、我れ汝の叛逆《そむき》を癒さん」（『エレミヤ書』三章二二節）、「我れ彼等の叛逆を医し悦びて之を愛せん」（『ホセア書』一四章四節）、そして、これら旧約の預言の成就として、「彼〔イエス〕を受け其名を信ぜし者には権《ちから》を賜ひて之を神の子となせり」（『ヨハネ福音書』一章一二節）という新約の福音である。

内村はしかし、「義とせらる丶ことは救はる丶と云ふ事ではない、爾《そ》う解するのは大なる誤謬《あやまり》である」（全一九／三〇七）ことに留意しなければならないと言う。悔い改めて父なる神に立ち帰ることは、救拯に至る不可欠の第一歩であるけれども、次に、「救拯の第二」「聖《きよ》くせらるゝ」ことが起こらねばならない。

ここで内村は面白い比喩を使う。「彼は罪を赦されたが、然し罪の結果は今猶《な》ほ依然として彼に存《のこ》つて居る、恰《あた》かも窒扶斯《ちぶす》患者の熱の去つた後の状態と同じである」（全一九／三〇七—三〇八）。病が癒えても体力は消耗し、食欲も筋力も衰えている。ただちに元気になるわけではない。霊魂の回復も肉体の回復と同様である。「彼は瞬間に奇跡的に聖くせられ」るわけではなく、「誡命《いましめ》に誡命を加へ、度《のり》に度を加へ、此《ここ》にも少しく、彼《かしこ》にも少しく教へ」（『イザヤ書』二八章一〇節）られるのである。罪の駆除があって、それから徐々に「徳の扶植《ふしょく》〔すなわち、植え付け〕が始まる」（全一九／三〇八）というのである。

しかも、**justification**〔義とされる事〕に続く**sanctification**〔聖《きよ》くされる事〕で、神の救拯が完成するわけではない。第三段階として、**redemption**又は**glorification**〔すなわち、贖われて栄を着せられること〕がなければならないとされる。「神がキリストを以て供へ給ひし救拯は霊魂の完成を以て尽きない、完成されたる霊魂が已に応《ふさ》はしき体《からだ》を衣《き》せられて、茲《ここ》に始めて救拯《すくい》は全うせらるゝのである」（全一九／三〇八）。そして『ロマ書』八章二三節を引いて、「我等の霊魂が救はれた丈けで我等は未だ全く救はれたのでない、我等の霊魂と共に我等の身体《からだ》が救はれ、霊魂の新婦《はなよめ》が汚点《しみ》なく皺なく聖《きよ》くして栄《さかえ》ある者となり、永遠朽《くち》ざる復活体を以て修飾《かざ》られて其新郎《はなむこ》なるキリストを迎ふるに至て茲《ここ》に始めて神が彼の上に施し給ひし救拯《すくい》が完全《まった》うせらるゝのである」

（全一九／三〇九）と、結論されるのである。

この救拯の三段階を押さえれば、難解をもって鳴るロマ書の理解も決して困難ではないとして、内村は『ロマ書』の諸処を読み解いた後、論考全体をこう結ぶ。


而して〔義・聖・贖の〕三者等しく神の恩恵に因るのである、我等の努力又は修養又は善行に因るのではない、矜恤《あわれみ》に富める神が我等を愛し給ふ其大なる愛に由りて是等の事を我等の上に行ひ給ふのである、愛、愛、愛、パウロの救拯観も亦畢竟するに愛の一字に帰するのである、故に彼は彼の救拯論を結んで曰ふ、

　宇宙万物何物も我等を我主イエスキリストに由れる神の愛より離絶《はなら》すること能《あた》はざる也

と（羅馬《ロマ》書八章末節）、愛を少しく論理的に述べたる者、それが羅馬書である、解するに困難なるが如くに見ゆるは僅《わずか》に其表面である、其中心は聖書の他の部分と異ならない、キリストを以《もつ》て顕はれたる神の愛の宣言である、斯く解して羅馬書も亦蜜の如き甘き書と成るのである。

（全一九／三一四）

内村と『ロマ書』

我々は先に第一章で内村の生涯を辿り、アマストでの回心体験をめぐる、*How I became a Christian* や、『求安録』といった初期の文章を参照したが、そこには色濃くパウロ、中んづく

『ロマ書』の影響が刻印されていた。例えば、回心前後の魂の遍歴を語った*How I became*の第八章には、十字架の贖罪への言及は数多あるが、聖書の特定箇所の引用は一カ所しかない。それが『ロマ書』八章三八、三九節なのである。すなわち、「われ確く信ず、死も命も、御使いも、権威ある者も、今ある者も後あらん者も、力ある者も、高きも深きも、此の他の造られたるものも、我らの主キリスト・イエスにある神の愛より、我らを離れしむるを得ざることを」。この箇所の「私なりの解釈」として、内村は、〔一八八六年〕六月一五日の自分の日記を引用していた。

神の霊、わが心に親しく臨みたまわずば、わが回心はあり得ぬ。何という慰めに満ちた思想だろう！（**Unless the Spirit of God touches my heart directly, there cannot be any conversion. What a consoling thought!**）わが肉が苦しむゆえに貧困を嘆き、わが魂の救いが脅かされるゆえに繁栄を恐れる。しかし、そうではないのだ！　救いは神より来たり、何人も何事もいかなる境遇も私からそれを奪いえない。これは山よりも確かな事実なのだ。（*How I became a Christian* 全三／巻末一二〇）[120]

How I became a Christianに対して、**Why I became a Christian**を論じたと言ってよい『求安録』では、より理論的にこの「贖罪の哲理」を解明しようとしているので、聖書的な典拠は多く挙げられているが、やはりその一つの中心は『ロマ書』だと言うべきであろう。一三章一三―一四節（全二／二二一）[121]、八章三二節（全二／二二九）[122]、六章一―二節（全二／二四三）[123]、七章一八―二四節（全二／二四五）[124]等が要のところで引用されるのである。中でも七章は長い引用だが、枢要の数節を抜き書きすると、「われ願ふ所の善は之を行はず反《かえっ》て願はざる所の悪は之を行へり、若しわれ願《ねがわ》ざる所を行ふときは之を行ふ者は我に非ず我に居るところの罪なり、……噫我困苦人《ああわれなやめるひと》なる哉《かな》、この死の躰《からだ》より我を救はん者は誰ぞや」（一八―二四節、全二／二四五）となる。これについて内村は、こう書くのである。

若《も》し哲学者ライプニッツの曰へる如く「人類の堕落ほど人類を高めしものなし」とせば、罪を犯せしものほど神の愛を感ずるものはなかるべし、然《しか》れば罪を感ぜざるものは基督《キリスト》の愛の深《ふかさ》と高《たかさ》と広《ひろさ》とを感じ得ざるか、読者自ら此問に答へよ、聖霊は直《ただち》に汝に教へん。（『求安録』全二／二四六）[125]

ここで次の二点を問うてみたい。

第一に、「罪を感ぜざるものは基督の愛の深と高と広とを感じ得ざる」というのが、この時代の内村においては自明の「答へ」だったということは、『求安録』前半、「上の部」が脱罪術、忘罪術等、さまざまな罪の苦しみの対処法を縷々つづったものであることから明らかだろうが、しかし一八九三年のこの書物から一九年を経た「パウロの救拯観」論文の内村が「自ら此問に答へ」るとどうなるかという問題。いささか唐突に聞こえようが、これは内村を全体として理解する際、クルーシャルな問題であることは、以下の叙述から明らかになるはずである。

第二は、「哲学者ライプニッツ」への言及があるが、内村の哲学観はどうだったかという問題。

内村の哲学観

比較的答えやすい第二の問題から入るなら、「スペンサーを師として仰ぐと雖も彼の哲学は余の心霊上の実験を入るに場所なく又之を解明するに足らざるなり」（全二／一七七）とか、「唯物論に接して容易に宗教感念を去りし人は未だ宗教を感ぜざりし人なり、宗教は大事実なり、斯《この》大事実を識認抱括せざる哲学は偏頗《へんぱ》哲学なり」（全二／一七八）とか、『求安録』には哲学への否定的言辞がちりばめられている。*How I became a Christian* においても、アマスト大学での講義を振り返るくだりで、ドイツ語、歴史学、聖書註解学、地質学、鉱物学などの「教授陣もみな好きだった」（全三／巻末一一二）[126]が、独り「哲学はさっぱりだった（In Philosophy I was a total failure）」と告白し、「私の頭は東洋風に演繹的（deductive）にできているので、知覚・概念といった厳密な帰納的（inductive）方法にはなじまなかった。……我々東洋人は真理を証明するのに、論理より視覚によることが多い……。／……我々は詩人であって科学者ではないから、真理にいたるにも、ややこしい三段論法によらない。ユダヤ人は『あい次ぐもろもろの啓示』に導かれて真の神を知るにいたったと言われるが、アジア人もすべて同様だと私は思う」（全三／巻末一一二）[127]と、恐らく「演繹」と「帰納」という哲学用語をさかさまに使って、自ら「哲学はさっぱり」であることを図らずも露呈しているのである。[128]要するに少なくとも若き日の内村は哲学に対して主観的には、親和的とは言えなかった。では客観的にも親和的でないかというと、必ずしもそうとは言えないのではないか。ここでも「哲学者ライプニッツ」に依拠し、そもそもこの章の表題は「贖罪の哲理」なのである。内村は、「啓示」による「宗教」に対して、哲学は頭だけの論理という偏見をもっていたようだが、じっさい啓示の内容を論理的に解明するために哲学を援用するのである。たとい学生時代は「さっぱり」だったとしても、後年、五十代に入ってのこの「パウロの救拯観」論文などでは、勝義に哲学的ではないだろうか。中んづく、イエスの十字架による救拯というパウロの教義的な議論の中枢を、愛という一語に抽象してみせる点において。

罪と愛

ここで初めて我々は第一の問題に遡行することができるはずである。なるほど、罪に苦しみ抜いた後、十字架の神の愛を信じて救われたというのが、内村の「心霊上の実験」だった。しかし端なくも *How I became* 八章でシーリー総長から彼が学んだ核心を語るくだりで、彼はこうも述べていたのである。

神は我らの父にいまし、我らが神に対して熱くある以上に、我らに対する神の愛は熱いということ（That God is our Father, who is more zealous of His love over us than we of Him）、神の祝福は宇宙にあまねく満ちているから、我らはただ心を開きさえすれば、神の溢れる至情が「奔流となって入ってくるのだ」（that His blessings are so emanant throughout the Universe that we need but open our hearts for His fulness to "rush in;"）ということ、神御自身のほか我らを清めることなどできないのに、自力で清くなろうと努める点に、正に我らの誤りの本質があるのだということ（that our real mistakes lay in our very efforts to be pure when none but God Himself could make us pure）……総長はこうした貴い教えを、言葉と行為によって教えてくださった。（*How I became a Christian* 全三／巻末一一四）(129)

すなわち、すべてに先行しているのは、「我らに対する」熱い「神の愛」と「宇宙にあまねく満ちている」「祝福」であるから、罪の苦闘如何にかかわらず、「我らはただ心を開」いてそれを受け入れさえすればよいというのが、数多の紆余曲折を経て内村が到達した認識なのである。アマストでの回心の体験を記した三月八日の日記、「わが生涯に大きな意味をもつ日。キリストの贖罪の力がはっきりと、今までのいつにもまさってはっきりと示された。今日までわが心を苦しめて来たあらゆる難問の解決は、神の子が十字架にかけられたことの中にある。キリストはわが負債をことごとく支払って、罪に堕ちる前のアダムの潔白無垢に立ち返らしめたもう」を引用した後、内村は「読者の中でも『哲学的』な方々は、侮蔑（disdain）と言わぬまでも、一種の憐憫（a sort of pity）をもって、右の文章を読まれるかもしれない」と書いた（全三／巻末一一八[130]）。

その数頁先でも、六月五日の日記、「私に何の価値があって選ばれた者の一人とされたのか。私は日々罪を犯しているというのに」を引いた後で、「『結構なお話だ（Enviable delusion!）』と哲学者の友は言われよう」と付け加えた内村であった（全三／巻末一二〇[131]）。内村は十字架における神の子の贖罪というキリスト教の教義をそのままに信じて、「救拯」を経験し、「心霊上の実験」をした。しかしそれが、「哲学的」、理性的に考えれば、「憐」れむべき、おかしな「お話」であることをも、重々気にしていた。そして『求安録』はそうした「贖罪の哲理」を究明しようとした哲学的な著作でもあった。しかし如何に理性的に説明しようとしても、二千年前のゴルゴタにしか救済がないとすれば、それをあずかり知らない、時間空間を異にする人間はみな救済から漏れるというのか。それは、少しでも他宗教に目を開き、歴史を学べば、到底肯んじえない教義ではないか。十字架の贖罪体験に勝るとも劣らない救済体験は、そこかしこにあるのだから。

然らば我は何なるか、
夜暗くして泣く赤児《あかご》、
光ほしさに泣く赤児、
泣くよりほかに言語《ことば》なし　（『求安録』全二／二四九[132]）

という、『求安録』の結びの詩は、贖罪という母の懐に抱かれた安らぎを知りつつも、その意味を解明する「言語」を求めて「泣くよりほか」になく、哲学的には幼く「ある種の憐みの念をもって」遇されるような「赤児」に過ぎない、その自分の無力を嘆いているとも読めるであろう。しかし十字架の贖罪とて、否、この世のものは総じて、無制約的なものを指し示す象徴に過ぎない。十字架の教義ですらそうであろう。その象徴を解読した先に見える無制約的なものとは、では何か。それは「愛、愛、愛、パウロの救拯観も亦畢竟するに愛の一字に帰する」（全一九／三一四）というのが、ここでの発見なのだ。

従って第一の問題の帰趨はこうなるであろう。「罪を感ぜざるものは基督の愛の深《ふかさ》と高《たかさ》と広《ひろさ》とを感じ得ざるか」という問いに対して、然りと答えた『求安録』から二年後の*How I became*で既に萌芽的な形で、しかし、更に一七年を経て、「パウロの救拯観」論文では明確に内村は、必ずしも然らずと答えるのではないか。内村の個人的経験としては罪の自覚を通して神の愛に至ったのだが、すべてに先行するのは、神の愛である。人によっては、罪の自覚よりも先に、そのまま神の愛に目覚めることもあるに違いない。宗教的象徴を解読して、そのより広い、端的に無制約なものを指し示す射程を探るのが哲学だとすれば、内村はここにおいて、「泣く赤児」の宗教性からホイットマン的な「嘻々的人生観」の哲学性へと、一歩踏み入りつつあると言い換えてもよいだろう。この点は、第一章末尾で確認した宿題と関わり、本章末尾で再論することとしたい。

とについてである。日記から幾つか引用しよう。

晩年の哲学熱

一言、付言する。哲学嫌いかに見えた内村が、晩年は次第に哲学に引き込まれていくということについてである。日記から幾つか引用しよう。

〔一九二八年〕**六月九日**（土）　半晴　今日は又哲学熱が復興し、殆んど終日哲学書を耽読した。殊にテイレー著『哲学史』のカント篇が非常に面白かつた。哲学の目的は神を発見するに在りと云ふて間違ないと思ふ。「汝神を探りて彼を求め得ざらんや」である（ヨブ記十一章七節）。哲学は人間の知識なりと云ひて之を賤《いやし》むべきでない。是《こ》れ亦《また》神の賜物《たまもの》であつて感謝して受くべきである。プラトーの有神論、カントのそれ、孰《いず》れも荘大雄美である。人類の所有せる最大の宝である（全三五／三二九）

七月四日（水）雨　此世の問題と云へば殆んど凡てが金銭問題と結婚問題とである。自分の如き者さへも毎日此問題に悩まさる。自分を嫌ふ教会の人達でも此問題の為には遠慮なく自分を訪問する。「祈つて下さい」と云ふは「寄附して下さい」と云ふイウフエミズム〔euphemism〕（雅語）である。そして此俗気紛々たる世に在りて、唯一つ俗気を全然離れたるはプラトー、カント其他の大哲学者の哲学である。哲学を学ぶ為に非ず、高い清い空気に浸《ひた》る為に彼等の思想に接する必要がある。基督教会が地上の天国であると云ふは全く虚偽《うそ》である。其点に於てヒ

ユームやカントの哲学の方が遥かに天国らしくある。（全三五／三三七）

十月八日（月）雨　暴風雨であつた。家に在つて外国の友人に手紙を書いた。英語を使ふのが段々と困難に成つて来た。其他に沢山にプラトーを読んだ。聖書の次ぎに偉らい書はソクラテスの哲学問答であると思ふ。（全三五／三七二）

十一月七日（水）曇　H・S・チヤムバレンの「プラトーとカントとの比較論」の初めの五十頁を読んだ。近頃此んなアツプリフチング〔uplifting〕（心を天へ引上げる）な書を読んだ事はない。学問の本当の価値が解つた。哲学者と成る事は伝道師と成る丈けそれ丈け貴き、然りそれ以上に貴き業である事が解つた。教会も無教会もあつたものでない、そんな所は遥かに通り抜けて人の人たる道に達すべきである。偉らいプラトーと偉らいカント、自分も哲学者に成りたくなつた。（全三五／三八二―三八三）

〔一九二九年〕**五月二十四日**（金）晴　プラトーを読むのが頭脳の好《よ》き休みである。基督以前三百年に斯んな偉い思想家があつたと思うて驚く。小なるユダヤを以つて人類の信仰は其絶頂に達し、小なるギリシヤを以つて其思想は深を穿《うが》つた。ユダヤとギリシヤとは同時に学ばねばならぬものである。キリストとパウロ、ソクラテスとプラトー、光明の二対が殆んど同時代に国を隣して現はれたのである。人生と宇宙の大問題に就ては人類は其最大の代表者に由つて二千年の昔に既に知り得る丈け知り悉《つく》したのである。近代人は僅《わず》かに小問題を取扱うて居るに過ぎない。教育問題に就てプラトーが其『レパブリック』に於て論じてゐる所の如き、今の教育家達の到底及ぶ所でない。其他の問題に就ても然りである。キリストとソクラテスを教へない大学教育は取るに足らずと言ひて間違はないと思ふ。（全三五／四五五）

要するに、「哲学熱が復興し、殆んど終日哲学書を耽読し」、「聖書の次ぎに偉らい書はソクラテスの哲学問答である(133)」と言い、「偉らいプラトーと偉らいカント、自分も哲学者に成りたくなつた」とまで記したのが、晩年の内村だったのである。この点も、本書終章の考察の伏線となる重要な事実であることを、銘記しておきたい。

三A　第一次大戦の非戦論と再臨運動

内村の非戦論は、第一次世界大戦に直面して、更なる変転あるいは深化を遂げる。それは、彼が忌避してきた再臨信仰に目を啓かされる体験と、並行して起こったことである。まずは内村自身の告白に聞こう。

再臨信仰

一九一八年一二月の『聖書之研究』誌に掲載された「基督再臨を信ずるより来りし余の思想上の変化」（全二四／三八四―三九二）で内村は、唯一神信仰と、十字架の贖罪信仰と並んで、再臨信仰に目覚めたことを、生涯の三大変化として回顧している。

第一の変化は、一八七八年、札幌農学校時代に起こった。数え歳で一八歳の時である。「八百万《やおよろず》の神々を懼れ且つ拝み来りし余は其時天地万物の造主《つくりぬし》を唯一の神と認め、茲《ここ》に余の思想は統一せられ、混乱せる万物は完備せる宇宙と化し、余は迷信の域を去りて科学の人となつた」（全二四／三八四）と回顧される。

第二の変化は、一八八六年、二六歳となったアマスト大学時代のことである。それは、「余がキリストの十字架に於て余の罪の贖《あがない》を認めし時であつた、其時余の心の煩悶は止んだ、如何にして神の前に義《ただし》からんとて悶え困《くるし》みし余は「仰ぎ瞻《み》よ唯《ただ》信ぜよ」と教へられて余の心の重荷は一時に落ちた、余は其時軽き人となつた、余は其時道徳家たるを止めて信仰家となつた、余は余の義を余の心の中に於て見ずして之を十字架上のキリストに於て見た」（全二四／三八四）。

これらに対し、第三の変化は、過去一年、すなわち一九一八年に起こったと言う。内村は、五八歳となっていた。「余はキリストの再臨を確信するを得て余の生涯に大革命の臨みし事を認むる、是れ確《たしか》に余の生涯に新時期を劃《かく》する大事件である、此事に就《つ》き余は『視《み》よすべての事新らしく成れり』と云ふ事が出来る、茲《ここ》に余は旧き世界を去りて新しき世界に入りし感がする、余の宇宙は拡《ひろが》り、余の前途は展《ひら》け、新たなる能《ちから》は加はり、眼は瞭《あきらか》になり、余の生涯の万事が一新せしを感ずる」（全二四／三八四―三八五）、と言われる。キリストの再臨は、万物の復興を意味し、また宇宙の改造、聖徒の復活、正義の勝利、最終の裁判、神政の実現を指すから、「人類のすべての希望を総括したる者」（全二四／三八五）であって、「故に此事が解つてすべてが解るのである、其反対に此事が解らずしてすべてが不明である、実に之を真理の中心と称して誤らないのである」（全二四／三八五）、と言われる。四〇年間読み続けて解し難かった聖書が、ここに初めて解し易き書となつた、と感激を込めて語られるのである。

再臨信仰に基づく非戦論へ

この再臨信仰に目覚めた体験と前後して、第一次世界大戦に対する内村の非戦論の主張は一段の展開を示すこととなった。「戦争廃止に関する聖書の明示」という一九一七年七月、『聖書之研究』の文章が、その間の事情を活写している。

戦争を終らしむべき途としては此世の智者等は戦争を以てするより他に之を知らない……。然れども余輩が幾度《いくたび》も繰返して言ひしが如くに戦争は戦争を以てして終らないのである、其正反対に戦争は新たに戦争を作るのである、（全二三／二八三）

こう指摘した後、内村はその例として、太閤秀吉の朝鮮征伐を挙げる。これが日清戦争の遠因だった。ところが日清戦争が、日露戦争の原因となり、その結果、今度は世界戦争が起こったのである。とすれば、文禄年間の日本人も、今日の大戦争に責任がないとは言えない。「実に恐るべきは戦争である、戦争は当《その》戦争を以て終らない、更らに戦争を起して数百千年に及ぶ、神の恚怒《いかり》が戦争の上に宿るは之れがためである、戦争は人を殺す事であると云ふは単に当面の敵を殺すことに止まらない、未来永劫《みらいえいごう》に渉《わた》り知ると知らざると衆多《おおく》の人を殺すことである」（全二三／二八四）。

では、どうしたら戦争を終わらせることができるか。それは、「戦争を廃《や》めてゞある、イエスの言に循《したが》ひ剣《つるぎ》を鞘《さや》に収めてゞある、愛を以て暴に易《か》へてゞある、非戦を以て戦争に易へてゞある、戦争の度数を減ずれば減ずる程其れ丈け戦争を減ずるのである、戦争の区域を縮むれば縮むる程其れ丈け戦争は止まるのである」（全二三／二八四―二八五）。内村は戦争を「情熱の猛火」（全二三／二八五）に譬える。そうした猛火は衰えさせるにしくはない。どうしたら衰えさせることができるか。平和を愛する者が、「すべての場合に於て戦争に反対す」（全二三／二八五）ることによるほかはないのである。

しかしここまでの論調は、日露戦争時の非戦論とその基本線は変わらない。再臨信仰に覚醒した内村の独擅場は、むしろこの先である。

非戦はすべての場合に於て唱ふべきである、然れども戦争は非戦に由り止《や》まないのである、我等が非戦を唱ふるは之に由て戦争が止まると信ずるからではない、聖書の明白に教ふる所に循《したが》へば戦争は人の力に由ては止まるべき者ではない、戦争は世界の輿論《よろん》が非戦に傾いた時に止むのではない、又斯かる時は決して来らないのである、戦争は神の大能の実現に由て止むのである、戦争廃止は神が御自身の御手に保留し給ふ事業である、是は神の定め給ひし世の審判者なるキリストの再臨を以て実現さるべき事である、此事に関して聖書の示す所は明白である。（全二三／二八五）

なお非戦・平和は人間の事業ではなく、「神が御自身の御手に保留し給ふ事業」であり、「キリストの再臨を以て実現さるべき事」という認識は、翌年の講演筆記でも「事業」という言葉に「ビジネス」とルビを振って、次のように印象深く変奏されることを付記しておこう。

愚かなりし哉久しき間此身を献げ自己の小さき力を以て世の改善を計らんとせし事、こは余の事業《ビジネス》ではなかつたのである、キリスト来りて此事を完成し給ふのである、平和は彼の再来に由て始めて実現するのである。（「聖書研究者の立場より見たる基督の再来」全二四／六〇）

いずれにせよ内村は、『イザヤ書』二章四節以下、『ミカ書』四章三節以下、『詩篇』四六篇九節、『ホセア書』二章一八節等々を引いて、「平和の君の降臨ありて平和の実現があるのである」（全二三／二八六）と、喝破するのである。もちろんそれは棚から牡丹餅を決め込み、平和の到来をただ拱手傍観していればよいということを意味しはしない。

　非戦の行はれざるを知りながら非戦を唱ふるの必要なしと云ふ者あらん、然らざるなり、信者が非戦を唱ふるは現世に於て非戦の行はるべきを予期するからではない、其の神の欲《この》み給ふ所なるを信ずるからである、（全二三／二八六）

と、言われる。実際に行われることを期待できないから反対しないというなら、廃娼も禁酒禁煙も唱える必要はないだろう。およそあらゆるこの世の罪悪について、それが絶えることなど望むべくもないから、反対するのは無駄だということになる。しかし我々は、不正罪悪に対しては、反対してやまないのである。ところが「戦争はすべての罪悪を総括したる者である、罪悪是れ戦争なりと謂ふも少しも過言でないのである、神を愛する者は其本能性として戦争を嫌ふのである、何にも聖書の此《この》章彼《かの》節を引証するの必要は無いのである、彼の全身全霊は即決的に戦争を排斥するのである。／而已《のみ》ならず非戦の唱道は主の降臨を早めるのである、彼を此世に請待し奉るに適当の準備が要るのである、而して其準備とは平和の福音の宣伝に外ならない」（全二三／二八七）。
　こうして内村は、依然非戦を訴え続けることを期しつつ、しかしその心組みは従来と一変して、最終的には神に委ね、再臨信仰に自己を放擲《ほうてき》する非戦論へと深化していく。

再臨運動をめぐる確執

元来、内村は黙示録の再臨信仰については懐疑的であった。日本ホーリネス教会を設立した中田重治（一八七〇―一九三九）、巡回伝道者の木村清松（一八七四―一九五八）等、再臨信仰に熱心な牧師たちと協力して内村は、再臨運動を興《おこ》したわけだが、その際、次のような逸話が残されている。

かつて木村がアメリカから帰国して、かの地の再臨運動について熱く語った時、内村は「フン」と言って相手にしなかった。それから数年たって内村から再臨運動への参加を求められた木村は、「それは私の信仰だから喜んで参加するが、あなたは先年私がその話をした時、鼻の先であしらわれたではないか」と言った。すると内村は突然立ち上がり、「福音のことについてそんな不真面目な態度をしたことは、まことに申し訳ありません」、と机に両手をついて、頭を下げてわびた。木村は「何もわびを言わせるためにそれを言ったのではないから」と制したが、内村は三度も頭を下げたと言う。[134]

そうした経緯を経て、一九一八年一月六日、一二〇〇人を超える聴衆が集まった、神田の東京基督教青年会館での「預言的聖書研究演説会」を皮切りに、[135]大阪、京都、神戸等を経て、一九一九年一月一九日、大阪中之島公会堂での二三〇〇人を集めた「再臨研究大阪大会」まで、[136]いわゆる再臨運動は熱狂的に盛り上がった。「これまで〔郊外の新宿〕柏木というムラの教師であった鑑三は、一挙にマチの預言者として[137]」、名を馳せた。『聖書之研究』誌も二、三千部だった発行部数を一挙に五、六千部に増やした[138]。一九一九年の元旦からは、東京基督教青年会に請われて日曜ごとの講演会も担当している。しかしその間、キリスト再臨の思想は異端だという教会側からの攻撃にさらされ、それに対する強い反論もしている（「基督教界革正の必要」『聖書之研究』一九一九年六月、全二五／三六以下）。そして同年五月二七日（月）、東京基督教青年会からは突然、講演謝絶の通告を受ける。講演会は、翌月六月一日（日）から、丸の内にある大日本私立衛生会講堂に移して続けられるが、以後再臨について積極的に語ることはなく、いわゆる再臨運動はここにいささか唐突な形で終焉を迎えるのである。何故であろうか。

いずれにせよ、このような再臨信仰に基づく内村の非戦論とその帰趨について、様々な評価が可能であろう。その中でも特に重要な可能性について、以下順不同に摘記し、再臨運動の唐突な終焉の理由も探って、それらを元に読者が将来より詳しく考究してくださる余地があることを、諷示《ふうじ》しておきたいと思う[139]。

再臨信仰の評価

先ず、再臨信仰に基づく内村の非戦論こそ、文字通り内村の到達点と見なす代表的な論者に、富岡幸一郎氏がいる[140]。氏によれば、「カントのような具体的提案は別にして、内村鑑三の日露戦争に際しての非戦の論理は、その基本の構想力においては、『永遠平和のために』に底流していたような自然・摂理にもとづく進歩観があった。／しかし、第一次大戦とりわけ一九一七年のアメリカの参戦を目の当りにして、内村は『今や平和の出現を期待すべき所は地上何処にも見当たらない』ことを痛感し、彼自身の平和論のスタンスをおおきく転換していく。それは内村にとって、聖書の読み方の転換、コンヴァージョンと軌を一にしたものであった[141]」と言われる。そして『使徒行伝』や『コリント人への第一の手紙』一五章によって、「キリストの再臨とは、精神的あるいは霊的なものではなく、イエス・キリストが『肉体』として文字通りこの地上に再来することである[142]」としつつ、「彼〔内村〕の非戦論も、その本質において決定的な変化を遂げる。まさにキリスト教的ヒューマニズムという『近代』主義の、その『旧き世界を去りて』、使徒パウロたちと初代の教会が共有した二千年前の、キリスト再臨の約束を信じる『新しき世界』の思想によって、あらためて構想しなおされなければならない[143]」と論ぜられる。そして「内村は、それゆえに聖書の明示する、キリスト再臨という――この旧い被造世界が完全に破却され転回せしめられ、新しい世界が顕現する――その終末論を問題解決の『根本的な何か』として措定し、確信し、待望したのである[144]」と言われるのである。更に、一九一七年一一月に、英国がパレスチナのユダヤ民族が郷土を建設することを認めた「バルフォア宣言」を受けて、内村が一八年七月の文章で、「ユダヤ人間《かん》に自《おのずか》ら二派を生ずるに至つた、一派の者はパレスチナの恢復に関する聖書の明白なる預言あるに拘らず之を精神的の意味に解釈して土地の問題の如きは顧みない、之に対し他の一派は確《かた》く神の約束を信じ聖書の預言を文字通りに解釈して只管其実現《ひたすらその》を待ち望みつゝある、二者の関係は恰《あたか》も再臨に関する基督者の状態と酷似して居る、聖書を其儘《そのまま》に信受せんとする者と之を霊的に解釈し去らんとする者基督者の中に此二派がある、ユダヤ人の間にも亦此二派がある、而して聖書の預言を其儘に信ずる者の信仰が多くの困難に遭遇するも決して衰へずして愈々《いよいよ》堅固を加へつゝあるは実に著るしき事実である」(「聖書の預言とパレスチナの恢復」全二四/二四四)と語ったことに富岡氏は注目して、「ユダヤ人のパレスチナ復帰運動と、トルコ支配からの脱却としてのバルフォア宣言は、『殆ど不可能』なことの地上における実現であり、それは政治・外交的な知恵や戦略をこえた、まさに聖書的事件である」[145]と、高く評価するのである。内村のこうした非戦論を「源流」としつつ、現代政治を具体的に視野に置き、A・J・ヘッシェル(**Abraham Joshua Heschel**、一九〇七—七二)のシャーローム(平和)のヴィジョンに共鳴する、富岡氏自身の非戦論について論ずることは、ここでの課題ではない。ここで問題としたいのはただ、再臨信仰をシオニズム運動と結び付け、「聖書の預言を其儘に信ずる者の信仰」に戻ろうとしていた時代の内村、そしてそれを多とする富岡氏の議論の当否である。

これに対して、富岡氏の研究を参照しているわけではないが、現代のシオニズム問題と関わりつつ、「重層的抑圧とそこからの解放をめぐる思想・戦略の多様性と困難性という問題」[146]と正面から取り組む役重善洋氏の内村研究[147]は、朝鮮独立運動に対する内村の姿勢も含めて、かなり批判的な評価を降す。

加えて、この間の教会と内村と双方の言い分、マスコミを巻き込んでの当時の論説については、硬軟おりまぜて、鈴木範久氏の『内村鑑三日録10　1918~1919　再臨運動』（教文館、一九九七年）に詳しい。

まずは鈴木氏の収集した資料を参看しよう。基督教青年会館の内村の講演会には、一九一九年元旦から約四〇〇人、[148]一月一二日は約七〇〇人[149]の聴衆が集まった。それに対し、「毎日曜日の礼拝二十人の信者を集めるのは成績のよい教会で中には五六人位しかない処が多い。其の五六人というのが、宣教師と宣教師の女房、牧師と牧師の女房、其れから宣教師の雇ってゐる人力車夫と聞いてはうんざりする」（田中鼎一「基督再臨悶着事件」[150]）と揶揄された当時の教会の牧師たちが、「霊魂の糧を充分与へぬ」自らの非力を棚に上げて、内村講演会の盛況ぶりを「嫉ましくてたまらぬ」と嫉視したため、理由も告げずに内村を青年会館から締め出す挙に出たのだというのが、内村と再臨運動を共に進めた中田重治の推測[151]である。これは確かに、一面の真理を突いているだろう。『万朝報』六月一日付夕刊には、「内村氏に対する他牧師の嫉妬だとし斯界《しかい》に兎角《とかく》の風聞が喧《やかま》しい」といった記事もあった。[152]

しかしこの事件の底流には、もう少し複雑な政治的背景があったことを役重氏は推測する。[153]すなわち、内村追い出しの先鋒となった組合教会の小崎弘道（一八五六―一九三八）とメソジスト教会の平岩愃保《よしやす》（一八五六―一九三三）は、共に「第八回世界日曜学校大会」東京開催の準備に中心的に関わっていた。[154]この開催は日米友好のためにも重要と見た政界経済界の援助も取り付けていた。ところが一九一〇年の韓国併合によって日本の植民地になって以来、朝鮮は過酷な憲兵警察の支配下に置かれ、言論等の自由を奪われ大多数の農民は小作農に転落していたが、民族独立闘争が秘密裡に組織され、一九一九年三月一日、三・一独立運動に結実した。しかしこれも日本は正規の軍隊を出動させて弾圧し、村民を教会堂に集めて閉じ込め、一斉射撃を加え、更に教会堂に放火した（「提岩里の虐殺」はその一例である）。朝鮮人の被害は、一説では死者七五〇九名に上ると言う。こうした朝鮮に対する日本側の弾圧を鑑み、日本で世界日曜学校大会を開催することに反対の声が挙がった[155]。そして組合教会の渡瀬常吉（一八六七―一九四四）は、三・一運動に参加した多くの朝鮮人クリスチャンは内村らの再臨運動によって愛国的独立心をたきつけられたという見方をしていた[156]。渡瀬の師である海老名弾正は、朝鮮伝道事業を進めていたが、三・一運動によって大きな打撃を受けた[157]。それに対し、内村はしばしば、教会が財界から援助を受けることを批判していた（「何の恥辱ぞ」全二四／一五四、「基督教界革正の必要」全二五／四〇頁[158]）。

　それらが相俟って、内村がその再臨信仰によって三・一独立運動と連動した動きをしていることに対する疑惑と反感が教会側に増大したのである[159]。基督教青年会館からの内村排斥の背景には、単なる嫉妬以上に、こうした事情があったのではないか[160]。これが、「その具体的経緯については必ずしも明確ではなく、……状況証拠的な指摘にとどまらざるを得ない[161]」という留保をつけつつも、役重氏が推測する内村排斥の経緯である[162]。

再臨運動終了の謎

そして問題はその先である。五月二七日（火）に基督教青年会館から使用不許可を申し渡されて直ぐ大日本私立衛生会講堂の借用手続きを取った内村は、六月一日（日）にはこちらに拠点を移して活動を続けたわけだが、しかしそれ以降、再臨を強調する発言はほとんどしなくなった。内村はこうして「再臨運動を中途半端なかたちで終えた」ことになるのである。繰り返すが、それは何故かというのが、先に掲げた謎であった。役重氏は、五月二九日と六月三日の金貞植の訪問と三・一運動についての報告に、その謎を解く鍵があると見る。そこで内村は遅まきながら「青年会館使用問題が……三一独立運動に動揺する国家権力の動向とも無関係ではないことに気付」き、「必要以上に治安当局を刺激することを避けようとした」と結論するのである。「内村が再臨運動を中途半端なかたちで終えた背景には」、そうした「政治的配慮があったと考えてよいであろう」というのが、役重氏の仮説である。

確かにそのような側面があったかもしれないことを、否定はできないだろう。しかしながら、そうした政治的理由だけでなく、宗教的理由もあったであろうこともまた否定できないのではないか。「内村鑑三……らのキリスト教信仰」よりも「彼……がシオニズムを支持していたこと……の背景を知りたい」という問題関心から内村の権力批判の揺らぎと被抑圧者への無関心を批判追及する役重氏の研究に対して、ここでは、その仮説とは別の仮説もまた同様に成り立ち得る可能性を指摘せざるを得ないように思うのである。

まず一九一九年五月二九日と六月三日の金貞植の訪問で、具体的に何が語られたのか。役重氏は参照していないが、内村の日記に、短いが重要な次の記述がある。

五月二十九日（木）晴　朝信仰の友人なる朝鮮京城金貞植氏の訪問があつた、三年振りにて彼と相会して甚だ懐かしく感じた、彼が組合教会に働くも其信仰に染《そま》ざるを知つて喜んだ、彼が故国の事を語るに方《あたつ》て眼に涙を浮べるを見て余も貰ひ泣きを為さゞるを得なかつた、二人祈禱を共にし再会を約して別れた（全三三／一一四）

六月三日（火）晴　……京城の金貞植氏来訪、夕食を共にして信仰と時勢に就て語つた、彼は主イエスキリストに在りて余の良き兄弟である。（全三三／一一七）

前者について鈴木範久氏は、次のような註釈を加えているが妥当であろう。すなわち、「朝鮮では三月一日、いわゆる『万歳事件』ともいわれる独立運動が起き、総督府による激しい弾圧が行われていた。提岩里の教会焼打のあったのもこの時である。しかし日本のマスコミには十分報道されていなかった。内村は、はじめて金の口を通してその実況にふれたにちがいない」[171]。かつて一九一五年五月、「教会と聖書　朝鮮人に聖書研究を勧むるの辞」という東京朝鮮基督教青年会における講演で、「日鮮人の真の合同融和」を問題とし、日本の植民地政策に対する批判精神や朝鮮人の痛みについての想像力が希薄なまま、「今や朝鮮は政治的には日本に併合されて同一治下に在りと雖《いえ》どもこれ唯外面のみにて心中に於ては毫《すこし》も従前と異なる所はないのである、実にこれ大なる難問題であつて其解決法は……日鮮人相方共に善き基督者となる事の一つがあるのみである。……これが出来るものは主キリストあるのみである。此所に居る金君が屢々《しばしば》余の宅に来られ、君の不完全なる半解の日本語を以て語らるゝも余はよく其心の最も深き所が解るが、これは我等二人が同じキリストに於てあるからである。日本人も朝鮮人も共に此キリストとの深き関係に入りて真の合同は成るのである」（全二二／三六六）と語っていた内村は、この四年後、金貞植の来訪を受け、その間の朝鮮の独立運動の経緯と、日本の憲兵や軍隊による武力に頼った統治とそれが朝鮮人に強いた犠牲の実態を初めて知って「貰ひ泣き」をし、己が不明を恥じたことと推測されるのである[172]。

さてM・J・ランダ（**Myer Jack Landa**）がシオニズムの完成までアルマゲドンは完成しないと言い[173]、内村がそれに依拠する形でシオニズム運動と再臨信仰を結び付け[174]、日本治下での朝鮮が再臨を備えると言う時、国と国とのパワーゲームの世界に神を持ち込むと人は何とでも言え、現実政治の世界に宗教を持ち込むと偏頗な自己絶対化に拍車をかけるという、歴史の中で繰り返されて来た愚を後世は冷ややかな目で確認することになる[175]。しかし、だからと言って宗教を願い下げにするのではなく、むしろ宗教には独自の地歩があり、その分を守って政治に越権しないことこそが求められるはずである。内村自身、日清戦争の義戦論をそう容易には撤回しなかったように、ここでもシオニズムと朝鮮植民地問題について表立って自説修正を言い募りはしなかった。しかし恐らく金貞植の三・一独立運動の報告を聞いた辺りから、政治と絡めて宗教を説くことの危うさを認識したのではないだろうか。全てを神の「事業《ビジネス》」（全二四／六〇）に委ねた、再臨信仰に基づく非戦論そのものが、幾多の試行錯誤を経た内村の結論であった。宗教者として己の「事業《ビジネス》」ではない政治へと越権しないこと。そして宗教そのものをその分限において磨き抜くこと。内村は次第にそちらへと思いを定めていくように思われるのである。

内村がいささか唐突な形で再臨運動を終えたのは何故かという問いに対する答えは、決して一筋縄で出るものではなく、彼の抱えていた複雑な諸事情と呼応して、また複雑な様相を呈さざるを得ないはずであろう。そして役重氏の政治的仮説と私の宗教的仮説は、必ずしも矛盾するものではなく、政治宗教両方の要素が相俟って、内村をして再臨運動の突然の終焉という決断に至らしめたと考えるのが妥当なのではあるまいか。その辺りの事情について、次に項を改めて、もう少し別の観点から更に先へと考え進んでみることとしたい(176)。

再臨信仰に対する批判

ここで、政治的経緯と並行してなされた、再臨信仰をめぐる教義論争に目を転ずることとしよう。中でも冷静で良質な再臨信仰批判として、海老名弾正の「基督再臨信仰に対する見解」（『基督教世界』一七九八―一八〇〇号、一九一八年三月二八日―四月一一日）という一文を無視することはできない。以下、少しく海老名の議論を見ておきたい（これは元々、本郷教会でなされた説教の筆記である。名指しはされないが、内村達のことを念頭に置いていることは明らかである）[177]。

海老名はまず、「基督の再臨は……初代クリスチャンの切なる願ひであつた[178]」ことを認める。しかしその背景には、旧約のユダヤ人の独自の思考法があることを指摘する。東洋は聖人を過去に尋ねるのに対し、ユダヤ人は未来にこれを期待する。ダビデのような聖人が未来に現れて神の国がなることを期待し、その期待が前二世紀中葉から前一世紀にかけて黙示文学に結実していく。そういう時代にナザレのイエスが出現し、弟子たちはイエスこそ近々ユダヤ民族を救う聖人であることを熱望した。しかし「彼は十字架の上に無惨な死をとげられた[179]」。そこで弟子たちは、ユダヤ人の罪がまだ深いから、キリストはいったん昇天したが、再臨するに違いない、その準備をするのが自分たちの務めだと思い直した。ここに再臨信仰が生まれた。しかしここでもユダヤ人の思考法が作用している。ギリシア人は、肉体から離れた霊を自由なものとして称揚するが、ユダヤ人は霊の世界は薄暗い不愉快なものとし、むしろ肉体を伴った現世をよしとしたのである。それで彼らは再臨を肉体を伴ったものとして表象した。基督再臨の目的は神の国の仕上げにあり、その時期は迫っていると彼らは考えた。

しかし「キリストは来り給はなかつた[180]」。そこにキリスト教の危機が生じたが、彼らはそれをどう切り抜けたか。「彼らの精神にはキリストによれる喜びがあり、安心があり、キリストにより清く高くせられ、そこに限りなき平安があった。……熟《つらつ》ら思ひ見れば神の国は茲《ここ》に見よ、彼処《かしこ》に見よと云ふにあらずして実に其心の中にある」[181]。この自覚に至って、パウロを初めとする初代クリスチャンは、再臨を「否定はせぬが、頓着しなひようになつたのである」[182]。その流れにあって「ヨハネ伝記者は……キリストは精神的に吾等に来り給ふのであつて、キリストと我が心と一致することによりてその現在を自覚すると云ふ方面を明かにして来た。此立場から見れば、キリストが雲に乗りて来ると云ふ思想の如きは浅薄なる猶太《ユダヤ》教思想の継承であつて、基督教本来の思想ではない[183]」。

加えて海老名は、教会の存在を挙げる。「教会は社会の状態よりもよい[184]」。男女同権だし、奴隷制はなく、社会が為し得ない幾多の善事をなしている。「不完全ながら、神の国が茲《ここ》に出来《でき》つゝあると云《い》ふも不可はない。されば再臨のキリストを俟《ま》つまでもない[185]」。

最後に、ナザレのイエス自身には、肉体的政治的な意味での支配者としてのキリスト再臨の思想がなかったことについて駄目を押して、海老名の議論は結ばれるのである。

再臨信仰に対する留保

海老名の説教がいつ語られ、内村がその内容を伝え聞くことがあったかどうか、詳らかとしないが、それが活字化される一月前の一九一八年二月の『聖書之研究』二一一号で、内村は「余がキリストの再臨に就て信ぜざる事共」という醒めた一文を既に著していることにも、公平を期して注目しておきたい。聡明な内村のことだから、海老名の提出するような再臨信仰の問題性の幾つかは、ここで陰に陽に意識している。[186] そして「余は今はキリストの再臨を信ずる」（全二四／四七）が、「然し乍ら再臨を信ずる人々が之と共に信ずる凡《すべて》の事を」（全二四／四七）、そのまま闇雲に信ずるわけではないというのである。

例へば余はキリストが何年何月何日と時日《じじつ》を定めて再臨し給ふとは信じない、其事《そのこと》に就《つい》てはキリストの明訓がある、彼は言ひ給ふた「其日其時を知る者は唯我父《ただわがちち》のみ、天の使者《つかい》も誰も知る者なし」と（馬太《マタイ》伝 廿四《にじゅうよん》 章三六）、今日まで為《な》されしキリスト再臨の時日の計算は悉《ことごと》く誤算であつた、……神は再臨の時日を秘し給ふ、而《しか》して神の秘し給ふものを人が探らんと欲してはならない、……余自身は時の休徴《しるし》より察して再臨は頗《すこぶ》る迫りつゝ〔ある〕と思ふ、然《しか》し是《こ》れ余の観察に過ぎない、其日其時は唯天父のみ之を知り給ふ、天の使者等も何人も知る者はない、而して知らざるが福《さいわい》である、知らざるが故に勤《いそし》みて待望《まちのぞ》むのである、神が御自身を愛する者に約束し給ひし人の眼未《いま》だ見ず人の耳未だ聞かざる大恩恵大栄光の出現を待ち望む事、之に優《ま》さるの快楽はない、……余が今特に祈求《もと》めて止《や》まざるものは忍んで待ち望むの心である、是れさへあれば余は墓に下りて千年万年余の救主《すくいぬし》の再臨と之に伴ふ余の身体《からだ》の復活を待つことが出来る。
（全二四／四七―四八）

また、内村はいわゆる千年王国説をそのままに信じないことを表明し、黙示録は「表号的《シムボリカル》文書」であるとの、透徹した理解を開陳している。表号と言い、シンボルと言い、象徴との、現代神学に通ずる非神話化の醒めた視点を、熱狂的な再臨運動の最中に内村が持していたことの重要性は、これをいくら強調してもし切れない点であろう。曰く、

余は又多くの再臨信者が為すが如くに黙示録第二十章六節に「彼等（信者）は神とキリストの祭司となりキリストと共に千年の間王たるべし」とある記者の言葉を文字其儘《そのまま》に解することは出来ない、黙示録は表号的《シムボリカル》文書である、其中《そのなか》にありては三は天の数であつて天の事を示し、四は地の数であつて地の事を示す、其他此書《このしょ》に在《あ》りては数字は或《あ》る原理を示すのであつて、数を示すのではない、……再臨其事が超現世的事実である、其結果として現世其儘の統治が行はれやうとは思へない、少くとも余は此事に就《つい》ては無知を告白する、（全二四／四八）

内村は更に「神癒《しんゆ》」についても信じないと言明する。

余は又或る再臨信者が為すが如くに所謂「神癒」を信じない、……医術は悪魔の発見なりと唱《とな》へ、医療は不信の罪なりと称するは余の同意する能《あた》はざる所である、余はキリストの再臨を以て天然に反する事なりと信ずることは出来ない、……天然の法則に従つて疾病《やまい》を癒《いや》さんと努《つと》むる近世医術は其原理に於て決して神の聖意に戻《もと》る者でない、（全二四／四八―四九）

そしてこの一文は、こう結ばれる。

キリストの再臨とはキリスト御自身の再臨である、是は聖霊の臨在と称する事とは全然別の事である、又之と同時に死せる信者の復活があり、生ける信者の携挙《けいきょ》〔すなわち、天に引き挙げられること〕があり（テサロニケ前書四章一七節）、天国の事実的建設が行はる、即ち再臨がありて天国が現はるゝのであつて、人類の自然的進化、又は社会の改良、又は政治家の運動に由《よつ》て神の国は地上に現はるゝのではない、余は今は此等の事を疑はずして信ずるを得て神に感謝する、（全二四／四九）

この一九一八年二月の文章において既に内村は、「表号的《シムボリカル》」な解釈をしているのである。ただその解釈は黙示録の千年王国説、あるいは再臨の日時、神癒の妥当性に限られている。内村がここで「キリスト御自身の再臨」「死せる信者の復活」「生ける信者の携挙」「天国の事実的建設」についてては、表号・シンボルとは解していないことを、不徹底と難ずべきか否かは微妙なところであろう。海老名とは別の、象徴論の観点から、現代神学はここを徹底した。その代表的な例を、我々は例えばＰ・ティリッヒ（Paul Johannes Tillich、一八八六―一九六五）の古典的名著『信仰の本質と動態』に見出すことができるはずである。

ティリッヒの象徴論

ティリッヒによれば、我々が信仰によって関わる窮極的・無制約的なものは全て、象徴を通して表現されなければならない。何故なら真の窮極者・無制約者は、有限的実在の領域を無限に超えており、如何なる有限的実在によってもそれ自身として直接には表現され得ないからである。窮極的に我々に関わる者についていては、我々がそれを神と呼ぼうと、或いは別のどのような言い方で表現しようと、それらは全て象徴的な意味において言われているのである。それらの表現は、「全てそれ自身を超えた彼方を指し示し、それらが指し示すものに関与している。信仰はこれ以外の方法では決して自己を適切に表現することはできない。信仰の言語は象徴の言語なのである[187]」。

我々が神に帰属させる性質も、また過去現在未来にわたる神の行為についての報告も、みな我々の日常的有限的経験から取って来て、有限と無限を超えたものに象徴的に適用されたものである。従ってそれを決して直解主義的に解してはならない。直解主義とは、象徴をその字義通りの直接の意味に解し、自然と歴史から取って来た材料を、それを超えた何ものかではなく、それ自身の意味に解することにほかならない。こう論じた上で、ティリッヒは、再臨についてもこう非神話化する。

創造は童話のいわゆる「昔あるところに（Es war einmal）……」起こった魔術的行為と解され、アダムの堕罪は場所的に限定され、一人の特定の人間に帰せられる。メシアの処女降誕は生物学的解釈を加えられ、復活と昇天は肉体的な事柄と考えられ、キリストの再臨（die Wiederkehr Christi）は地球ないし宇宙を見舞う破局（eine Katastrophe, die die Erde oder den Kosmos treffen wird）と解される。このような直解主義的信仰（Buchstabenglauben）の前提は、神が時間空間内に一定の場所を占め、世界の他の全ての存在と同様に、事柄の成り行きに影響を与え、またその成り行きによって影響を受ける、という想定なのである。聖書のこのような直解主義的（buchstäblich）理解は、神からその無制約性（Unbedingtheit）を奪い、宗教的に言えば、神の尊厳をも奪い、そして神を、有限的・制約的なものの水準に引き下げてしまう。(188)

ここから信仰についての根本的な誤解も生じるだろう。つまり信仰とは無制約的なものと象徴を通して無制約に関わることなのに、象徴自身と無制約的に関わることが何か誠実であり敬虔であるかのごとく思い込む誤解。しかし聖書にしろ、その叙述にしろ、それはあくまで単なる象徴にすぎないのであって、信仰の対象は、象徴そのものではなく、象徴の指し示している無制約的なものの方でなければならない。

このような見方に立てば、内村が再臨信仰の全てを象徴・表号として見ていないことは、なるほど不徹底とも言われ得よう。だがティリッヒ自身、注意深く付け加えるように、象徴を総じて

「単なる象徴（nur ein Symbol）[189]」として貶価《へんか》することには、神観念に於ける二つの要素――すなわち、直接経験の「無制約性の要素（das Element der Unbedingtheit）[190]」と、日常経験から取って来た象徴表現による「具体的な要素（das konkrete Element）[191]」――のバランスに対する顧慮が欠けている点にも、我々は留意しなければならないはずだ。「象徴的言語は、その深さと力に於いて、如何なる非象徴的言語の可能性をも越え[192]」、これを貶めて考えるべきではなく、また象徴以外の他の何ものを通しても我々は無制約的なものに至り得ず、宗教的には象徴は無制約者に至る単なる手段というより、掛け替えのない手段のはずなのである。

「非神話化（Entmythologisierung）という……概念は、もしそれが象徴を象徴として、神話を神話として解さなければならない必然性を強調するものであるならば、認容されなければならない[193]」。だが、「もしそれが象徴一般、神話一般を排除することを意味するならば、……拒否されなければならない[194]」。「そのような向こう見ずな企ては決して成功することはない[195]」。「というのは、象徴と神話は、人間意識の構造と不可分に結び付いた思考と直観の形式を証言するものだからである[196]」。

このような象徴論の他端を考慮するならば、内村が再臨信仰の全てを「表号的《シムボリカル》」に解さなかったことは、却って彼の懐の深さと見識を示すと解することもまた、あるいは必要かも知れないだろう[197]。そして彼の再臨信仰の核心は結局、次の辺りに落ち着くように見えるのである。

> 信じて待つは子たる者の特権である、好《よ》き土産《みやげ》を携へて帰り来らんとの父の一言を信じて児は只管《ひたすら》に待ち望む、茲《ここ》に言ふべからざる福《さいわい》がある、信ずる者が天父の約束の実現を待つが為には千年二千年或は一万年と雖《いえど》も永からず、待望其事が大なる喜びである、やがて思はざるの時盗人《ぬすびと》の如くに彼は帰り来《きた》らむ、故に卑しき行為《おこない》を棄《す》て、大なる希望の中に善行を力《つと》む、是れが真正なる基督信者の生活《クリスチャンライフ》である。（「身体の救」全二四／六六—六七）

すなわち、「子」のように、「父の一言を信じて……待ち望む」こと、それが内村の再臨信仰の核心なのである。次の言い方もその変奏である。

> 実に再臨信者の慎むべき事とて再臨の日と時とを指定する事の如《ごと》きはない、再臨の信仰の貴きは其時日の定《さだ》まらざるにある　恰《あた》かも死の時日の定《さだま》らざるが如しである、何時《いつ》来《きた》り給ふか知らざるが故に信者は腰に帯《おび》して待望むのである、再臨の時日を知るは害ありて益がない、再臨信仰の害は主として此に在るのである、其時日を知りて（知ると称して）徒らに騒ぐ、再臨は固き信念である、時の遅速《ちそく》の如き其関《そのかん》する所でない、主は必ず臨《きた》り給ふ、其事を約束されて他に問ふの必要が無いのである、其約束が我等を潔め、我等を高め、我等に感謝と歓喜と希望の尽ざる生涯を供するのである。（「其日其時」『聖書之研究』一九一九年四月、全二四／五二二—五二三）

いつ実現するかは問わず、「待ち望む」こと「が感謝と歓喜と希望の尽ざる生涯を供する」。それ以上の思弁は排するというのである。とするとティリッヒ的に言えば、内村の再臨論は、千年王国説、再臨の日時、そして神癒という三つをいわゆる「単なる象徴」とし除外するが、それ以外はいわば《掛け替えのない象徴》として広義の「表号的《シムボリカル》」な解釈の対象とするものであって、突き詰めたところ、その象徴の暗号解読、非神話化として、「待ち望む」ことの「感謝と歓喜と希望」に集中するものだった、とこれを整理するのが妥当であろう。そしてそれこそ「理想」の実現にほかならないとして、次のように《掛け替えのない象徴》へと立ち帰るのであった。

> 「再来」と云ふ文字は人を誤り易くある、原語に之を**parousia**《パルーシア》と云ふ、臨在の意である、英語の**presence**《プレゼンス》である、来《きた》らん（未来）ではない、来りつゝあり（現在）である、イエスは今来りつゝあるのである、而して最後に明白に人《ペルソン》として来り給ふのである、来ると云ひ顕はると云ふ、隠れたる者の顕はるゝの意である、進化と云ふと多く異ならない、英語に進化を**evolution**《エボルーション》と云ふは捲込《まきこ》まれたる者の開展するの意である、キリストは復活し昇天して人の目より隠れ給ひてより再び其栄光化されたる身体《からだ》を以《もつ》て世に臨《のぞ》み給ひつゝあるのである、而して時充つれば其自顕は極度に達して彼が天に昇り給ひし其状態を以て再び地に顕はれ給ふのである（使徒行伝一章十一）、故に再来はキリストの自顕であると同時に又地の進化である、地が

彼を迎ふるに足る者と為されて彼は之に臨み給ふのである、万物の完成は神の造化の目的であつて又我等人類の理想である、而して再来は此目的の成就、此理想の実現に外ならないのである。(「再来の意義」『聖書之研究』一九一八年三月、全二四/七七)

非戦への途

最後に戦争論の論脈に還り、多岐にわたった議論を簡明に要約して終わりとしたい。まず海老名の再臨信仰批判を想起するならば、内村との相違点は、特に次の二点で先鋭化していると言ってよいだろう。一つは精神性の強調、もう一つは現実の教会に対する楽観である。それに対して内村は、「寡婦の除夜」の反戦詩以降、また恐らく金貞植との再会以降、肉体をもった現実の人間の悲惨、それを引き起こした社会正義の転倒、そしてその具体的な回復を、喫緊の問題として苦悩していた。また東京基督教青年会館からの突然の締め出しひとつをとっても明らかなとおり、現実の教会の権威主義と政治的な策略、無力と嫉妬が渦巻く現実を、楽観することなど到底できなかった。

そしてそうした「現実」を見据える内村を突き動かしたのは、ここでもその先にある「理想」であった。[198]「万物の完成は神の造化の目的であって又我等人類の理想」と言われる、その「理想」にほかならない。そこに自我を放擲することの自由と安らぎに憩うことが、勝義の非戦、そして平和を実現する唯一の確かな途だという思いへと、ここで内村は突き抜けつつあるように見える。

三B　ヨハネ黙示録読解

黙示録大観

一B、二B節同様、ここ三B節でも、「新約聖書大観」の当該箇所（「第三回　黙示録」〔全二五／五三七―五四四〕）が、基本の知見を提供してくれる。

まず内村は、「聖霊の活動に因る福音の弘通《ぐつう》を以て足れりとし之にて世界の黄金時代来るべしと信ずべきか、少くとも福音書、使徒行伝、書翰は此種の世界観を我等に提供しないのである」（全二五／五三七）として、『マタイ福音書』一三章二四―三〇節、『ロマ書』八章、『コリント人への第一の手紙』一五章、『テサロニケ人への第二の手紙』一章、『テモテへの第二の手紙』四章一節―八節、『ペテロの第二の手紙』三章等を参照し、「四福音書にては足らずして使徒行伝と書《しょ》翰《かん》を要する如く、使徒行伝と書翰にては足らずして他に之を補ふものを要す、即ち書翰に示されし世の終末を鮮かに、生々《いきいき》と、且豊かなる内容を以《もっ》て描き出《い》づるものを要す、是れ即《すなわ》ち黙示録にして世の終より新天新地に至るまでの経過を詳述したものである、かくして聖書の出せし問題の解決を聖書みづからが与へるのである」（全二五／五三八）、と位置づけている。黙示録を無視する傾向もあるが、「聖書より之を除けば聖書は不完全となる如く、信者の思想より此書を除けば彼の信仰は不完全となるのである、基督者《キリスト》は是非とも黙示録を敬読しなくてはならない」（全二五／五三九）というのである。

そして黙示録は「英語 The Revelation の訳字ならんも原名 Apokalupsis《アポカルプシス》（Apocalypse）は『顕現録』とでも訳すべき文字である」（全二五／五三九）ことを指摘する。そして「此書を解釈するに其内容を既成の出来事と見る学者と未成の出来事と見る学者と二通りある」（全二五／五三九）が、「余は後者に倣《なら》ひて黙示録を以て世の終末前後の状態の預言と見る者である」（全二五／五三九）として、次のように述べる。

黙示録の大意は一言にして尽すことが出来る、世は次第に堕落し行きて遂に最悪の状態に至り其時神の審判行はる、七の封印開かるゝ毎に審判又審判相重《あいかさ》なりて世に臨《のぞ》み、遂に悪人は悉《ことごと》く除かれ悪は悉く失せ神を信ずる者は救はれて、茲《ここ》に壊敗《かいはい》し〔すなわち、こわれやぶれ〕去りたる世界の跡に新天新地出現し、其処《そこ》に神を信ずる者は永久の歓《よろこ》びに入ると云ふのである、（「黙示録」全二五／五三九―五四〇）

もとより内村は、「何等の準備なくして直ちに黙示録の言を其儘受けいれよと迫るのでない、それを受け得んために相当の思考を要し信受の根柢《こんてい》たるべきものを要する」（全二五／五四〇）と考える。

先づ基督者の実験に訴へて此事を考へて見よう、初め信仰に入り進んで十字架を認めて罪の赦《ゆる》しの恵《めぐみ》に浴《よく》し、己《おのれ》を己のものとせずして己を神に献《ささ》げんとの心を起すに至るは普通の順序である、併《しか》し乍《なが》ら努力数年静かに己を省みる時果して如何であらう、神に己を献ぐると云ふも果して全然献げて居るであらうか、罪の尚《な》ほ我に残れる事何ぞ多き、心の汚れ行《おこない》の悪は尚ほ甚だ多い、かゝる状態を以て果して我等は満足し得るであらうか、我等の心には現状を打破して完全に達せんとの冀欲《きよく》が我《わが》本性の願として熾烈《しれつ》ではないか、我信仰足らざるが故に此不満と此冀欲とが存すると云ふか、然らばルーテル、ウェスレー等偉大なる信仰家も尚我信仰の不充分にして罪の残れるを歎じたのは何故であるか、げに己に対する不満は真の基督者の特徴であり従つて完全への冀欲も亦同様である、而して此完全の実現せらるゝはキリスト再臨に因《よつ》て起る新天新地に於てゞある、故に我完成の願ひ切々たる基督者に取つては再臨の福音は霊の渇《かわき》を医《いや》す天与の甘露《かんろ》である。（全二五／五四〇）

禁欲生活で善業を為しても、神の前に自分の義を言い立てることはできないことに苦しんだ後、いわゆる「塔の体験」によって、善行でなく信仰によってのみ（sola fide）義とされる経験に至ったM・ルター（Martin Luther、一四八三―一五四六）や、そのルターの影響で、厳しい戒律主義を捨て、自らの罪を悟ったときに、既にキリストの贖罪によって救われているという回心を経験したJ・ウェスレー（John Wesley、一七〇三―九一）を引いて、内村は「完全への冀欲」は、「真の基督者の特徴」とし、そして「此完全の実現せらるゝはキリスト再臨に因」ると論ずるのである。これは、個人の救済と関わるが、しかし一人救われて満足する者は、利己的に過ぎるだろう。思考は自ずと、他者の救済へと向かわないだろうか。

我等は兄弟たちと共に救はれんことを欲する、愛する者と再会せんことを望む、人類の一員として人類と共に救はれんことを願はざるを得ない、更に進んで我等は自然界と共に救はれんことを欲する、「万《よろず》の受造物《つくられしもの》は今に至るまで共に歎き共に苦むことあるを我等は知る」（ロマ書八章二二節）、そして「受造物の虚無《むなしき》に帰せらるゝは其の願ふ所」（同、二〇節）ではない、彼等の「切望は神の諸子《こたち》の顕《あら》はれんこと」（同、一九節）である、かくて再臨に因る新天新地は即ち自然界の救拯《きゅうじょう》完成である、げに我等は一人にて最後の栄化に入るを願はず人類と自然界と皆相携《みなあいたずさ》へて最後の完成に入るを願ふ、全宇宙の救拯とは此事を云ふのである、そして是れ黙示録の描き出す所、聖書全体の我等に与ふる大希望である。（全二五／五四一）

終末の到来

神の奇跡的介入によって一気に世界が変わる、こうした黙示録的終末観に反対する人は、人類は一歩一歩前進し、漸次《ぜんじ》的完成を期すべきだと言う。しかしそれは楽観が過ぎるというのが、内村の見方である。それを彼は、第一次世界大戦を引き合いに出して指摘する。

交通の進歩等謂ゆる物質的文明の発達は誰人も認むる所であるがそれと反比例に人類は多くの貴きものを失つたのである、人心の荒敗今日の如き甚しき時代が曾《かつ》て有つたであらうか、世界大戦乱はその予期に反して世界に平和と改善とを齎《もた》らさずして淆乱《こうらん》と醜悪とを持ち来《きた》つたのである、今や紛々《ふんぷん》たる争闘は随処に行はれて腐敗と憎悪は人心の深底にまで達したやうに思はれる、各国今や戦備に汲々《きゆうきゆう》たる有様《ありさま》であつて更に大なる世界戦乱の生起は予言者を俟《ま》たずして明かなる事である、世界は益《ますま》す悪化せんとす、基督教会の力を以てするも此世を聖化することは出来ぬのである。

然らば如何《いかん》、我等の働き無効ならば寧《むし》ろ懶惰《らんだ》放逸《ほういつ》を選ぶべきではないか、否然らず、怠る勿《なか》れ、又失望する勿れ、主イエス再び此世に臨《きた》るまで此腐敗世界の真只中にありて福音の城を守れ、そして腐敗世界の中より神を信ずる者を獲《え》んと努力せよ、戦は苦しいであらう、涙が我糧《わがかて》たることもあらう、痛恨骨に徹することもあらう、しかし間もなく汝はキリストを拝し得るが故に、そして其時凡ての困苦《こんく》辛痛《しんつう》は償《つぐな》はれて余りあるが故に、その時までの暫時《ざんじ》を忍耐して働け、彼を待望しつゝ働け、此大なる希望の中にありて働く時は此世に於ける苦闘も亦楽しきものとなるのである、茲《ここ》に於てか知る再臨の希望は信者を無活動ならしむる者にあらずして却《かえつ》て彼の活動を強め且《かつ》深めるものである事を。（全二五／五四一―五四二）

更に内村は、アメリカの例を引く。今から三〇〇年前、本国の信仰圧迫を逃れて心霊自由の天地を北米の荒野に求めた英国清教徒の理想は果して遂げられたか。彼らが甦《よみがえ》つて今の米国を見たならば、電気とガソリンによる物質的文明に驚愕《きょうがく》の眼を見張るだろうが、同時に聖書を棄てて顧みない彼等の信仰と道徳の現状にも、また驚愕の眼を見張るに違いない。「彼等が其生命を賭《と》し心魂を枯らして努めたる新社会の理想は彼等の子孫に依て蹂躙《じゅうりん》し去られたのである！」（全二五／五四二）。

たった三年半で審判が終わり新天地出現するという黙示録の叙述に、人は躓《つまず》くかもしれない。しかし桜の樹は一年間花を開く準備をしているが、春風駘蕩《しゅんぷうたいとう》の好期が到来すれば突如として一時に爛漫《らんまん》の美花《びか》を開くではないか。「完成は急激であつて準備は徐々である、我等は完成の急遽《きゅうきょ》たるに会《かい》するも予《あらかじ》め期する処《ところ》なる故当然の事として怪まないのである」（全二五／五四三）。

そして、内村の黙示録大観は、次のように結ばれる。

最後に黙示録二十章十一節より二十一章四節までを見よ、審判を受けて死と陰府《よみ》と火の池に投入れらるゝ者無数、而して後「新しき天と新しき地」生れ「聖《きよ》き城《まち》なる新しきエルサレム」現はれ「神人と共に住み人、神の民となり神また人と共に在して……彼等の目の涕《なみだ》を悉《ことごと》く拭《ぬぐ》ひとり復《また》死あらず哀《かなし》み哭《なげ》き痛み有ることとな」き状態に至るのである、……

か丶る理想の実現はもと〳〵神の大能の所動《しょどう》〔すなわち、そこからの働きかけ〕に因《よ》るとは云へ吾《また》人亦之を切望し又そのために努力すべきである、恰《あたか》も子が或物《あるもの》を造らんとして努力しつ丶ある時父遂に子の望む物を――更に良き物を――みづから子に与ふる如く、我等が理想社会を獲《え》んと信仰的に努力しつ丶ある時神は之を更に完全なる形に於て我等に与ふるのである、此事を期待せるが故に我等は益《ますま》す努力するを得、又此望ありて信も愛も強められるのである。……以上の如くにして聖書全部を信、愛、望として理解信受して我等の悟りは全く歓びは充実するのである、この三者は是非とも基督者になくてならぬものである。（全二五／五四三―五四四）

三A節で見たとおり、内村は或る時期まで、黙示録に対しては懐疑的であった。本章冒頭で指摘したことだが、黙示録に関してはもともと生涯にわたる新約研究の中で量は一パーセントと極端に少ないのはそのためだろう。しかし再臨信仰の最も高揚した年のこの講演では、黙示録こそ聖書の画龍に点睛すると見なすのである。この「大観」の叙述こそ彼の黙示録理解の到達点であり、また爾余《じよ》の黙示録への言及は三A節の再臨運動との連関でしばしば引用しているので、更なる縷説《るせつ》は避けることとしたい。内村の黙示録読解の要点は、以上で尽きている。

小括

要約と展望

議論は多岐に亙ったが、本章で見てきた内村鑑三の戦争論を、ここで簡単に要約しておこう。一A節で確認した通り、（a）日清戦争において、内村は義戦論を主張した。しかし二A節で見たように、（b）日露戦争では非戦論に変わり、更に（c）日露開戦後は、非戦論の精神を持しつつも、形式的には敢えて主戦論と相似た戦争協力も辞さなかった。

しかし三A節で確認したことだが、第一次世界大戦で非戦論が平和を齎さないことに絶望した内村は、（d）再臨信仰に目覚め、（e）平和実現は自分の「事業《ビジネス》」ではなく、キリストの「再来に由て始めて実現する」と、神に委ねることで、真の解決を得たと信じた。ただ（f）神的な再臨信仰も直解主義的に解すべきではなく、また人間的非戦の努力もまったく放棄すべきではないことに、他方で内村は留意し続けていた。

（a）から（b）への変転の事情については、内村自身、日露戦争の最中、一九〇四年九月二二日の『聖書之研究』誌の「談話」欄の「余が非戦論者となりし由来」（全一二／四二三―四二六）という文章で顧みている。義戦論の非をなかなか認めなかった内村がここでは、「戦争問題に関しては実に変説致しました」（全一二／四二三）と率直に認め、その主たる理由として、四つ挙げている。一つは、「聖書」、「殊に新約聖書」の「十字架の福音」である。二つは、『東京独立雑誌』分裂廃刊騒動においてであろう、自ら「実験」した「無抵抗主義」の実の豊かさであり、三つは、「過去十年間の世界歴史」における「戦争の害」。そして四つ目は、内村愛読の米国の新聞、The Springfield Republican の「平和主義」の「卓説」である（全一二／四二四―四二六）。このうち第二、第四の理由についてはもはや立ち入る余裕がないが、第一と第三の理由については、先に引いた様々な文章が具体的に敷衍していた。そこには、「武士の家に生れた者」として「祖先伝来の職業」である「戦争の悪いと云ふことが如何《どう》しても分ら」（全一二／四二三）なかった内村が、新約の読み直しと現実との格闘の結果、転向して行く顚末《てんまつ》が、劇的に記録されていたのである。そのダイナミズムを我々は「変説」ないし「変節」として高みから批判すべくもなく、むしろ真摯な思想形成の痕跡として、他山の石とすべきだと思う。何故ならば、非戦自体は現今日本人のほとんど常識とはいえ、戦後敗戦国が押し付けられた常識に過ぎないのではないか、しかも有事の際の責任の所在は曖昧なままの多数派の気楽な意見でないと言い切れるか、加えて正義の貫徹の理想を知らないで、ただ現実にいやなものはいやだから戦争はいやだ、というのでは非戦論というもおこがましいのではあるまいか、等々の問い直しを我々自身迫られているからである。しかも内村の非戦論の独自の地歩は、義の貫徹の方法が、武力ではなく、敵への愛であり、その愛は贖罪死にまで至る愛だという点にこそ存することは、もはや縷説《るせつ》を俟《ま》たないはずである。

それでも、（b）から（c）に至る、開戦後の一見「変説」とも見える展開については、まだ幾つかの疑問が残るかも知れない。例えば、非戦論者が戦力となることを放棄しつつ参戦すれば、兵役拒否以上に自軍にとってマイナスではないのか、ここにこそ却って「私共の名誉を博せん」とし、「我が潔白を世に表して己が満足を買はんとする」非戦論者の独善がほのみえていないか、或いはまた、「神は天に在て汝を待ちつつあり」とする信仰に立つのだから、この敵をも愛する贖罪死といえども、結局来世において神に嘉せられることを期待した自愛の変型なのではないか、そうした来世の存在が希望の戯言として揺さぶられているのが、ニヒリズムの時代の困難な思想状況ではないか等々の問題――或いは内村のいわゆる「疑察」――は残るかもしれない。

（d）と（e）の展開については、一九一八年二月の『聖書之研究』二一一号に掲載された「聖書研究者の立場より見たる基督の再来」（全二四／五六―六二）という一文に詳しい。これは、上述再臨運動に初めて臨んだ内村の、一月六日、東京神田の基督教青年会館における講演の筆記である。その中で彼は、当時を回顧してこう述べる。

> 余の学問の傾向と時勢の成行とは余をして絶望の深淵に陥らしめた、余は茲《ここ》に行き詰ったのである、一昨年夏独り暑を日光に避けて余の心中此問題のあるあり、人知れず之が解決に苦んだ、其時《そのとき》偶々《たまたま》米国の友人より『日曜学校時報《サンデースクールタイムス》』一部を送つて来た、此《この》雑誌は往年余の購読したる所なりしも其《そ》の常にキリスト再臨を主唱するにより厭《いと》うて之を廃したのである、然るに此時久し振りに遠路風雨に曝《さら》されて余の許《もと》に届きたる号を披見《ひけん》すれば其劈頭《そのへきとう》に曰《いわ》く「キリストの再臨は

果して実際的問題ならざる乎《か》」と、余は新なる感興を以《もつ》て之に対した、而《しか》して試《こころみ》に読下《よみくだ》すれば行一行余の心に訴へ再読三読余をして然り然りと点頭首肯《てんとうしゆこう》せしめた、斯《か》くてこそ世界問題も余が内心の問題も悉《ことごと》く説明し得るのである、愚かなりし哉《かな》久しき間此身を献げ自己の小さき力を以て世の改善を計らんとせし事、こは余の事業《ビジネス》ではなかつたのである、キリスト来りて此事を完成し給ふのである、平和は彼の再来に由て始めて実現するのである。(「聖書研究者の立場より見たる基督の再来」全二四/六〇)

この、言わば聖書をそのまま文字通りに読む読み方が、同じ『聖書之研究』二一一号で、先に詳述した「余がキリストの再臨に就て信ぜざる事共」(全二四/四七―四九)という聖書を非神話化して読む読み方と、並行両立されているところに、本書が序章以来一貫して注目してきた、内村の矛盾を包含した大きさがあるに違いない。

しかも単にそればかりではない。「愚かなりし哉久しき間此身を献げ自己の小さき力を以て世の改善を計らんとせし事、こは余の事業《ビジネス》ではなかつた」という言葉に込められている、内村万感の思いの本質を我々は洞見しなければならない。

イエスは非戦論者だったか

寡聞の限り、内村はそこまで論じてはいないはずだが、彼が非戦論の範として倣ったイエスは、そもそも非戦論者であったであろうか。彼は確かに平和主義者であり、無抵抗主義者ですらあっただろう。しかしそれは、個人と個人の、あるいは比較的小さな集団と集団の関係において言われているのであって、国と国との関係において言われているのではない。イエスには、国と国との戦争を論ずる視野はなかった。[199]その意味においてイエスは非戦論者ではなかったと言わざるを得ないのではないか。内村はこの点においてイエスの言葉の拡大解釈へと飛躍したと言っては、果たして酷に過ぎるのであろうか。[200]

しかし組織的な軍事力を用いて、自国の経済的利益の拡大等、様々な政治目的を達成しようとする行為としての戦争は、有史以来繰り返されて来た。それが、自分や自分の愛する者たちを殺し、国際関係や社会や経済など幅広い分野に破壊的な影響を与えることを知りつつ、否、知るからこそ、その殺人破壊組織である軍隊、その道具である兵器を保有し、少なくとも自衛の暴力を備えざるを得ない。その悲しい「現実」を三つの悲惨な戦争を経験して思い知った内村は、少なくとも開戦後の非戦論が余りに現実乖離した「理想」であり、「愚かなりし」と見限ったとも読んでよいし、突き詰めたところを読むべきではないか。その限りにおいて内村は、宗教が政治について語り、伝道者が戦争について指示することが越権であったことに陰に陽に思い至り、「皇帝《カイサル》のものは皇帝に、神のものは神に」(「マタイ福音書」二二章二一節、「マルコ福音書」一二章一七節、「ルカ福音書」二〇章二五節)としたイエスの顰《ひそみ》に倣う方向へ進むことを、余儀なくされたのではないか。もちろん義戦論の撤回にもあれだけ時を要した内村が、この点についての「変説」を赤裸々に語っているわけではないけれども、内村のこの密かな軌道修正を前後の行動と発言の軌跡から、我々は推測せざるを得ないのではあるまいか。

しかし伝道者という公人としてではなく、一個の私人としての内村は、戦争問題の解決をどこに見出そうとしたか。直接にはやはり「キリスト」の「再臨」にである。しかし一切をそこに放擲して拱手傍観を決め込むのが、内村の態度でなかったことは、その後の彼の活動が証ししていた。また「再臨に就て信ぜざる」、再臨信仰の胡散臭い諸側面への洞察が、そのことを語っていた。とすると内村の戦争論の帰趨は、次の辺りに決することは、見られる道理であるだろう。すなわち、非戦論という「理想」で収まり切れない、戦争という人類太古からの残虐で暴力的で憎悪に満ちた「現実」に対して、それへの欲望と衝動を抑え得る唯一のものとしての、我々を絶対に超え、次元を超えた、神の愛への仰望というものがあることの発見にほかならない。そして内村は爾後、義戦論も非戦論も、再臨信仰に基づく非戦論すらも、「余の事業《ビジネス》ではなかつた」（全二四／六〇）と喝破して、それと次元を異にする神の愛の伝道へと、己の戦線を或いは縮小し或いは昇華していくように見えるのである。[201]

矛盾とユーモア

内村は終生、上述の An inconsistent man, I am! 発言にあるように、巧まざるユーモアが自ずと哀愁を誘うような人物だったが、晩年随一の傑作は次の日記の一節であろう。心臓を病んで往年の勢いのなかった内村の日曜聖書講義を前座で助けていた高弟、塚本虎二が独立し[202]、それとともに若々しい勢いのあった塚本に魅かれた、一〇〇人を超える弟子たちが付いて行き、三、四割聴衆の減った（聴衆は全盛期六〇〇―七〇〇人を数えたという、祐之の嫁である内村美代子〔一九〇三―二〇〇三〕の証言[203]を真とすれば、実に半分以下となった）集会を見渡しての一言。

〔一九二九年〕十二月二十二日（日）半晴　今年最後の研究会である。二百四十九人の出席者があつた。朝床を蹴つて起き、食事を摂り、例の通り高壇に登り、創世記六章一―八節に就て講じた。為さんと欲して能はざるなしである　〇今日を以つて愈々《いよいよ》塚本と分離した。好意的とは云ふもの丶余り喜ばしい事ではなかつた。塚本はどう見ても新人である。彼の才能と信仰とが近代的である。故に我が研究会々員中近代式の者百人余（其多数は若き婦人）は彼と行動を共にした。誠に適当の事である。残りしは老人、禿頭、田舎物、旧い贖罪信者、キリスト再臨翹望《ぎようぼう》者である。故に塚本を失つた後の柏木は思想的には三四百年後戻《あともど》りしたやうなものである。然し乍ら新人も救はざるべからず、旧人も救はれざるべからず。去りし者にも残りし者にも神の恩恵の裕《ゆた》かに加はらんことを祈る。（全三五／五三一）

この三カ月後に内村が亡くなっていることを思えば、一層その哀切とユーモア――或いはここは自虐的なアイロニーかも知れないが[204]――が身に染みるけれど、いま注目したいのはむしろ、贖罪信仰も、再臨翹望も共に「旧い」と認めている点である。先に引いた「余の生涯に三度大変化が臨んだ」で始まる文章にあったように、その第一の変化は「独一無二の神を認めた」こと、第二は「キリストの十字架に於て余の罪の贖を認めし」こと、第三が「キリストの再臨を確信する」ことだった。第一の唯一神信仰の実質が第二第三であると考えれば、結局内村の信仰の中心は贖罪と再臨の二つだった。それをこのように二つながらにして相対化する視点を持していたところに、内村の思想の大きさと懐の深さがあるに違いない。ではその二つの直解を排した時、残るのは何であろうか。「余の人生観」と題された一文が、その答えを暗示する。

愛

内村が見据えていたのは恐らく、戦争や直解主義の諸々の事情を超えたところであり、彼がそこに突き抜けた秘密は、戦争とは別の次元で書かれた、この短文によく凝縮されているように思われるのである。終わりにその全文を掲げて、本章の結びに代えたいと思う。

余の人生観と宇宙観とは一字にて足る「愛」是なり、星の輝くも愛なり、風の吹くも愛なり、海の鳴るも愛なり、生《うまれ》しも愛なり、死なざるを得ざるも愛なり、愛は宇宙を造り、且《かつ》之を支持す、此愛の宇宙に棲息して余は歓喜極りなきなり。

余は生を愛す、此の世に在て愛の事業に従事し得ればなり、余は死を懼れず、無限の愛の余を繞囲《じょうい》するを知ればなり、愛より出《いで》て愛に帰る、生死の別、余に於て何かあらん。哲学は世を厭はしめ、政治は生を忌ましむ、惟《ひと》り愛の福音のみ吾人に新生命を供す、諸人何ぞ速に来《きたつ》て生命の水を此愛の泉源に於て汲取らざる。（「余の人生観」全一一／二八六）

一章の末尾に掲げておいた宿題――贖罪を命綱とする内村が他方、贖罪を抜きにしたホイットマンに倣って「『嘻々的人生観』を余の所有となしたく欲ふ」と語った矛盾をどう解くかという宿題――はここに解を見出すであろう。内村はイエスの贖罪を通して神の愛を知ったが、贖罪は掛け替えがないとはいえ一つのシンボルに過ぎず、そのシンボルよりもそれが指し示す愛そのものの方がより偉大である。「十字架教」[205]を奉じた内村は他方、それをも超えた自由さをまた有していたのではないか。「巨人的に矛盾ならん」とした内村の度量の大きさは、この「愛」に突き抜けるところにこそ存するのではあるまいか[206]。

この短文は、既に日露開戦前夜、一九〇三年六月一五日の『万朝報』紙に書かれたものであった。日清戦争における義戦論に始まり、日露戦争では、十字架の贖罪に窮極するキリストの愛敵の思想に倣った非戦論へと転じ、そして第一次大戦ではキリスト再臨に全てを委ね自己放擲する非戦論にまで深まった内村の戦争論は、しかしその切っ掛けとなった聖書の贖罪・再臨叙述をそのままに受け入れる側面と、その直解主義を排して神的愛を指し示す象徴として読み解く側面と、言わば両面の相補的緊張関係を保持していたからこそ[207]、「旧人」「新人」両方の救済に開いた射程を有していたのであり、彼の戦争論は畢竟、その原点へと帰趨することに思いを致しつつ、一先ず考察の筆を収めたい。

その後

それにしても呟きたくなるのは、もし内村が第二次世界大戦をも経験したならば、その戦争論は更なる変転を遂げたのであろうかという問いである。幸か不幸か、その答えを我々は知らない。「非常に調和がとれて居るがこれでよいのか」[208]との最期の言葉を遺して、内村が逝ったのが一九三〇年。「平和のための攻撃」を標榜したヒトラー（**Adolf Hitler**、一八八九―一九四五）の開戦演説とともに、ドイツ軍がポーランドに侵攻して大戦の火蓋が切られたのは、そのわずか九年後のことであった。日本国内では一九三一年以後、ファシズム国家体制が急速に整備されるなかで、一九三九年に宗教団体法が成立し、これに従って一九四一年、日本基督教団が成立、教団合同の報告のために教団統理が伊勢神社に参拝し、大東亜戦争の目的完遂を旨とした戦時布教指針を表明するなど、教会が戦争協力へと動いたのに対し、内村の精神を継承する無教会では矢内原忠雄が、一九三七年の盧溝橋事件、南京事件を糾弾する発言により東京帝大教授の職を追われた例に顕著なように、戦争批判、軍国主義反対を貫いた[209]。そのことをもって、内村の戦争論の可能性と正当性を弁証したくなる向きもあろうが、無教会二代目の中で矢内原はむしろ例外的であって、この間の事情は決して単純ではないことに注意せねばならない[210]。内村の戦争論は詰まるところ、戦争反対といった現象にではなく、有史以来途絶えることのない戦争という暴力と憎悪の連鎖を断ち切る、神的愛の源泉へと人々を誘い陶冶する永い努力の決意と、その途上あるいは終末に炸裂する聖性の啓示への待望に帰趨落着し、それ以上の本質的な変転は第二次大戦に際会してもあり得なかっただろうと、結論するほかはないのではあるまいか。[211]

補論

著者は、近年の一面的な自賛史観に与するものではないが、戦後わが国に長く支配的だった自虐史観的な過去の断罪にも違和感を覚え、宗教は政治に最小限関わるとしても、それ以上の越権をすべきでなく、その本分を守るべきだという、イエスの洞察に立ち帰った内村の――著者の見る限りでの――最終的窮極的結論に和するものである。とはいえ、窮極はあくまで窮極であり、窮極を見据えつつも、政治と関わろうとする内村の血が騒ぐことはその後もあった（例えば一九二四年、米国の排日移民法の成立に際しての説教「日本の天職」全二八／四〇〇―四〇八等）。そしてその際、例えば、役重善洋氏の前掲書が指摘するとおり、その日猶《にちゆ》同祖論とも相俟って「民族主義を急速に濃くした[212]」という評価もあり得るであろう。しかしそれは矛盾の人、内村らしい揺れを示すものではあっても、彼の到達した窮極的結論の妥当性が揺らぐことを意味しはしないはずである。なお役重氏の、「内村が再臨運動を中途半端なかたちで終えた背景には、必要以上に治安当局を刺激することを避けようとした政治的配慮があったと考えてよいであろう[213]」という結論は、「内村が『二・八独立宣言』以降、シオニズム運動への言及を止めたのも、朝鮮人クリスチャンの信仰が自身のナショナルな旧約聖書解釈に相通じる面があったことに気付いたためであった」[214]という一文に続いて出て来る。しかし後者から直接出て来るのは、《だから内村はナショナルな聖書解釈をやめた》という結論でしかないのではあるまいか。すなわち、宗教が政治に関わると、神を持ち出して何とでも牽強付会に奔り得ることに気付いた内村が、自らそうした言説をやめたという、筆者の結論である。いわんや内村自身、先に引用したとおり、「聖書を其儘に信受せんとする者と之を霊的に解釈し去らんとする者……此二派がある」（「聖書の預言とパレスチナの恢復」『聖書之研究』一九一八年七月、全二四／二四四）ことに注目し、次第に後者に進んだに於いてをやである。また後述するとおり（第三章三B節）、世に昂然と立ち向かう預言者を称揚し、「権力に依る不義と圧制と暴虐とに対する鉄面皮は善いことにして賞すべきこと」（全一四／一〇七―一〇八）とすら語り、自ら預言者と目され、「絶対戦争否定のためには、一家餓死をも覚悟し」[215]、実際、日露戦争後二回、宗教団体に対する政府の束縛強化の案に強い批判と説得を正面から試みて廃案に追い込んでいる[216]、そうした内村の現実の行動と、「治安当局を刺激することを避けようとした」などという柔《やわ》な内村像とは、乖離すると言わざるを得ない。とはいえ逆に、内村を猪突猛進の預言者、更には政治的顧慮を全く欠いた純粋無垢の聖人君子に祀り上げる必要は更々ない。関根正雄氏の言う「天才的俊敏」[217]を兼ね備えていた内村に、そうした政治的顧慮が全くなかったとは言い切れない――不敬事件の痛みを後年まで忘れなかった内村の行動の、いわゆる誘因として、官憲の動きに過敏に反応するという面がなかったとは言い切れない——としても、それが、少なくとも彼の再臨運動撤退の内的な主要動因だったとは考えにくいのではないかというのが、筆者の暫定的結論である。繰り返すが、その当否については、読者の更なる検討に委ねたい。

いずれにせよ、そうした平和への永い努力の一環として、創造神話やモーセの十誡の透徹した読み直しがなされたことについては、内村の旧約読解を論ずる次章で、また結局神の手に委ねる宗教的非戦論は社会的現実からの逃避ではないかという、なされがちな批判[218]に対する弁証の可能性についてはは終章で、それぞれ仕切り直して論ずることとする。

第三章

旧約聖書読解と震災論(219)

第一章で我々は内村の生涯を、「二つのJ」の矛盾に彩られたものとして通覧した。第二章では、その矛盾が先鋭な形で露呈した戦争論の形成と帰趨をたどり、その根底に内村独自の新約読解との格闘の軌跡があったことを、対比的に見てきた。本第三章では、戦争という人災とは別に、関東大震災という天災への対処において内村の矛盾が再び顕れ出たこと、そしてそれは新約の救済論よりも旧約の創造論と密接に関係があることを、論じたい。危機の時代の現実との斬り結びの試行錯誤は、後半生もこういう形で変奏されたと、筆者は見るのである。

ここでも内村の震災論という縦糸と、旧約読解という横糸との綾なす、一幅の織物を織ることを試みる。その際、前章の戦争論といった意識的な論考は存在しないけれども、しかし戦争論の時代にはまだ公にされることのなかった「日記」という興趣つきない文献がこの時期には残されているので、これを丹念に紡いで縦糸としたい。すなわち、一A節で大震災直前の「夏の日記」を繙読し、二A節では「春の日記」へ遡って瞥見し、三A節で大震災の経験とその後の日々を綴った「秋の日記」そのものを読んで、縦糸を紡ぐ。対するに、一B節「モーセ五書読解」、二Bi節「歴史書読解」、二Bii節「文学書読解」、三B節「預言書読解」という旧約聖書の四つの主要部分を組み合わせ縒《よ》り合わせて、これを横糸とする。創造論にだけ特化するわけではなく、内村の旧約読解全般について通覧することも、本章の大事な課題となる。そして一Aの後に一B、二Aの次に二Bという風に、縦糸と横糸を交互に通すことによって、第二章と同じ様に、それ自身として独立した聖書読解が、どう現実と嚙み合っていたかが浮き立つような織物としたいのである。もちろん両者を分離して震災論だけを辿りたい読者は、一A、二A、三A節を、旧約理解だけを取り出したい向きには、一B、二Bⅰⅱ、三B節を、それぞれ飛び飛びに読んでいただくことを、第二章同様お願いしたい。

横糸について、一言付言する。前章の新約の場合と同じく、旧版の『内村鑑三全集』によって、旧約研究についても試算すると、新約が三巻、二三二〇頁だったのに対し、旧約には二巻が充てられており、その総頁数は一五五九頁。概算では、五書について論じた文章が三五三頁で、旧約全研究のうちの約二三パーセントを占め、歴史書が一六二頁で約一〇パーセント、文学書は最大の五七〇頁で約三七パーセント、残る預言書が四六九頁、約三〇パーセントという割合となる。以下、これら旧約の四つの部分から、その量と質に応じてそれぞれ二つ三つ、内村の典型的な文章のさわりを引用しつつ、その旧約読解の特色について考察する。ここでも新約の時と同様、網羅的に通覧することよりも、精選した実例に絞って、内村の聖書読解の本質を探り当てることを眼目とする。

その際、これまた新約読解の場合と同様、総括と個別の両面からアプローチすることが望ましいが、内村は「新約聖書大観」に当たる文章を旧約に関しては物していない。一九二六―二七年に「聖書大意」を発表しているが（全三〇／一一―一五二）、「列王紀上」で終わっており、これに依拠することは諦めざるを得ない。一B、二Bⅰ、ⅱ、三B節それぞれにおいて、個別的な研究に入る前に、筆者自身の簡単な要約を付し、この点を補うこととする。

また縦糸についても、一言申し添えるならば、内村の聖書読解が、書斎で頭の中だけで考えたものではなく、自己の信仰的現実体験と共振させたものであることは、序章以来繰り返し指摘している点である。そのことは、我々自身、内村の旧約読解について、ただ抽象的に整理概観しただけでは、これを理解できないということをも意味せざるを得ないだろう。内村生誕一五〇年の二〇一一年は、関東大震災からほぼ八八年の歳月を経て、東日本大震災が我が国を襲った年であった。この縦糸について考えることは、内村の経験した現実と我々自身の現実との類似性と差異性について、陰に陽に再考し検証する試みとも、或いはなるのではあるまいか。

そうした予断を抱きつつ、さっそく本論に進むこととしたい。

一A　大震災の年の夏の日記から

軽井沢へ

彼の大震災の年の日記は、もと『聖書之研究』誌に公にされたものだが、全集第三四巻の一三一―二六一頁に採録されている。六三歳となった内村の夏の日々は、この日記によって生き生きと甦って来る。彼が柏木集会の聖書講義と『聖書之研究』誌の執筆編集を終えて、軽井沢の貸別荘に向かったのは、一九二三年七月二〇日のことであった。都会の喧騒を逃れて郭公《かっこう》の声に心浮き立つ様は、あたかもベートーヴェン（後述）の田園交響曲の第一楽章を思わせる。

七月二十日（金）晴　朝柏木を発し、午後（ママ）時軽井沢に来た。友人の周旋《しゅうせん》に依り、樅《もみ》の林の中に小さき一軒の家を借受け、之を我が夏の家として定むる事が出来て、大なる感謝である。隣りは早大の安部磯雄君、その先きが東大の小野塚博士である。林には多くの郭公鳥が家を持つらしく、其《その》鳴き声にて甚《はなは》だ賑《にぎや》かである。
七月二十一日（土）晴　高原の涼しき夏の日である。朝第一に尋ねて呉れた者は、安部君のお嬢さんたちであつた。四人相揃《あいそろ》うて自分を近所の池に案内して呉れた。次ぎに訪問して呉れた者は昨年知己になりし英国医師にして人類学並《ならび》に哲学の大家なるドクトル・マンロー氏であつた。着席早々氏の近来の宇宙並に人類観に就《つい》て聞く事が出来て非常に嬉しかつた。少女と大学者との歓迎的訪問を以て始まりし軽井沢滞在は必ず多幸多福の者であらう。（全三四／二〇二―二〇三）

この夏の内村は、日曜の聖書講義や講演などもするけれど、樹下での読書を楽しみ、内外の避暑客の訪問を受け、また自らも訪問をし、かなり社交的である。インド航路の船医として来日し、その後日本に帰化、軽井沢サナトリウムの院長としても働いたN・G・マンロー（**Neil Gordon Munro**、一八六三―一九四二）とは、前年軽井沢で知遇を得、その博識に感銘を受けている（一九二二年九月一一日の日記。全三四／八九）。またキリスト教社会主義者の安部磯雄（一八六五―一九四九）は非戦論を、小野塚喜平次（一八七〇—一九四四）は七博士意見書をもって開戦論を、日露戦争に際して唱えた人物である。内村は自ずと安部と親しかったが、合理主義者の小野塚とも親しく議論し、小野塚夫人が大手町の聖書研究会の会員だったこともあって、夕食はたいてい小野塚家に「およばれ」している。[220]

八月二十日の日記に、「朝より訪問者多く、読むこと書くことは少しも為し得なかつた。一年中の交際を一時に為すやうなものである。悪い事ではない。人間が社交的動物である以上、斯《か》かる機会もなくてはならない。軽井沢へ旧交を温め、新交を結ぶために来りたりと思へば、其為《そのため》に消費する時間は惜しくない」（全三四／二一二）とある。

読書の方は、旧約関係では、オレリのエレミヤ伝に感激している。八月三日に「英国に注文したオレリのイザヤ書並にヱレミヤ記註解書二冊が達した。現代文士と闘ふに好き武器である」（全三四／二〇七）とあり、五日、「樹下にオレリのヱレミヤ伝を読みだした。何んだか自分の伝を読むやうに思はれて涙がこぼれた。イエスよりも小なる、然かもイエスに克《よ》く似たる預言者である」（全三四／二〇八）と記している。他にD・G・ホガース『古代東洋史』、G・P・グーチ『英国政治学史』等。これらと対照的に、新聞雑誌は読むべきでないと言う。

八月二十二日（水）雨　訪問者なく、亦訪問を為さず、静なる休息の一日であつた。ペンが少し動いた。少しく信仰的自我に立帰り、真の平安を覚えた。国のこと又は教界のことを思ふ時に、我心は不安の念に充たさる。然れども万事を神に委ねて、死して甦り、昇天して今は聖父《みちち》の右に座し給へる主イエスを仰ぐ時に、大なる平安は復《ふた》たび我衷《わがうち》に臨《のぞ》む。最も嫌ふべき者は我国現代の新聞雑誌である。之に目を触れて我心は汚れざるを得ない。清き一日を送らんと欲せば之を手に取らざるを可《よし》とす。之を読まざればとて損失は少しもない。清潔を愛する家庭は宜しく之を排斥すべきである。「新聞雑誌記者禁入」の標札を立《たて》んと欲する。（全三四／一一三）

有島武郎の情死事件

この背景には、かつての弟子、小山内薫（一八八一―一九二八）が連載小説「背教者」を書くというので、『東京朝日新聞』の購読を中止した、この年の四月の出来事(221)があるらしい。とはいえ、避暑に来る前に、かつての弟子、有島武郎（一八七八―一九二三）の軽井沢での人妻との情死事件があり、その取材を受けたり（七月二七日）、次のような感想を書いたりもしている。

七月二十四日（火）半晴　左に余が『万朝報』に投書せる有島武郎氏の死に関する余の観察の一部を転載する。

有島君に大なる苦悶があつた。此《この》苦悶があつたらばこそ彼は自殺したのである。此苦悶は、一婦人を得んと欲する苦悶ではなかつた。此《これ》は哲学者の称する「宇宙の苦悶」であつた。有島君の棄教の結果として彼の心中深き所に大なる空虚が出来た。彼は此空虚を充たすべく苦心した。彼は神に依らず、キリスト其他の神の人に依らずして、自分の力で此空虚を充たさんとした。此が彼の苦悶の存せし所、彼の奮闘努力は茲《ここ》に在《あ》つたと思ふ。然《しか》し乍《なが》ら彼は自分の力で此空虚を充たし得なかつた。而已《のみ》ならず、充たさんと努むれば努むる程、此空虚が広くなつた。彼は種々の手段を試みた……。彼は人の賞讃位ゐで満足し得らる丶人でなかつた。彼は社会に名を揚げて益々孤独寂寥《せきりよう》の人となつた。彼は終に人生《ライフ》を憎むに至つた。神に降参するの砕けたる心は無かつた。故に彼は神に戦ひを挑《いど》んだ。死を以て彼の絶対的独立を維持せんと欲した。自殺は有島君が近来屢々《しばしば》考へた事であらう。然し其機会がなかつたのである。そして其機会が終に到来した。一人の若き婦人が彼に彼女の愛を献げた。……故に二人相併《なら》んで自から死に就《つ》いたのである。

○『人は自分の為に生《いき》ず又死せず』と彼の棄た聖書〔『ロマ書』一四章七節〕に記《かい》てある。生命は自分一人の有《もの》であると思ふは大なる間違である。有島君は基督教を棄て、此簡単明瞭なる真理をも棄たのである。背教は決して小事でない。神を馬鹿にすれば神に馬鹿にせらる。……有島君の為に計りて、愛をキリストに献《ささ》ぐるは、某女《ぼうじよ》に与ふるよりも遥《はるか》に益《まし》であつた。有島君は神に叛《そむ》いて、国と家と友人に叛き、多くの人を惑はし、常倫破壊《じようりんはかい》の罪を犯して死ぬべく余儀なくせられた。私は有島君の旧《ふる》い友人の一人として、彼の最後の行為を怒らざるを得ない。（全三四／二〇三―二〇四。……部、原文のまま）

ちなみに、この転載された文章の題は「背教者としての有島武郎氏」である。七月一九、二〇、二一日の『万朝報』に連載されたものであった（全二七／五二六—五三二）。「人も私も彼が私の後を嗣いで、日本に於ける独立の基督教を伝ふる者と成るのではないかと思ふ程であつた」（全二七／五二六）という回顧で始まるこの一文は、それだけに「多数の背教の実例に接した」内村にとっても、「有島君のそれは最も悲しき者であつた」（全二七／五二七）と語る。鈴木範久氏の指摘するとおり、有島の死をめぐってなされた多くの論評の中で、「痛切に悼む師の愛で溢れているとともに、やはり師としての義憤のほとばしる弔辞であり、一頭地を抜く論といってよい[222]」に違いない。

もう一人の背教者

これと並行して、軽井沢に一緒に来た書生が、「背教者」となる小事件が起こっている。内村は諧謔を込めてこう記す。

七月三十一日（火）晴　去る十日間、当軽井沢鹿島の森に於て余と共に書生々活を営み来りし大学生某、余に対し何にか大なる不平ありしと見え、二三日来不満を其顔に現はし居りしが、今日終に「私も背教者の一人である」と言ひ置いて余を辞し去つた。斯くて軽井沢に来《きた》つて亦《また》一人の背教者を作つた次第である。日本の青年殊《こと》に基督信者の青年を扱ふ程六ケ敷《むずかし》い事はない。

今日まで同じ理由の下に余を辞し去つた者は殆《ほとん》ど数へられない程沢山にある。そして懲りも性《しよう》もなく青年を友とせんと欲して同じ失敗を重ぬるのである。此日女中をも断はりたれば、林中の仮宅に唯の一人となり、カケス、ヒヨドリの同居人となりて、単独の静粛を楽しむ人となつた。(223) 青年を躓《つまず》かしてはならぬとの心の緊張が除かれて、反《かえ》つて本当の休息に入つたのである。他の人は知らず余に取りては、恐ろしき者は日本今日の青年である。彼等を扱ふはガラスの玉を扱ふが如くに危険である。何時《いつ》どうして壊れる乎《か》知れない。余の如き「背教者製造の成功者」と称して可なる者であらう。(全三四/二〇六)

衝突は、書生のみならず、外国人宣教師(八月一七日、一八日、二三日、三一日等)、政治家(八月二五日等)ともあったようである。ただし尾崎行雄(一八五八—一九五四)とは肝胆相照らしている。

日本人の敗頽《はいたい》

八月四日(土)晴　隣家の小野塚博士にお茶に招かれ、其処《そこ》にて二十年振りにて尾崎行雄氏に会うた。齢《とし》と共に変らず、反《かえつ》て若返へられたやうに見受けた。さすがは我国第一流の政治家である。斯《か》かる人に大臣の椅子を与へて、国事を処理せざるは、日本国の大なる損失である。氏より政治界腐敗の原因を聞き長大息《ちようたいそく》〔すなわち、大きなため息〕せざるを得なかつた。余が宗教界腐敗の経路を語りし所、氏は「政治界に於けると少しも異《ちが》はない」と答へられた。畢竟《ひっきょう》するに我国現下の全般的敗頽は其国民性に因るのであるとは、此日の談話の結論であつた。実に悲しい事である。唯《ただ》神に頼《たよ》り、「彼」に救つて戴《いただ》くまでゞある。（全三四／二〇七―二〇八）

尾崎行雄は内村より三年年長で、「議会政治の父」と呼ばれ、清廉潔白でも知られたが、反軍国主義を標榜し、政党政治からは孤立して、二度閣僚を経験したに留まる。それにしても内村は何に対して、こう憤っているのか。それは主として、日本人が道徳的に「敗頽」、すなわち、くずれすたれていることに対してのように見える。

八月十日（金）晴　軽井沢に来て日本の所謂上流社会の状態を見せられ聞かされて大に失望せざるを得ない。彼等は衣食住の事に於てのみ上流であつて、精神の事、道徳の事に於ては下流である。此状態を目撃して「日本国の滅亡遠からず」と心の底より言はざるを得ない。実に歎《なげか》はしき事である。然し国は亡びても此美しき天然は亡びない、又我が播《ま》き置きし福音は亡びない。失望の内の希望である。（全三四／二〇九）

あるいは、

八月二十七日（月）晴　初秋快晴の一日であつた。朝家族の者を伴ひ、碓氷峠《うすいとうげ》に遊んだ。関東の野は靄《もや》に裹《つつま》れて見えなかつた。多分其下に政治的、経済的、其他の多くの罪悪が行はれて居るのであると思うた。西の方　信越方面は晴れ渡りて、日本国特有の美景を現はした。家に帰つて東京の新聞紙を瞥見して厭気《いやき》が催《もよお》した。日本は既に亡国的状態に於て在ると思うた。然しそんなことには気を留めず一生懸命に神の言を説くの急務なるを感じた。神の天然と聖書、余はそれ以外に心を配《く》ばるに及ばないのである（全三四／二二六）

天然と聖書

再臨運動から撤退した後のこの一九二三年の日記では、「心を配ばる」べきものとして、もはや時間的な歴史や政治ではなく、空間的な自然、「神の天然」が挙げられていることに注意したい。では、その「天然」と、そして「聖書」をどう読むのだろうか。ダーウィン（Charles Darwin、一八〇九―一八八二）の進化論に理解を示しつつ、聖霊による聖書の読み解きを語る次の一文が、その間の秘密を語っているように見える。

八月二十四日（金）半晴　高原の暑気強し。中田重治君の唱道に由て、箱根に於て「聖書に還《かえ》れ」の運動が行はれつゝあると聞く。此は多分米国に於て行はるゝフハンダメンタリスト運動と同じ者であると思ふ。余は大体に於て之に賛成であつて、蔭ながら其成功を祈る者である。

然し乍ら頭から進化説に反対し、一も二もなく高等批評を拒否し、聖書を握るが故に、すべての真理を握る乎の如くに思ふ聖書主義に余は賛成する事は出来ない。聖書に還るは機械的に聖書の文字に還るのではない。神は霊なれば之に事《つか》ふるに霊と真実《まこと》を以てせざるべからずである。我等は霊を以て神に還らんとする時に、聖書は神の言を以て我等を助くるのである。聖霊は聖書を以て働き給ふ。聖霊を離れて聖書と雖も死せる文字である。聖霊が解釈し給ふ聖書のみ真の神の言である。そして聖霊は人生と天然とに係はるすべての真理を以て聖書を我等に解釈し給ふ。如斯《かくのごと》くにして我等は霊性 理性 両《ふた》つながらに訴へて聖書を解釈する事が出来る。（全三四／二一四）

中田重治は、前章で見た通り、内村と共に再臨運動に携わった同士であり、この当時は東洋宣教会ホーリネス教会の監督の任にあった。**fundamentalism** は現在では、北米のプロテスタント派内の穏健な保守派である **evangelicalism**（福音主義）に対し、超保守派のキリスト教原理主義を指すようになったが、もともとはアメリカ合衆国の保守的プロテスタント派が一九二〇年代に、**modernism**（近代主義）に対抗して使用した神学用語である。内村もそういう意味で使っている。いずれにせよ、内村の大震災直前の夏の日記は、日本人の道徳的廃頽に対する失望と、それでも希望を託す聖書の霊的かつ理性的な読解について、凝縮した形で語っているのである。

それでは内村は実際にどう旧約聖書を解釈するのか。考察をそちらへと転じ、B節の主題へと入って行くこととしよう。

一B　モーセ五書読解

内村鑑三は三〇年にわたって自ら主筆として刊行した月刊の伝道雑誌『聖書之研究』に、一九〇〇年九月の創刊第一号から、三〇年四月の終刊三五七号まで、毎月、新約と並んで旧約の研究を載せている。それらは、創刊号の『創世記』冒頭の註解に始まり、最終号の預言研究の必要を論じた一文で終わっている。

その間、五書研究では、『創世記』の創造物語からノアの洪水までを二度、箇所によっては三度にわたって詳細に論じ、またアブラハム、ヨセフ物語等についても短く言及している。『出エジプト記』は、モーセの十誡を中心に、また『レビ記』、『民数記』、『申命記』については、大意を紹介するという形で、述べている。

一九〇〇年九月から〇三年一月にかけて『聖書之研究』創刊号から三一号に掲載された『創世記』冒頭からノアの洪水に至る註解は、その後一九一九年一月の二二二号に、その最初の部分だけ「創世記第一章第一節」という講演の筆記で再論展開され、更に晩年、一九二七年七月から三〇年三月にかけて、三二六号から三五六号まで飛び飛びにだが、一連の原初史研究として敷衍される。ここでは、内村の創造理解の根幹が最もコンパクトに述べられている「創世記第一章第一節」講演から見て行こう。

「創世記第一章第一節」

○「**元始《はじめ》に神天地を創造《つく》り給へり**」、実に偉大なる言辞《ことば》である、之に勝るの言辞は天上天下他に有らうとは思はれない、五箇《いつつ》の大なる言《ことば》より成る一節である、元始、神、天、地、創造、孰《いずれ》も巨大なる言辞である、五箇の大世界を以て形成《かたちづく》られたる大宇宙の如き観がある。（「創世記第一章第一節」全二四／四一四。太字は原文のまま。以下同様）

と、論じ起こした内村は、その五つの語について、それぞれ次のように註解する。

○「**元始《はじめ》**」、何の元始である乎《か》、勿論《もちろん》神の元始ではない、神は無窮であつて始もなければ終もない、故に元始と云へば云ふまでもなく天と地との元始である、即ち万有の元始である、此無《このむ》窮《きゅう》なるが如くに見ゆる宇宙万物、之に元始があつたのである、故に終焉《おわり》があるのである、即ち此天地が無かつた時があつたのである、神のみが在《い》まして他に何物も無《なか》つた時があつたのである、遠大なる過去、人は之を想像する事が出来ない、然し斯《か》かる時があつたことは確実《たしか》である。宇宙は大なりと雖《いえど》も一の製造物に過ぎないのである。（全二四／四一四）

「終焉」については差し当たり論じないまま、続いて「神」について内村は言う。

○「神」　在《あ》りて在る者（I am that I am）〔『出エジプト記』三章一四節〕、無窮の実在者、天地の在らざりし前《さき》に在りし者、何者にも造られざる者、父の父にして父を有《もた》ざる者、宇宙広しと雖《いえど》も之を包含して之に包含されざる者、宏大無辺、憐憫《あわれみ》あり、恩恵《めぐみ》あり、怒ることの遅き、恩恵と真実《まこと》の大なる者、是《こ》れが神である、名を附すべからざる者、然かも人の霊に最も近き者、神と云ひて我等は無限を云ひ、凡《すべて》の凡（All in All）を云ふのである。（全二四／四一四―四一五）

更に「天」については、「地以外のすべての物体を指し」、「月と日と大陽系に属するすべての遊星」から、「オライオン、プライアデス其他諸《すべて》の星座」の総称と、もと自然科学に出発した論者らしい纏めをし、「地」については、「直経僅《わずか》に八千哩《マイル》〔すなわち、約一万二八〇〇キロメートル〕の小球なりと雖《いえど》も、神の像《かたち》に象《かたど》られて造られし人を置かんが為に造られし宇宙の楽園」、「全宇宙の道徳的中心」と見る。そして最後に、「創造」について、

○「**創造**」、無きものを有らしむるの意である、……製作は既に有る物を以《もつ》て未だ有らざる者を作ることである、創造は未だ無き物を世に出す事である。（全二四／四一五）

と言う。そして、こう纏《まと》めるのである。

天地は自《おのず》から出来たのではない、神が創造《つく》り給ふたのである、進化論と云ひて物質が自から現はれ、自から進化して天地万物と成つたのではない、神が之を造り給ふたのである、又神是《こ》れ宇宙ではない、宇宙は神に由て造られたのである、神は宇宙と同体ではない、神は宇宙を造り之を支へ之を持続し、以《も》つて彼の目的を達し給ふのである、聖書は巻頭第一に「元始《はじめ》に神天地を創造り給へり」と唱へてダーウインの進化論を排しスピノーザの汎神論を斥けたのである、

（全二四／四一五―四一六）

先に一A節で八月二十四日の日記をめぐっても既に言及したことだが、ダーウィンないしダーウヰンの進化論について、科学者としての内村は、生涯を通じてある肯定的な理解を示している（「平和成る」全一三／三六六、「課題」全一四／三一四、「読書余録」全一六／五一二等。他にも全二一／一四九、全二七／一五〇、二四四、全三一／一九二等々）。むしろここでは、スピノーザないしスピノザ〔オランダ名は **Baruch de Spinoza**、ラテン名が **Benedictus De Spinoza**、一六三二―七七〕の汎神論に対する内村の評価について、少し詳しく見ておきたい。

汎神論をめぐって

この「創世記第一章第一節」の註釈で内村は、聖書の有神論によって汎神論《はんしんろん》を斥け得ると貶価しているかにも見えるが、若い頃から晩年に至るまで実はこれも高く評価しているのである（「実力の宗教」全一〇／三三〇、「預言者の迫害者＝教会」全一六／九、「神に関する思想」全一七／一〇五等。他にも、全三二／一〇九、全三五／二二四、三七八等々）。例えば、晩年、一九二八年十月二十七日の日記には、「終日凡神論《はんしんろん》と其《その》主唱者スピノーザに就《つい》て読み書き考へた。実に偉《え》らい人である。カント以上に哲学者の模範である。……最大のユダヤ人と云《い》へばパウロ乎《か》スピノーザ乎である。孰《いず》れ劣らぬ宇宙的偉物《えらぶつ》である。偉らい人も在《あ》つたものである」（全三五／三七八）、と手放しで感心している。そのどこにこれだけ感心しているかは、例えば翌年の「神に関する思想」（全三二／一七二―一八三）という文章で、縷々《るる》説き明かされる。

ここで内村は、神について、無神論（**Atheism**）ないし不可思議論（**Agnosticism**）、自然神教（**Deism**）、汎神論ないし万有神教（**Pantheism**）、有神論（**Theism**）の四つの考え方があるとした上で、「汎神教は和蘭《オランダ》生れのユダヤ人ベネヂクト・スピノザに於て最も徹底せる且つ論理的に完全なる形に達した」（全三二／一七八）と見なす。そして「神は有るは勿論のこと、宇宙と偕に在り、宇宙の内に在る、然り宇宙其物が神の一部分である、若し神の霊が宇宙に充つるならば、宇宙は之を神の体と称すべきである。神と宇宙との関係は造物主と被造物との関係に非ず、霊と肉との関係である、そして霊肉共存して人が有るが如くに、神は宇宙の別名たるに過ぎない、即ち宇宙に霊と物との両面ありて、我等が普通宇宙と称するものは、神の物的半面に過ぎない。人は其意味に於ての神の子である、そして其意味に於ては星も虫も岩も木も凡て神の子である」（全三二／一七八）という汎神教は、「我等は神の中に生き、動きまた在る」（「使徒行伝」一七章二八節）とした、使徒パウロの思想とも呼応すると言う。

更にそれは現代の科学的知見と呼応すると見る。「今や理化学の説に由れば、原子《アトム》は決して死物に非ず、生命其物である。原子は太陽系と同じく小宇宙であつて、電子の一団より成る小世界であるとの事である」（全三二／一七九）。そして目に見えない力の電子が相共に働いて見える原子となり、万物構成の基礎と成るのだから、「神は電子であると云ひて理論上何の矛盾を看出す事は出来ない。……スピノザの汎神的哲学が今や理化学の実験として現はれたと云ふのである」（全三二／一七九）。

汎神論の長短

しかし何事にも長所短所がある。有神論と比較して、その長短を論ずるならば、「汎神教の長所はその単純なるに在る。汎神教に由て説明し能はざる事実とては一つも無い。其点に於て有神論は遥に劣る。有神論に不可調和的原理がある。それに信仰の必要がある、故に純理知的たるべき哲学に適合しない。哲学者が自づと汎神論に傾くは之が為である。汎神論の魅力《チャーム》も亦茲《ここ》に在る、之に由つて宇宙と人生とを無碍《むげ》の思想系統として之を脳裡《のうり》に画《えが》くことが出来る、そしてスピノザの所謂『神の理知的愛』に耽《ふ》ける事が出来る」（全三二／一七九）と言う。

ではその短所は何か。「私を以つて言はしむれば、汎神教の欠点は哲学的組織として余りに完全なるに在る。神を万物に於て見て、万物の価値が上ると同時に神の価値が下るのである。凡ての物が金に化する時に金に価値が無くなるが如し。そして凡ての人を友と呼ぶ人に真の友人なきが如くに、凡ての物に於て神を見て、神は無きに等しくなる」（全三二／一八〇）。その結果、「善悪の差別観念に甚だ鈍くある。……汎神教に『永遠の然り』と『永遠の否』とがない。其感化の下に人も社会も道徳的に麻痺して了ふ」（全三二／一八〇）。ここに内村は、「スピノザの場合に於ては彼の〔元来、道徳的である〕ユダヤ性が彼を保護した」（全三二／一八〇）という留保を付けつつも、汎神論一般の短所を見るのである。

基督教有神論の長短

では「基督教有神論」（全三二／一八〇）の長短は何か。汎神論の長短の逆であることは既に推測されるところであろう。すなわち、短所は、神の子の贖罪や再臨、また天地万物の人格神による創造といった「純理知的」には「説明し能わざる」「不可調和的原理」に立つ点ということになろうが、そう言ってしまっては身も蓋もないので、内村はその点には言及しない。むしろ基督教有神論の長所について、内村は次のように論じていると解して大過はないであろう。「有神論は神を人格者として見る見方である」（全三二／一八一）が、それは神が人のようだというのではなく、「少くとも人の如き者である」（全三二／一八一）という意味である。そこで人の人格性とは何かを手掛かりとして、神の真相を探る必要がある。ところが人は身体において現れるが、身体そのものではない。「私は何処にゐる乎、身体にゐるとは思へども此所《ここ》に見よ彼所《かしこ》に見よと云ひて私自身の居所を指すことは出来ない。私は私の身体に充満してゐると云ふのが事実に最も近い言方である。神と万物も亦同じである。神は私と同じく霊であり給へば宇宙の何処にゐ給ふと云ひて其居所を指す事は出来ない。神は霊として宇宙万物に充満し給ふ、然れども私自身が私の身体でないやうに、神は宇宙でない」（全三二／一八二）、と言うべきであろう。

　ところで、人の人格性の中で「最も貴い者は愛である」（全三二／一八二）。そして「聖書は神は愛なりと教へて、神はまた愛に於て完全なる事を唱へる」（全三二／一八二）。「イエスが神たるの証拠は彼が完全に愛し給ひし事に於て在る。愛は宇宙最大のもの、故に宇宙よりも大なる神は完全の愛であらねばならぬ。神を物質的宇宙に求めずして、之を人の衷に探りて、此結論に達せざるを得ない。神に関する思想と云ひて六ケ敷《むずかし》い問題でない。神は探るべき処に求むれば看《み》出《いだ》すに難《かた》くない」（全三二／一八三）と、内村の数多の文章の中で、恐らく最も哲学的なこの論考は結ばれるのである。要するにキリスト教有神論は、人間の人格性との類比で辿れば分かり易く、その結果とくに「愛」を高揚して人の道徳性を担保する点にその長所があるというのが、汎神論と比較しての内村の論意だと推測されよう。

「モーセ五書読解」という本節の主題からは脱線したが、人格的有神論の典型である創世記冒頭の記述をそのままに読む註釈と並行して、こうした汎神論哲学への強い共感と理解が内村にはあったことを、一言補っておきたかったのである。この点は、前章で指摘した内村の哲学への傾倒の良い具体例ともなるし、また終章において、内村の聖書解釈の特色を再考する際の重要な伏線ともなるはずである。

創造と戦争

とまれ、本題に戻ろう。聖書冒頭の五つの言葉をこのように註解して、内村はここから幾つかの重要な結論を導き出す。第一に、神の創造は精巧きわまりないから、「此の宇宙の中に在りて地球が彗星と衝突して破壊するやうなる事はない」（全二四／四一六）。第二に、「宇宙は一定の法則の下に造られし者であつて之を使ふには其法則に服従しなければなら〔な〕い、……敬虔以て之に当らなければならない」（全二四／四一六）。更に第三に、「然るに何者ぞ、此聖殿の内にありながら劇場に在るが如きの感を懐き、酔酒放蕩の中に其生涯を送るとは」という嘆きとなり、「神の造り給ひし天地」は「神の為に使用すべき」だという論定となる（全二四／四一六）。

第四に、「金も銀も鉄も銅も山も林も野も原も而して其中に充る凡《すべて》の物は悉《ことごと》く神の造り給ひしものであつて彼の有《もの》である、然るに人類は極めて少数者を除くの外は此簡単にして明瞭なる事を知らないのである、彼等は神の造りし物を我有《わがもの》と見做《みな》すのである」（全二四／四一六—四一七）との糾弾がなされ、神の造り給ひしものを己が有と見做す、戦争の起因は此に在るのである、盗賊相互に奪ひしものを争ふのである、人類は盗賊である、彼等は神の造り給ひしものを奪ひて之を相互の間に争ひつゝあるのである、人類が神の万物の所有権を認むるまでは戦争は止《や》まない、彼等は神のものを奪ひし其罪の結果として相互に対して戦争を宣告し相互を屠《ほふ》り以《もつ》て神に対して彼等が犯せし強奪の罪を相互の間に罰しつゝあるのである。（全二四／四一七、傍点は引用者による）

と結論される。

再臨運動が一九一八年正月から約一年半続いたことを思えば、そこで非戦の実現をキリストの再臨に委ね、神のビジネスとして神の御手に放擲した直後の内村の信仰の深まりと徹底を表す透徹した聖書釈義の一例として、この一九一九年一月の、創造と結び付けた戦争への言及は、まことに刮目《かつもく》に値するものと言わねばならない。第二章の末尾で確認したとおり、伝道者の責務は、政治的次元で義戦や非戦を唱えることにあるのではなく、それは宗教者の越権に過ぎず、むしろ戦争が非なる所以を宗教的次元で顕示していくこと、そこにこそ存する。この、日清・日露・第一次大戦において幾多の試行錯誤を経て到達した戦争論の帰趨を、ここで内村は具体的かつ簡明に展開してみせているのである。

創造と終末

さて最後に第五点、終末の希望が述べられる。「神は無暗に手当り次第に天地を造り給ふたのではない、或る明確なる目的を以て之れを造り給ふたのである、義と愛との神の造り給ひし天地であれば終に義と愛とを実現せざれば止まないはずである、神の創造が失敗に終りやう筈はない、彼が永久に之を悪人の濫用に委ね給うとは如何《どう》しても思はれない」（全二四／四一七）。「『元始《はじめ》に神天地を創造《つく》り給へり』、故に終末《おわり》に神之を己に収め給ふべし、神は己が造り給ひしものを己に奪還《とりかえ》さんとて臨《きた》り給ふ、之れを称して審判《さばき》の日といふ、即ち神の勘定日である、万物の復興、義人の復活、悪人の討滅、天地の完成、是れ皆元始に神が天地を創造り給ひし其必然の結果として起るべき事である」（全二四／四一七）。

こうして講演は、次のように結ばれる。

○「元始に神天地を創造り給へり」（『創世記』一章一節）とは聖書巻頭第一の言辞《ことば》である、「我れ必ず速《すみやか》に至らんアーメン、主イエスよ来り給へ、願くは主イエスの恩寵《おんちょう》すべての聖徒と共に在らんことを」（『ヨハネ黙示録』二二章二〇—二一節）とは聖書の最終最後の言辞である、斯くして信仰を以て始まりし聖書は希望を以て終つて居るのである、……神に由る天地の創造は信者の信仰第一である、「我等の生命《いのち》なるキリストの顕はれん時我等も彼と共に栄《さかえ》の中に顕はるゝ也《なり》」とある（哥羅西《コロサイ》書三章四節）、キリストの再顕《さいけん》と之に伴ふ信者の栄化とは彼等の最大希望である、初めに神に造られし万物は終りに茲《ここ》に至らざるを得ない、……故に神の目的を達して主イエスの恩寵《めぐみ》をすべての聖徒に下すに至るや必然である、実《まこと》に聖書巻頭第一の言辞の中に聖書の全部が包含《ふく》まれてあるのである。（全二四／四一八）

こうして聖書冒頭の壮大な五つの言葉の註解で始まった文章は、聖書全体の雄渾《ゆうこん》な信仰に展望を開いて終わるのである。まことにそれ自身、壮大雄渾な思想と言わざるを得ない。軽少浅薄をもってよしとする現代人が、普段想到し得ない、或いは到底ついていけないような、雄大さがここにはあると言うべきかも知れない。筆者自身、こう引用してきて、いささか茫然となり自失するのである。そして、現代人には現代人なりの言い分があるはずだ、と小声でつぶやく。だが性急に我が陣地を立て直し、論陣を張ることはすまい。現代人とても認めざるを得ない、この内村の思想の核心、キリスト教信仰の迫真性を、差し当たっては引き続き、もう少し多面的に見詰め直して行くこととしたい。

なお再臨運動を終息させた後のこの時期の内村は、「キリストの再顕」に短く言及するものの、黙示録的なキリスト再臨について具体的な叙述をすることはなく、しかし創造の元始に対する終末をめぐる確信は、これを抽象度を上げて慎重に表明していることに注目しておきたい。

「十誡第八条」

五書研究から、もう一カ所逸しえないのは、十誡論であろう。「摩西《モーセ》の十誡と其註解」（全七／四〇九）は一八九九年九月の『東京独立雑誌』に掲載されているが、その主旨をより深めた、藤井武の筆記による「モーセの十誡」は、一九一九年一〇月から二〇年一月にかけて『聖書之研究』誌二三一号から二三四号に、連載されている（全二五／一四一―二〇五）。先に、創造をめぐって、神の被造物を私する盗みに戦争の淵源があると喝破した内村が、盗みを禁じる第八誡をどう論じているかについて見て行こう。これまた、再臨信仰に基づく非戦論直後の透徹した聖書釈義の一例として、瞠目《どうもく》に値するものに違いない。

十誡第八条とは、「汝盗む勿《なか》れ」という短い誡めである。ところがこれは「隣人の所有即ち財産を尊重せよとの誡め」（全二五／一八三）にほかならない。

個人対個人の盗み

内村はその基本を先ず認め、「其意義余りに明白にして論を俟たざるもの丶如く見ゆる」としつつも、「然しながら世に普通なる罪悪にして盗む事の如きはない、文明は如何に進歩し社会組織は如何に完成するも此罪は決して絶滅しない、『石川や浜の真砂は尽くるとも世に盗人の種は尽きせじ』とは国の東西を問はず時の古今を問はずして確かに事実である」（全二五／一八三）と論じ、「例へば或種の瓦斯《ガス》を用ゐば堅牢なる金庫と雖《いえど》も之を破るの容易なる事宛《あたか》もナイフを以て臘細工《ろうざいく》の箱に臨むが如しといふ」（全二五／一八四）ように、予防と加害の方法の競争が続くだけだと指摘する。そして個人の財を盗むだけでなく、社会の財を盗むこともあると論じ進むのである。

個人対社会の盗み

偸盗は又社会的罪悪として盛に実行せらる。殊に窃盗強盗等は法律の規定する所に係るも不正の蓄財其他の社会的偸盗は却て法律を利用して行はるゝのである、今の不正の世に在りて大なる財産を作るは一種の盗を行はざれば能はずとは既に公然の秘密である、曾て聞く若し正当の方法を以てせん乎、一人が其生涯中に蓄へ得べき金額は凡そ十万弗を以て極度とすと、而して実際に於ても亦正直なる処世者にして未だ大財産を築きし者あるを聞かない、巨万の蓄財は必ずや不正の途に由る、彼等は即ち社会の財を盗むのである、（全二五／一八四。本書の引用では原文の△○印を煩瑣を避けて割愛することが多いが、この「十誡第八条」論では特に重要なのでそのままとする。）

「十万弗」は、ある試算では現在の約一〇〇万ドルなので、内村の聞いた説は少し控え目なようにも見える。しかし平均寿命や為替相場を勘案して、更にその数倍を超える場合は眉に唾せよというのだとすると、現代でも妥当な指摘なのかも知れない。いずれにせよ内村は、一億弗の資産を遺したジェー・グールド（Jason "Jay" Gould、一八三六—九二）が、少なくとも六人を自殺に追いやったという例を挙げ、「其の如何に多くの人を苦めて成りし財産なるかを察する事が出来る」（全二五／一八四）と言った後、更に「近来の物価の暴騰」の由来を尋ねて、こう指摘するのである。

勿論《もちろん》其《その》原因に種々あるべしと雖《いえど》も素々《もともと》利慾深き実業家が腐敗したる政治家と相結びて其富を増さんが為に商品の価格を引上げたるが故ではない乎、労働問題の起因如何、……資本家が労働者を雇ひ自ら多大の利益を挙げながら之を彼等に頒たざる事が其原因ではない乎、彼等の行為は法律に牴触しない、彼等は社会に於て尊敬せらるゝ紳士である、然しながらモーセ律に照して彼等は実は大盗賊である、……実業家政治家等をして其盗みを止めしめよ、社会は必ず改造せらるゝであらう、物価の暴騰は停止し労働問題は解決するであらう、実業家に金銭の盗みあるが如く政治家に所謂地盤の盗みあり宗教家に霊的事業の盗みがある、何れも最も卑しき社会的偸盗の一種である、「汝盗む勿れ」との十誡第八条は今日決してその適用少き誡めではない。（全二五／一八四—一八五）

社会対社会の盗み

個人対個人の盗み、個人対社会の盗みを論じた後、内村は社会対社会の盗みへと論じ進む。外交の美名のもとになす他国家の侵略についてである。本書第二章で見た通り、日清・日露の両戦争、第一次世界大戦を経て、特に開戦後の政治的な次元での義戦論・非戦論は宗教家の携わるべき課題を超えており、宗教家はむしろ開戦に至る前に宗教的な次元で非戦の理論的根拠を呈示することを使命とすると見極めた内村は、戦後すぐの一九一九年一月に如上の「創世記第一章第一節」において、より端的にはこの一一月九日の聖書講義の筆記である「十誡第八条」において、戦争の悪である所以を切々と説くのである。

更に之を国家的罪悪として見ん乎、其害一層甚だしきものがある、所謂《いわゆる》外交とは何ぞ、他国を盗む事の **euphemism**（言を美はしくして云ふ事）に過ぎない、一国が他国を盗む事は未だ重き罪悪として認められないのである、露独墺《ロシアドイツオーストリア》の三国聯合《れんごう》して波蘭《ポーランド》を奪ひしは実に大なる偸盗《ちゅうとう》であつた、而《しか》して独り彼等三国に限らない、世界各国が同じ罪を犯しつゝある、恰《あたか》も富豪が国法を利用して社会的偸盗を行ひつゝあるが如く国家も亦国際法の保護の下に大砲と軍艦とを以て公然国家的偸盗《ちゅうとう》を行ひつゝある、之を占領と言へば名称は盛なりと雖《いえど》も盗は即ち盗である、罪は即ち罪である、故にコブデン、ブライト、グラッドストーン等は大胆に起《た》ちて其非《そのひ》を鳴らしたのである、（全二五／一八五）

グラッドストーンに対する内村の高い評価については既に第二章一B節で見たところだが、ここではクリミア戦争やアロー戦争において反戦運動を行った同時代の英国の政治家、リチャード・コブデン（Richard Cobden、一八〇四―六五）や、ジョン・ブライト（John Bright、一八一一―八九）の名も挙げて、非戦の重要性を説くのである。[224]

しかも単にそれだけではない。

神のものを盗むこと

「汝盗む勿れ」、個人の有《もの》を盗む勿れ、社会の有を盗む勿れ、又国家として他国の有を盗む勿れである。

……然しながら更に注意すべきは神の有を尊重して之を盗まざらん事である、個人的、社会的、国家的罪悪たる偸盗は又人類的世界的罪悪である、人類は全体として絶えず神の有を盗みつゝある、神は自ら此美はしき世界を造り之を己が子の為に賦与し給うた、然るに人類は之を忘れ本来自己の有として之を使用しつゝある、此点に於て全人類が盗賊である、掠奪《りやくだつ》者である、彼等は天然と称して之を無主物の如くに看做し何人が占有支配するも自由であると云ふ、何人に対しても其責任を負はないと言ふ、之れ果して正しき思想である乎、全世界を盗賊の巣窟たらしめたる原因は此処に在るのではない乎、万物は神の所有である、神之を造り之を支配し給ふ、我等は神の恩恵に由り之を賜物として受くると雖も神の有を預けられたるに過ぎない、故に素より神聖なるものとして之を使用しなければならない、世に「我が有」と称し得べき物は実は

一物だも存在しないのである、我が有する凡てが神の有である、（全二五／一八五―一八六）

このように喝破した後つづけて、第八戒は単なる道徳的教訓ではなく、人生の事実を告げるものだと言う。

……而して人が神の物を神に返す時に社会改造は根本的に行はるゝのである。

……「汝盗む勿《なか》れ」と言ふ、必ずしも単に盗む事の罪悪なるを誡むる道徳的教訓ではない、其半面に於て人生の事実を語るものである、即ち「盗むは無益なり」との教である、何人か盗みし物を永遠に保持する事が出来やう乎、不正手段に由て獲得したる物は必ず之を奪還せらる、……茲《ここ》に於てか知る盗む事の如何に愚かなるかを、信仰の進むに従て此の人生の大事実を感知する事愈々《いよいよ》痛切である、故に神の与へざる物を我等の計画努力に由て獲得せんと欲する勿れ、無益なる競争に由て利益の増進を計る勿れ、神若し与へ給はずば仮令之《たといこれ》を獲得するとも遠からずして其返還を迫らるゝのである、之に反して唯神の許し給ふ領域を忠実に守り其命のまゝに従はん乎、必ずや我には我相応の物を加へ給ふのである、我に相応なる所有《もちもの》、我に相応なる地位、我に相応なる事業の与へらるゝありて、我は他人の領域を侵害せず他人の所有を盗まず、而して自ら安全である平和である幸福である。（全二五／一八六―一八七）

そして新約の『エフェソ人への手紙』を引いて、第八条の註解は次のように結ばれる。
「汝盗む勿《なか》れ」、然り「盗をする者また盗をする勿れ、寧《むし》ろ貧者に施さんために励みて手づから善き工《わざ》を作《な》すべし」である（エペソ書四章廿八節《にじゆうはち》）、懶怠《らんたい》（すなわち、なまけ）の生涯、他人をして働かしめて自身は坐して食ふの生涯、世の所謂《いわゆる》幸福なる生涯、之れ皆な盗む生涯である、我等は今日直《ただち》に之を廃すべきである。（全二五／一八八）
序章で見たとおり、かつて若き日『求安録』において「汝盗む勿《なか》れとの誡《いましめ》も能《よ》く聖書の原理に基《もと》づひて探究するならば我の破らざる誡にはあらざるなり」（全二／一四三）という鋭い良心の洞察を披歴した内村は、ここでも新約に依拠しつつ、怠けることも盗みだと言い切るのである。

現代旧約学との異同

まことに盗みの本質を剔抉《てつけつ》して間然するところのない、堂々たる考察と言うべきであろう。現代の旧約学は、盗みを表すガーナブというヘブライ語が、イスラエル共同体の自由人同士の所有物の略奪しか指さないことを理由に、こうした拡大解釈は正しくないと難ずるだろう。更にはガーナブが自由人男子の誘拐に使われるという事実から、ここもそういう意味だとするA・アルト説[225]に、むしろ従おうとするかも知れない（例えばH・J・ベッカー[226]）。しかしアルトはイーシュ

（男）やネフェシュ（人）を目的語としたガーナブの用例から、十誡の目的語なしの用例に過度の読み込みをして新説を出そうとしたに過ぎない(227)。そして古代のガーナブの個々の用法に縛られて、神の被造物を私することこそ盗みの本質だという旧約の広く深い論脈に思いを馳せることを自他に禁ずることは、いたずらに解釈を痩せ細らせる愚挙でしかないのではないか(228)。Ｈ・Ｇ・ガダマー以降の地平融合の解釈学は、テクストの時代に制約された限定的意味を押さえた上で、それが現代の解釈者に持つ広い意味の地平まで探り当てることを、解釈の課題として自覚せざるを得ないはずではないか(229)。内村の十誡解釈はこうした問題提起を、客観性を標榜しつつも重箱の隅をつつくような、焦点のぼけた迷路に迷い込みがちな現代旧約聖書学に対して、突き付けるものではあるまいか。

「不正手段に由て獲得したる物は必ず之を奪還せらる」という「此の人生の大事実」の例として内村は、先に言及していたポーランド割譲の歴史的事実に思いを馳せる。「波蘭《ポーランド》の運命を見よ、今より百数十年前露独墺の三国協力して弱き波蘭を分割したる時彼等は永久に之を己が有《もの》たらしむる事を期したであらう、然るに何ぞ図らん、今回の戦争に由て世界環視の中に三国は之を取り返されたのである」（全二五／一八七）、と。今や非戦論を突き抜けた内村は、ことさら義戦論に立ち帰るわけではないけれども、これを「人生の大事実」と見なすのである。

　なお内村は十誡の各条について、第八条同様、深い考察を展開している。例えば「十誡第六条」では、新約の「マタイ福音書」五章二一―二二節を参照しつつ「汝殺す勿れ」を論じて、足尾鉱毒事件の資本家、営利に奔る軍需産業従事者に至るまでが実は殺人を犯していることを鋭くあばく。しかも旧約の「殺す（ラーツァハ）」の語義に正確に立ち帰って、戦争の殺人までもこの第六条は禁じているわけではないと註釈している。曰く、「かのトルストイの唱へたるが如く戦争死刑其他如何なる場合に於ても人を殺すを非としたのではない、神の誡に従はざる者は終に地上より絶滅せらるゝも之を弁護する能はずとは旧約聖書の明かに教ふる所である」（全二五／一七二）[230]。同様に「十誡第七条」では、「マタイ福音書」五章二八節も参看しつつ「汝姦淫するなかれ」を語って、小説演劇は七条にもとると言い、古今東西の姦淫の実例を広く引きながら具体的に断罪している。これらの卓説を今引用する遑《いとま》がないが、総じて内村の十誡解釈は、聖書学が徒に斥ける信仰的価値を中心に据えつつ、逆に牧師の説教がややもすると陥りがちな、学的合理性を無視した信仰的牽強付会《けんきょうふかい》に行くのではなく、理性と信仰、学問と牧会の見事な融合であることを、その真骨頂とするかに見える。そしてそれは、全ては神の有《もの》だという「簡単にして明瞭なる事」（全二四／四一六―四一七）に基づきつつ、新約の『コロサイ人への手紙』三章などを参看していた「創世記第一章第一節」の一文と同様、ここでも「人生の大事実」を視野に収め、『エフエソ人への手紙』四章、『マタイ福音書』五章など新約に依拠する、現実と、そして旧新約聖書全体の論脈とを均衡よく見据えた、確かな視座と解釈学的姿勢を俟《ま》って、初めて可能となったものに違いない。

二A　大震災の年の春の日記から

そうした確かな視座を分かりやすく述べ、内村の閃きに満ちた聖書研究の秘密を語るような一文を、震災の年の春の日記から引いておこう。

春の日光を浴びるが如く

三月二十三日（金）晴　健康恢復し、久振りにてペンが能く動き、大分に仕事が出来て愉快であつた。最も楽しい事は聖書に神の愛を探る事である。キリストと云ひ、彼の贖罪の死と云ひ、復活と云ひ、昇天と云ひ、すべて神の愛の示顕である。そして我が信仰も亦神の大なる愛に対する我が小なる愛の示顕たるに過ぎない。愛を表はす為の教義にあらざれば受くるに足りない。愛を表はす為の信仰にあらざれば神は受納れ給はない。真の宗教は畢竟《ひっきょう》するに神と人との愛の関係である。此事を思ふて我心は春の日光を浴びるが如くに緩《ゆるや》かになる。（全三四／一五八―一五九、傍点は引用者による）

このキリストの贖罪、復活、昇天という新約の救済に言及した一文には、前章の小括で参照した「愛は宇宙を造り、且つ之を支持す、此愛の宇宙に棲息して余は歓喜極りなきなり」と喝破した「余の人生観」(全一一／二八六)との呼応も考慮すれば、旧約の創造が「神の大なる愛」の「示顕」であり、これに対する「我が小なる愛の示顕」が十戒の道徳の遵守だ、との含意も込められていると見て大過ないであろう。実際「神の大なる愛」の「示顕」については、

患難は之を消局的に解すべからず、積局的に解すべし、之を神の刑罰として解すべからず、神の恩恵として解すべし、神の憤怒の表彰として解すべからず、其慈愛の示顕として解すべし、雲の柱は火の柱として解すべし、旋風は神の鳳輦《みくるま》として解すべし、患難はすべて身の患難にして霊の幸福なり、霊の幸福と解してすべての患難は患難たらざるに至る。(「患難の解釈」『聖書之研究』一九〇六年六月、全一四／一四六、傍点は引用者による)

と語る内村であった。また十戒の道徳遵守については、

或者は道徳を軽んず、彼等は欺き且つ奪ふ、而かも神の怒に触れんとは思はず。

或者は道徳を重んず、彼等は全《まった》き道徳に達して神の救済《すくい》に与からんと欲す。

然れども我等は道徳を求めず、キリストを求む、彼は神の義(道徳)なり、我等は彼に在りて神の義となることを得るなり(哥《コリント》後五〇〔章〕廿一《にじゅういち》〔節〕)、(「我等の道徳」同前、全一四／一四六、黒丸は原文のママ)

と語る内村だったのである。後者は、旧新約を結び付けて道徳を解する内村の面目躍如の一文であり、前者は雷と結び付く（「詩篇」一八章一〇―一五節、九七章二―五節、「ヨブ記」三六章二八―三〇節、三七章一五節）「雲の柱」や「旋風」といった創造世界に起こる異変、すなわち「患難」が、神の「慈愛の示顕」だと述べる。こうした内村の「視座」が、では関東大震災という天変地異に対して、どういう見方を提供したであろうか。三A節の考察の一つの伏線が、ここにある。

劇場ぎらい

さて日記に戻ろう。姦淫誡をめぐる演劇嫌いの発言は、「創世記第一章第一節」講演でも、「然るに何者ぞ此聖殿の内にありながら劇場に在るが如きの感を懐き、酔酒放蕩の中に其生涯を送るとは」（全二四／四一六）という発言となって変奏されていたが、一九二三年四月一八日の日記には、彼が久しぶりに劇場を訪れた記事が出て来る。

或る友人より入場券二枚を受けたれば、夜、親子して有楽座にゴドウスキーのピヤノを聞いた。余が劇場の入口を通うたのは三十五年来初めてゞある。決して気持の好い所ではない。人々が皆な遊び気分である。ゴ氏の伎倆《ぎりょう》には驚いた。之を天才と云ふのであらう。然《しか》し乍《なが》ら何故此《この》貴き天才を遊蕩《ゆうとう》男女を楽ますする為に用ふるのである乎《か》。何故彼等を励まし、高貴なる行為と思想とへ導くために使はないのである乎。彼等に拍手を浴せられたればとて彼等に向てお辞儀をするのである乎。ベートーベンもそんな卑しい事を為したであらう乎。終りまで聞くに堪へずして中途より退場して家に帰つた。（全三四／一六七―一六八）

内村は、ポーランド出身のユダヤ系ピアニスト、レオポルド・ゴドフスキー（Leopold Godowski、一八七〇―一九三八）を聴きに、久しぶりに劇場を訪れたのだが、憤慨して帰宅しているのである。序章「ユーモア」の項で参照したとおり、「雅致《がち》の感念に欠乏する者にして余の如きは世界に稀れなり」（「古今集擅評」全六／一七四）と自他共に任じていた内村の、一種の「道化文《バーレスク》」とここを読む可能性も捨てきれないけれど、要するに「遊蕩男女」が「遊び気分」であることが、内村の癇に障るらしい。因みに『ＤＶＤ版内村鑑三全集』（内村鑑三全集ＤＶＤ版出版会、二〇〇九年）を検索すると、内村はベートーヴェン（Ludwig van Beethoven、一七七〇―一八二七）に一八カ所で言及しているが、内村の文章に通じるような、簡素にして雄大、優美にして剛毅な、その楽曲に感激することもあるが（「グラッドストーン氏の死状と葬式」全六／五二等）、むしろ彼の悲壮さや、神を恐れ義を愛する人物を尊敬している面が強いようである（「新年の珍客」全一四／四三五、「美と義」全二八／二六。他にも全三四／四三一、全三五／一七一等）[231]。いずれにせよ聴衆の拍手にお辞儀をもって答えるのは、ベートーヴェンの昔からクラシックの演奏会の美しい習慣であったし、演奏会の前後に家族とレストランにでも行くのが、日頃質素な市民の楽しみであってもよいだろうに、食事に寄った形跡もない。そもそも日記に食事や遊びの話は殆ど出てこない。もっとも一二月二六日には、「クリスマスで菓子類を沢山に貰つた。自分は余程甘党であると思はれて居ると見える。喜ぶ者は自分の外に、児等と青年供である」(全三四／二五九)の記述が見られるし、一A節で見た八月二七日の日記には「朝家族の者を伴ひ、碓氷峠《うすいとうげ》に遊んだ」(全三四／二一六)という記述もあった。また日記(全三五／七八の一九二六年七月二六—二七日)に記されてはいないが、晩年よく避暑に赴いた軽井沢の星野温泉の若主人を、アメリカン・ベーカリーの洋食に招き、家族とフルコースを食したといった類いの証言も、ないわけではない(星野嘉助「内村鑑三先生と私」『全集』一九巻、月報18)。

二B・i　歴史書読解

歴史書研究で内村は、『ヨシュア記』、『士師記』、『ルツ記』、『サムエル記』、『列王紀』、『歴代志』、『エズラ書』、『エステル書』の大意や、部分の解釈を語り、特にエステル記については七回に分けて比較的詳しく論じている。

「世界歴史とイスラエル」

先ず注目したいのは、「エズラ書紹介の為に述べしもの」と但し書きがついている「世界歴史とイスラエル」という小文である（一九二七年一二月の『聖書之研究』誌に掲載されたもの。全三〇／四九七—四九九）。ここで内村は、「聖書は世界歴史と共に研究すべき書である。世界歴史を離れて聖書は解らない。聖書は実に世界歴史の中心として発達した書である。時には聖書を作る為の世界歴史でなかつた乎《か》と思はるゝ節《ふし》なきに非《あら》ず」と論じ起こす。そしてこう続けるのである。

○思へば実に不思議である。我が九州にも及ばざる僅々《きんきん》八千平方哩《マイル》〈約二万七二〇平方キロメートル〉のパレスチナが世界歴史の中心であつたと云ふのである。然るに此小邦が世界歴史の中心であつたと云ふのである。ソロモンの栄華の極みの時に於てさへも、其人口は五百万に満たなかつたであらう。然るに此小邦が世界歴史の中心であつたと云ふのである。誰か之を信ぜんや。然れども事実たりしを如何せん。ヱホバはイスラエルをいたはり、之を眼の珠《たま》の如くに護り給へりと云ふ（申命記三十二章十節）。そして事実は其通りであつた。土地としてのパレスチナも、民としてのイスラエルも世界人類の「眼の珠」であつた。他の国民はイスラエルを育つる為であつて、イスラエルはまた全人類を祝福する地位に置かれた。パウロ曰く

万物は汝等の属《もの》、汝等はキリストの属、キリストは神の属なり（コリント前書三章廿一《にじゅういち》—廿三節）

と。**神は万物を信者中心として造り給へり**と云ふのである。不思議に堪へずと雖《いえど》も事実たるを如何せん。（「世界歴史とイスラエル」全三〇／四九七）

こうしたイスラエル中心、聖書中心の歴史観は、当時のユダヤ・キリスト教世界においては決して珍しくなかったとはいえ、多様な国々の、様々な宗教に基づく歴史を知っている現代の我々には、にわかに首肯できないところであろう。また歴史を神の意志の実現の過程とすることは、何とでも勝手な読み込みを可能とし、内村自身後に修正したように、日清戦争が義戦であり、シオニズムや韓国併合が再臨の準備であると牽強付会することとも結び付き、二〇世紀の数多の戦争のどこに神の意志が実現していたかを詳らかとしない、中んづくアウシュヴィッツ、ヒロシマ、ナガサキ以降の現代人には、到底ついていけないところであろう。だが、内村はこうした歴史観に立って己が時代の出来事も読み解こうとし、しばしばそれに挫折し、その方向を諦めもしたけれど、またそうした歴史癖が頭をもたげるのである。そこに或るユニークさと、また齟齬が生じることは、既に第二章小括等で指摘したことと重なるので、ここでは繰り返さない。

ただ歴史書研究からもう一篇だけ挙げるとするならば、「少女の犠牲」という副題のついた「士師エフタの話」(全一九／一四〇―一四七)を逸することはできない。一九一二年、五一歳で一八歳の愛娘ルツ子を喪った内村が(本書第一章五節参照)、彼女の死の数カ月後に書いた文章である。ちなみに第一章五節で引用したことだが、「彼女〔ルツ子〕逝きて余の心中に革命あり」(葛巻行孝宛書簡、全三七／四八二)と内村自身記しており、その死は、第二章三A節で見た再臨信仰の生まれる大きな切っ掛けとなったと推測される。[232] いずれにせよ「士師エフタの話」という一文は、神に殉ずる歴史観が、特に主体的な真情の在り方として、現代の、否、ヘレニズムの昔からの（例えばアリストテレス『ニコマコス倫理学』の冒頭第一巻第四章参照）、幸福を最大の価値とする一般的な見方の対立項として、依然、或る力を有し、方向転換を迫ることもあることの、見事な証言となるに違いない。

「士師ヱフタの話　少女の犠牲」

士師記第一一章によれば、エフタは遊女の子であったため、生国ギレアデを放逐されていた。ギレアデはヨルダン川東の地域の名称で、この時代、イスラエルの数部族が住んでいた。しかしギレアデ人は、この地の争奪をめぐってアンモン人から戦争を仕掛けられ、勇猛なエフタを必要とすることとなったのである。「私生児も亦《また》人であります、一度び世に生れて来た以上は、神に召されて生れて来た者であります、然るに私生児なるとの故を以て之を嫌悪《きら》ひ、之を虐待し、之を逐放《ちくほう》して、ギレアデ人は人の前に自己《おのれ》の清浄を衒《てら》ふたのであります、然るに神は智者の智を愧《はずか》しめ、賢者の賢を愧《はず》かしめんために、茲《ここ》に私生児ヱフタを撰《えら》みて彼に異常の能《ちから》を与へ給ふたのであります、今や国難に際し、救済の衝《しょう》に当る〔すなわち、重要な役目を受け持つ〕者なきに至りて、民の長老等は頭《こうべ》を低《た》れ、彼等が曾《かつ》て侮辱し、逐放せし不幸児の援助を藉《か》らざるを得ざるに至りました、ヱフタの得意実に想《おも》ふべしであります」（全一九／一四〇—一四二）、と内村は語る。

エフタが先ずは平和的に事態を解決しようとしたことに、続いて内村は着目し、「彼は先づ平和手段を以《もつ》て争闘の根を絶たんとしました、彼は使者をアンモン人の王に遣《おく》りて其《その》要求の非を糺《ただ》し、彼をして譲るべきを譲らしめんとしました、本〔第一一〕章第十二節より第二十八節までは、当時の外交談判を記す者であります、ギレアデ人の立場より見て正当なる要求であつたのでありませう、外交など云ふ者は其時其場合に臨んでのみ興味ある者であります、然し時と所とを異にして何の興味も無い者であります、其当時に於てこそ日露外交談判と云へば世界の耳目を惹《ひ》きましたが、然し今より四千年の後に至りて之を見れば、丁度私共が今ヱフタ対アンモン王の外交談判を読むやうな感が致しまして、誠に詰らない事でありませう、然しヱフタが戦ふ前に先づ平和的手段を取りしこと、其事は文明的であつて賞讃すべき事であります、彼れ私生児の浮浪人も之に責任の地位を与ふれば紳士となります、……勇敢以て敵の胆《きも》を挫《ひし》ぐならんと思ひの外《ほか》、ヱフタに優しき女らしき所がありました、私供がヱフタを愛する理由は主として茲《ここ》にあります」（全一九／一四一―一四二）。

続いて内村は、イエスの言葉（『マタイ福音書』五章三四節以下）を引いて、神に全く寄り頼む人は誓願を立てる必要など感じないはずだが、エフタはこの深い信仰がなく、戦場に臨むに先立ち、責任の重大さに堪え得ず、神の前に誓いを立てたのだと言う。そして「此場合に在りしヱフタに対し、私は其行為を讃むる能はざると同時に、又深く彼に同情を表せざるを得ません」（全一九／一四二―一四三）と語る。「若し誠にアンモン人を我が手に附《わた》し給はば、我がアンモン人の所より安らかに帰らん時に、我家《わがいえ》の戸より出で来りて我を迎ふる者は必ずヱホバの所有《もの》となるべし、而して我れ之を燔祭《はんさい》〔すなわち、焼き尽くす献げもの〕となして献げん」というエフタの誓い（三〇―三一節）を引いて、内村は更にこう続ける。

誠に前後を顧みざる無謀の誓《ちかい》でありました、然《しか》しヱフタは時の必要に逼《せ》まられ、自己の弱きを感ずるの余り此言を発したのであると思ひます、私供はヱフタの軽率を責むる前に先づ自己を彼の地位に置いて見なければなりません、彼に取り今や彼の私事を 慮《おもんぱか》るの時ではありませんでした、国の為め、神の為め、然《し》かも自己は一個の浪士、娼妓の子なりとして人に賤《いやし》められし者、彼れ争でか《いか》此大任に堪ゆるを得んや、彼れ若し一歩を錯《あやま》れば国家は滅亡の淵に沈まざるを得ず、此事を思ふて、彼は如何なる犠牲を払ふも此戦争に勝たざるべからずと思ふたのであらふと思ひます、私は此時に於ける彼れヱフタの心情を推量《おしはか》りて同情の涙に堪えません。（「士師ヱフタの話」全一九／一四三）

誓願によって勇気百倍したエフタは猛然とアンモン人の陣を襲い勝利すること、然しその戦いの残忍さを一々記さないのが聖書らしいことなどに注意を喚起した後、内村は続ける。

戦争は大勝利を以て終りました、強敵は征伏せられました、民の自由は回復せられました、而して勇者は凱旋《がいせん》の栄光を担ふて其家に帰りました、……

此世の栄誉にして凱旋《がいせん》の栄誉に優《ま》さる者はありません、ヱフタは今やアンモン人の王を破《やぶり》て錦《きん》衣《い》を纏《まと》ふてミヅパなる其《その》家に還《かえ》て来ました、然るに視《み》よ、何事ぞ、先づ第一に彼の家を出て彼を迎へし者は彼の一人の女《むすめ》でありました、彼女は嬉しさの余り手に鼓《つづみ》を執《と》り舞ひ踊りながら彼女の凱旋の父を迎へました、而して彼女はヱフタの独子《ひとりご》で独娘《ひとりむすめ》であつたのであります、嗚呼《ああ》運命！　之を見しヱフタの心は倏忽《たちまち》にして歓喜の天より悲哀の地に隕《おち》ました、彼は彼の衣を裂きました、

我が女《むすめ》よ

汝は実《まこと》に我を仆《たお》せり、汝は我が殃災《わざわひ》の源となれり

と彼は叫びました、

と彼は続いて言ひました、嗚呼如何せん、誓願《ちかい》の言は既に発せられたり、今は之を撤回すべくもあらず、彼は彼の一人の娘を燔祭《はんさい》としてヱホバの前に献《ささ》げざるを得ず、嗚呼高価なる勝利、敵を破り国を救ふて其代価として一人の女を捧《ささ》げざるを得ずと、此時のヱフタの心は乱れて糸の如くでありましたらふ。

然し有繫《さすが》にイスラエルの国士の女《むすめ》でありました、彼女は其《その》父に此《この》誓願のありしことを聞いて少しも驚きませんでした、彼女は曰《い》ひました、

お父さん、驚きなさるな、貴父《あなた》がヱホバに向ひて其誓《そのちかい》を立てられしならば、其通り私に為《な》さい、神様は貴父《あなた》を援《たす》けて貴父の敵なるアンモン人に勝たしめ給ひました、

と（卅六節《さんじゅうろく》）、健気《けなげ》なる彼女は彼女の父の敵に勝ちしと、彼女の国の救はれしとを聞きて、彼女の身に臨みし大なる殃災《わざわい》を感じませんでした、彼女は喜んで父と国との犠牲となりて神の祭壇の上に捧げられんことを求めました、彼女に唯一つの願がありました、それは彼女が死の準備を為さんことでありました、（全一九／一四四—一四五）

エフタの話の結びと開き

こうしてエフタの娘は、友らと山中に赴き、処女として死ぬことを、二カ月の間嘆いた後、父のもとに戻り、燔祭として捧げられた。「私共はヱフタの迷信を憐《あわれ》みませう、彼の浅慮を責めませう、然しながら彼の誠実を貴び、彼の志を愛せざるを得ません」（全一九／一四六）と書いた内村は、続いて、こう述べてこの感動的な文章を締め括る。長いが、一字一句が欠くべからざる真情と均衡を備えているので、そのままに引用して味読したい。

ヱフタは茲に凱旋の帰途に於て彼の一人の女《むすめ》を失つたのであります、此事に由て彼の昂《たかぶ》りし心は低くせられ、誇らんとせし心は遜《へりく》だらされたのでありませう、ヱフタは此時真《まこと》の栄誉なる者の此世に無いことを覚つたのでありませう、此世に於て曇りなき歓喜《よろこび》、欠けなき成功、涙なき名誉なる者は無いのであります、ヱフタは流浪の身より一躍して一国の首領と成りし時に、償はんと欲して償ふ能はざる損害に遭遇したのであります、彼は此後六年間イスラエルとギレアデを審《さば》いたとあります（十二章七節）、然し六年の栄華は彼に取り決して悲哀なき栄華では無かつたのであります、彼は終生凱旋当日の悲劇を忘れなかつたに相違ありません、アンモン人の王を睨《にら》みし勇者の眼は度々《たびたび》悲しき犠牲の事を想出《おもいいだ》して熱き涙に浸《ひた》されたに相違ありません、彼は度々ギレアデの首領とならずして、トブの地に彼の一人の女《むすめ》と共に匿《かく》れて幸福《さいわい》なる日を終生送らんことを希《ねが》ふたであらふと思ひます。

然し幸福は人生最大の得有《えもの》ではありません、義務は幸福に優さりて更らに貴くあります、義務の故に私供は度々幸福を棄てざるを得ません、而して義務のために私供の蒙《こうむ》る損失は決して損失でないのであります、ヱフタは彼の幸福を犠牲に供して彼の国を救ひました、而してヱフタの女《むすめ》は彼女の生命を犠牲に供して彼女の父の心を聖《きよ》めました、犠牲に犠牲、人生は犠牲でありま
す、犠牲なくして人生は無意味であります、幸福は人生の目的ではありません、犠牲こそ人生の華《はな》であります、若しイスラエルを救はんがためにヱフタの苦痛が必要であり、而してヱフタ自身を救はんがために彼の女《むすめ》の死が必要でありしとならば（而して私は必要でありしと信じます）、神の聖名《みな》は讚美すべきであります、ヱフタは無益に苦しまず、彼の女《むすめ》は無益に死にませんでした、神は斯くの如くにして人と国とを救ひ給ふのであります。

是れより後年々にイスラエルの女子《むすめこ》等は往きて年に四日ギレアデ人ヱフタの女《むすめ》のために哀哭《なげ》くことをなせり、

是れイスラエルの規定《さだめ》となれり

とあります（四十節）、単に哀哭《あいこく》の表彰と見て此規定は無意味であります、然し是れ単に感情のみの哀哭ではありません、貴き主義の籠る哀哭であります、ヱフタの女は国のために、又国のために戦ひし彼女の父のために其処女の身を神の祭壇の上に捧げたのであります、さうして年毎に彼女の死を記憶してイスラエルの女子等は貴き犠牲の精神を養ふたのであります、聖書の載《の》する多くの佳話《かわ》の中にヱフタと其一人の女《むすめ》の話は無量の感慨を私供に与ふる話《もの》であります。

（全一九／一四六—一四七）

『士師記』のエフタの話は、犠牲を嘉する神という旧約の伝統史的精神史的環境の中で語られており、現代人はそこに躓きを覚えるかも知れない。しかし古代的な人身犠牲の並行例は、ヘブライではアブラハムの息子イサク、ギリシアではアガメムノーンの娘イーフィゲネイア、イドメネオの息子イダマンテ、我が国でも日本武尊《やまとたけるのみこと》の妃弟橘媛《おとたちばなひめ》等、数多あり、それらをただ、現代的基準で野蛮だと裁断してみても始まらない。むしろ、この文脈でエフタが「我家の戸より出で来りて我を迎ふる者は必ずヱホバの所有《もの》となるべし」との誓約をなしたとき、娘が出て来る可能性を念頭に思い浮かべていなかったのか否か、果たして家の婢女でも出て来ることを望んでいたのか否か、また内村が「国のために戦ひ……身を……捧げた」という言い方をした時、娘ルツ子だけでなく、前章で論じた日清・日露戦争の「犠牲」者への思いがあったのか否か、更には本章のテーマである大震災の際の、「国民全体の罪を贖はん為に死んだ」「犠牲と成りし無辜幾万」（全二八／一九。後述、三A節）への思いに、それは通じるものなのか否か等々、問いはそうした方向へと向けられなければならないだろう。しかしこれらいずれの問いに対しても確たる答えは、内村のこの文章から窺い知ることはできないように見える。問いを一先ず開いたまま、読者の将来の研究に委ねて、ここでは文学書の読解へと進むこととしたい。

二Bii　文学書読解

エフタの物語は、歴史書の中にあってもそれ自身一篇の文学作品と称して差し支えないものだが、旧約聖書の分類による、いわゆる文学書に配される諸書の中では、内村は『ヨブ記』について二一回に分けて詳細に論じ、『詩篇』は四六篇までの主要なものは詳しく、その他一〇〇篇、一一八篇など飛び飛びに論じた。また『箴言』は智慧と聡明の徳を中心に読み解き、『伝道之書』については主として、事業熱に捕らわれたコーヘレスというユニークな視点を交えながら論じている。

文学や劇場を嫌い、我が国に大文学が出ないことを嘆じ、(233) 文学者の弟子たちを持ち、(234) その悉くを失い、(235) 然し自身、如上のエフタ物語の解にも明らかなとおり、すぐれて文学的才能にも恵まれ、(236) 聖書の文学を、恋愛歌である『雅歌』以外は堪能した内村だが、ここでは紙幅の関係で短く「詩篇第十二篇」の釈義と、伝道之書研究の結論とも言うべき「コーヘレスの発見」を見るに留めねばならない。前者は「毒舌絶滅の祈禱」（全二二／一五七）とも呼んだ詩篇についての、『聖書之研究』一二九号（一九一一年）掲載の文章である（全一八／七七―八四）。

「詩篇第十二篇」

わずか八節から成るこの詩篇を、佞人跋扈《ねいじんばっこ》する中、詩人が神に救助を求める一、二節、彼等の世より絶たれんことを祈る三、四節、祈禱《きとう》の声に応じて神の言が臨む五節、神の言に接して讃美の声を挙げる六節、更らに進んで援助到来の確信が生ずる七節、そして悪人が絶滅するとは楽観せず、然かも義人は彼等の中にあって安全であることを楽観する八節と、このように内容を整理する内村の註解中、いま特に注目したいのは、四節と五節の解説である。

(4)卑劣なる彼等は曰ふ「我等は舌を以て勝たん」と、彼等は正々堂々義を唱へ、理に訴へて勝たんとはせず、誹譏《ひき》、讒謗《ざんぼう》、毒舌を弄して人を斃《たお》さんと計る、彼等に武士の勇気なし、君子の公明なし、彼等にたゞ蛇の舌あるのみ、或ひは教会に隠れ、或ひは文壇に潜み、匿名を以て批評の矢を放ちて公人を傷《きずつ》くるを以《もつ》て楽《たのしみ》となす、彼等は曰ふ「唇（或は筆）は我有《もの》なり、誰か我に主たらんや」と、卑怯なる彼等は責任を以て語るの勇気を有せず、唯言語は彼等の有なりと称し、之を束縛する者なしと唱へて、気儘《きまま》勝手に之を弄するなり、然り人の作りし法律は緩慢《かんまん》にして、言語の責任を問ふに足らず、然れども「すべて人の言ふ所の虚しき言は審判の日に之を訴へざるを得ず」とキリストは曰ひ給へり（馬太《マタイ》伝十二章三十六節）、言語はまことに人の有にあらず、神はまことに之を主《つかさど》り給ふ、而して人の虚言を吐く者あれば彼は此をも彼をも滅し給ふ（哥林多《コリント》前書六章十三節）。

(5)「苦しむ者掠《かす》められ」とは暴主の圧制に遭ふて其所有を掠めらるとの意に非ず、又は税吏の誅求《ちゆうきゆう》に遇ふて其収入を掠めらるゝの意にあらず、佞人《ねいじん》〔すなわち、口先巧みにへつらう、心のよこしまな者〕の毒舌に由て其平和と名誉と、時には其地位とを奪はるゝの意なり、誹謗は最悪の圧制なり、之を訴ふるの有司〔すなわち、役人〕あるなく、之を裁くの法律あるなし、佞人の毒舌にかゝりて其災害は強盗の毒刃《どくじん》にかゝるよりも甚だし……（全一八／七九）

内村の胸中に、二〇年前の不敬事件から近時の戦争論に至る、様々な批判や中傷の苦々しい記憶の何が甦っていたかを、詳らかとはしない。しかし現代日本の週刊誌からネットの掲示板に至るまで、言論の自由と称して人の中傷誹謗に満ち、新聞テレビも一国の首相を扱き下ろしては次々に短命に終わらせ、その政治家同士が党首討論と称する悪口雑言の言い放題に終始し、学問の世界においてもまた、肯定的な価値の発見にまで問い進むことをせずに、ただ否定的な批判(237)に停滞していることが知的誠実であるかに勘違いしがちな世相への、先取り的警鐘とこの内村の言を敷衍して読めば、或いは虎の威を借る狐と揶揄され、人の褌《ふんどし》で相撲を取るなと叱られるのが落ちであろうか。

いずれにせよ、「詩人は虚偽の社会に堪えずなりて、阿諛《あゆ》と高言《こうげん》との絶たれんことを祈りしに、神は……詩人の祈願を聞き給へり、彼は佞口讒舌《ねいこうざんぜつ》を絶たんと告げ給へり」（全一八／七九、八一）。ここに詩人は希望を復興し神の誠実を賛美し、内村もそれに次のように和して、この小註解を閉じるのである。

「ヱホバの言は純精の言なり、炉にて錬られたる白銀の如し、七次《ななたび》煉られたる白銀の如し」〔『詩篇』一二章六節［原典では七節］〕と、人の言の虚偽の言にして汚穢《あくた》の如く泥土の如くなるに較べて云ふ、実に人の声に慣れて時に神の言を耳にして我等に此感なくんばあらず、唯に其称讃阿諛《そのしょうさんあゆ》の言に止まらず、其哲学の言も、科学の言も、悉く《ことごと》是れ汚穢、泥土たるの感なくんばあらず、而して人の言に較《く》らべて神の言のみ惟《ひと》り純金の言なるを覚ゆ、然り、然り、否な、否なと、形容を要せず、修飾を要せず、直に心霊の奥底に達す、恩恵に富み、光明に富み、正義溢《あふ》る、実《まこと》に人は各自虚《きよ》を以て其隣人と相語りつゝある間に、神のみは惟り実《じつ》を以て我等と語り給ふ、此虚偽空言の世に在りて神の言のみ惟り真実の言なり、（全一八／八一）

「コーヘレスの発見」

文学書からもう一篇、コーヘレスについての内村の見方を押さえておきたい。一九一五年一一月から翌年九月にかけて『聖書之研究』誌一八四―一九四号に連載された「伝道之書 研究と解訳」は、いわゆる『コーヘレス書』の文学的と言うよりも思想的研究だが、その思想的結論を語るのが「コーヘレスの発見」という一六年六月に発表された一文である（全二二／四〇―四六）。ここで内村は、現代の旧約学でも統一的理解が困難とされるこの書の、全体を俯瞰しつつ本質を突く、見事な読みを呈示しているのである（なお、この一文では、『コーヘレス書』からの引用に章節が明示されていない。この書全章の内村自身による「解訳」は、『全集』二二巻の八四―一二五頁に別掲されているので、〔　〕内は、それを参看しつつ引用者が補足したものである）。

冒頭に先ず問題の所在が確認される。

> コーヘレスは「人の子は其短き生涯の間に何を為さば善からん乎」〔二章三節〕との問題を設け、之に対して種々《いろいろ》の解答を試みた、知識を試みた、逸楽を試みた、仕官を試みた、蓄財を試みた、然し何を試みても満足なる解決に達しなかつた、「凡《すべ》ては空にして風を捕ふる事なりき」〔一章一四節、二章一一節、一七節、二六節、四章四節、一六節、六章九節〕とは彼が事毎に発する歎声であつた、人生万事悉《ことごと》く不明である、……茲《ここ》に於てか彼は生命《いのち》を厭《いと》ふた、生れし甲斐の何辺《いずこ》に在る乎を知るに困《くるし》んだ、然し彼はユダヤ人である、彼は祖先の宗教の遺伝的感化を受けて、肉慾主義又は厭世主義に終ることは出来なかつた、彼は何処かに遁道《にげみち》を発見せざるを得なかつた、而して彼の至上善の探求は無益でなかつた。（「コーヘレスの発見」全二二／四〇―四一）

「終ることは出来なかつた」と言うのであるから、コーヘレスはいったんは「肉慾主義又は厭世主義に」陥ったことを、内村は率直に認めているのである。「厭世主義」(pessimism)は遠慮した言い方で、「凡は空」と繰り返すのだから、「虚無主義」(nihilism)と言った方がよい(「空」と訳されるヘブライ語へベルは、ラテン語のヴァニタスないしニヒルに当たるのである)と筆者は考えるが、(238) ここはその点について論ずる場所ではない。いずれにせよコーヘレスは「ユダヤ人……の宗教の遺伝的感化を受けて」、ペシミズムないしニヒリズムの超克へと向かい、「至上善」の「発見」に終に至ったと言うのである。どのような至上善であろうか。続いて単刀直入にその答えが示される。

人生の至上善は智慧に非ず、快楽に非ず、功績に非ず、惜むことなく施すに在りと彼は覚つた、**汝のパンを水の上に投げよ**(一一章一節)と彼は最後に叫んだ、(全二二/四一)

意表を突く答えである。パンを水の上に投げるほど、無駄なことも少ない。パンは人に与えるのでも、犬に投げるのでも、自分が食べるのでもよいが、水に投げたならば、無駄に水中に没するだけかと思われる。しかし内村は続けて言う。

汝のパンを水の上に投げよ、無効と知りつゝ愛を行へ、人に善を為して其結果を望む勿れ、物を施して感謝をさへ望む勿れ、たゞ愛せよ、たゞ施せよ、たゞ善なれ、是れ人生の至上善なり、最大幸福は茲に在りとコーヘレスは言ふたのである。（全二二／四一）

一節前半の「汝のパンを水の上に投げよ」は、一節後半では「多くの日に汝再び之を得ん」と続き、二節は更に「之を七人に頒てよ又八人に頒てよ、汝地に在りて如何なる災禍《わざわい》に会ふかを知らざる也」と語るので、功利的なコーヘレスは「多くの日」の後に「如何なる災禍に会ふか」分からないので、もしうまくいけば将来多大な利益をもたらす海上貿易を試みよと言っているのだと解する向きもあるが[239]、内村はそうしたケチな解釈には与《くみ》しないのである。「無効と知りつゝ」も「たゞ愛」することの重要性を読むのである。

コーヘレスにおける愛と終末

唯《ただ》一事のみ彼に幸福を供した、即ち惜みなく施す事であつた、結果を望まずして善を為す事であつた、忘恩的の此世に無益と知りつゝも善行のパンを投げ与ふる事であつた、此事のみが彼に真正《ほんとう》の幸福を供した、此事に身を託《ゆだ》ねてより彼は日光を楽しみ得るに至つた、斯くてこそ百年の長寿も幸福の連続たり得べしと彼は覚つた、人生は幸福ならざるべからず、而して愛の生涯のみ幸福の生涯なりと彼は解した、是れ彼に取り大発見であつた、彼は茲に人生の至上善を発見した、純愛を以て世に対し、我が有《も》つものを之に惜みなく与ふること、其事が至上善、最大幸福であると彼は暁《さと》つた、実に彼の探求は其目的に達したのである。（全二三／四三）

「此事に身を託ねてより彼は日光を楽しみ得るに至つた」というのは一一章七節を踏まえ、また「斯くてこそ百年の長寿も幸福の連続たり得べしと彼は覚つた」とは同八節を下敷きとしている。すなわち、それまでコーヘレスは、人生の幸福の一である日光を浴する楽しみすら味わうことができない厭世の苦しみの中にいたが、愛を知って初めて「光は汝に楽《たのし》かるべし」（七節）と知り、そして「人もし多くの年生きながらへんか、彼は幸福《さいわい》の内にすべての年を過すべきなり」（八節）と悟ったというのである。先に第二章小括で見た「余の人生観」（全一一／二八六）にあったように、愛を高揚する内村一流の解釈である。しかも一九一二年のルツ子の死と一八年の再臨運動との間の一六年のこの文章は、次のように終末の審判についても付言して画龍に点睛する。

コーヘレスは更に尚ほ一《ひとつ》の発見をなした、それは**神が世を審判《さば》き給ふ**と云ふ事であつた、彼は曰ふた「知るべしその諸《すべて》の作為《わざ》のために神汝を鞫《さば》き給ふ事を、然れば汝の心より憂を去るべし、汝の身より悲《かなしみ》を除くべし」（一一章九―一〇節）と、……「義人の悪人の受くべき報を受くるあり、又悪人の義人の受くべき報を受くるあり」とは此世の事であつて神の審判の未だ行はれざる時の状態である、此状態を見て何人も「是も亦空なり」と歎ぜざるを得ないのである（八章十四節）、然し乍ら神の審判を受けて此矛盾は全然取除かる、のである、……神が人類の諸《すべて》の作為《わざ》を鞫き給ふに至て真の福祉は万民に臨むのである、基督者の日々の祈禱たる「主イエスよ来り給へ」との祈求《ねがい》も亦之に外ならないのである、（全二二／四三―四四）

こうして『コーヘレス書』全体の本質を剔抉した内村の註解は、新約の再臨信仰と繋がって、その円環を結ぶ。現代の旧約学は、コーヘレスを、或いは厭世主義者ないし懐疑家と一面的に否定的に扱い、肯定的な言い回しは後代の編集者に帰してしまうか（F・クリューゼマン[240]、A・ラウハ[241]、Th・クリューガー[242]）、或いは逆に正統信仰に反しない敬虔な言い回しのみに着目して、全体としての思想のダイナミックな生成については等閑に付しがちか（W・ツィンメリ[243]、関根正雄[244]、N・ローフィンク[245]）、はたまた思想の統一的読解は諦めて文学類型や文学構成の整理、他文明にも見られる、格言や寓話を集めた知恵文学との影響関係の分析などに流れる傾向が強い（西村俊昭[246]、J・A・ロウダー[247]、D・ミヒェル[248][249]）。それに比し、内村の註解は、人生の無意味に躓いた厭世家に始まりつつ、その意味を探索して終にそれを発見した、コーヘレスの思想のダイナックな生成と本質を全巻に読み解いて、まことに間然するところがないのである[250]。

三A　大震災の年の秋の日記から

関東大震災当日

関東大震災を内村は、軽井沢の地で、貸別荘滞在中に経験した。以下、震災当日より一カ月余の日記から、抜粋する（全三四／二一八以下）。

九月一日（土）雨　正午少し前に強震を感じた。浅間山噴火の前兆に非《あら》ずやと思うて驚いた。然《しか》るに少しも其《その》様子なく、或は東京方面の激震に非ずやと思ひ心配した。夜半に至り予想通りなることを知らされて驚いた。東南の空遥《はるか》に火焔《かえん》の揚《あが》るを見た。東京に在る妻子家族の身の上を思ひ、心配に堪《た》へなかつた　夜中幾回となく祈つた。そして祈つた後に大なる平安を感じ、黎明《れいめい》まで安眠した。（全三四／二一八）

九月二日（日）晴　危険を冒しても東京に帰ることに決心した。羽仁元吉〔吉一〕、石原兵永の二君と共に午前十時十分発の汽車にて軽井沢を発し、午後四時荒川鉄橋近き川口町駅に下車した。それより病める足を引づりながら夜十時柏木の家に達した。家屋に比較的軽少の損害ありし外に、家族、同居人、召使の者の髪一本も害《そこな》はれざるを見て感謝の涙を禁じ得なかつた。強震来襲の恐れ未だ絶えず、家族と共に露営した。離れて彼等の身の上を案ずるよりも、彼等と共に危険の地に在るの、いか計り幸なる乎を覚えた。（全三四／二一八）

ちなみに、この日の朝、弟子の石原兵永（一八九五―一九八四）に切符の購入を頼む際、内村は、「さあ、東京に帰ろう。そしてみんなと共に我らも死のう。君、駅へ行って二等切符を二枚買ってくれたまえ」と言ったという[251]。隣の小野塚博士夫妻は軽井沢に残り、帰途「熊の平で東京から来る列車とすれちがった。……着のみ着のままの避難者が……まるで地獄から来た人たちのような形相で……あんな東京に、何だって帰って行くのか、と言わぬばかりであった」と、同行の石原は書いている[252]。

なお「病める足」は、この年の六月に起こった右膝関節痛が未だ癒えていないことを指すと思われる（全三四／一九三）[253]。

以下、註釈は控えて、半月間の緊迫した日記から、ただ抜粋して列挙する。

震災後の日々

九月五日（水）晴　呆然として居る。恐ろしき話を沢山に聞かせらる。東京は一日にして、日本国の首府たるの栄誉を奪はれたのである。天使が剣《つるぎ》を提げて裁判《さばき》を全市の上に行うたやうに感ずる。然し是は恩恵《めぐみ》の裁判であると信ずる。東京は今より宗教道徳の中心となつて全国を支配するであらう。東京が潰《つぶ》れたのではない。「芸術と恋愛と」の東京が潰れたのであ〔る〕。我等の説教を以てしては到底行ふこと能はざる大改造を、神は地震と火とを以つて行ひ給うたのである。「神の日には天燃え毀《くず》れ体質焚鎔《やけと》けん、然れど我等は約束に因りて新しき天と新しき地を望み待てり、義其中に在り」とある其日が来たのである（ペテロ後書三章十二、十三節）。玄関の入口に左の如く張出した。

今は悲惨を語るべき時ではありません、希望を語るべき時であります。夜はすでに過ぎて光が臨んだのであります、皆様光に向つてお進みなさい。殺さん為の打撃ではありません、救はん為の名医の施した手術であります。感謝して之を受けて、健康にお進みなさい。

我民の罪悪を責むるの時は既に過ぎた。今より後はイザヤ書第四十章以下の予言者となり、彼等を慰め、彼等の蒙りし傷を癒さねばならない。「慰めよ、汝等我民を慰めよ」〔『イザヤ書』四〇章一節〕と。（全三四／二一九）

九月十日（月）雨　今日は夕に至るまで一回も震動を感ぜず。横浜の斎藤梅吉君の焼死を聞いて悲歎の涙に暮れた。梁《はり》の下敷となり、親友時田大一君に援助を乞ひしも、猛火の襲ひ来りしために救ふの遑《いとま》なく、故に握手を交へ、簡短《かんたん》なる祈禱《きとう》の一言を遺《のこ》して永久の別を告げたと云ふ。斎藤君は意を決し、霊魂を主イエスに任かせまつり、安らかに死に就《つ》いたであらう。君は三十年来の余の信仰の友である。此間 直接間接 余の伝道事業を援けられ、最も忠実なる余の後援者の一人であつた。余は今君の霊が余の霊に囁《ささや》くが如くに感ずる、「先生一足お先きに逝《ゆ》きます。猶《な》ほ継《つづ》いて行《や》つて下さい。イエス様の所に行いて祈ります。サヨナラ、ハレルヤ」と。余自身は此際落胆してはならない。斎藤君其他の友人に代り、彼等の分をも尽さなければならない。実に真剣なる時である。（全三四／二二一）

九月十二日（水）晴　柏木に避難する松屋呉服店の自動車に乗せて貰ひ、市中の被害地を巡視した。其惨状言語に絶せりである。生れて以来未だ曾《かつ》て如斯《かくのごと》き者を見たことはない。ソドムとゴモラの覆滅《ふくめつ》は如斯き者であつたらう。花の都は荒野に化したのである。之を見て我心は狂はん計《ばか》りである。今に至て役に立つ者は青年時代より養ひ来りし信仰である。

In the cross of Christ I glory,
Towering o'er the wrecks of Time.
荒れはてし世にも　　高くそびゆる
主の十字架にこそ　　我はほこらめ

東京は滅びても、日本国は滅びても、然り、全世界は滅びても、滅びない者が唯一つある。それはキリストの十字架である。そして之に倚《よ》りて我も国家も人類も再び興るのである。我等信者は覆滅の惨状を見て人と共に歎くことなく、主の十字架を仰瞻《あおぎみ》て永久不滅の希望を起すべきである。（全三四／二二一―二二二）

九月十三日（木）雨　引続き見舞客多く、孰《いず》れも震災の惨事を語る。此日我心は馬太伝《マタイ》廿八《にじゆうはち》章十八節以下を以て固められた。「イエス彼等に語り曰《い》ひけるは、天の中地の上の凡《すべて》の権を我に賜はれり云々」と。イエスは天地の大権を握り給ふ。我等が視《み》て以《もつ》て善となす事悪となす事すべて彼の権能の内に行はる、のである。故に一として無意味なるのでない。彼の許可の下に起りし此《この》災害も亦《また》或る聖《きよ》き目的あつての事であるに相違ない。故に我等彼の僕は黙して其成行を見、驚かず又慌《あはて》ないであらう。昇天し給へる主が万事を司《つかさど》り給ふと知りて我等に人のすべて思ふ所に過ぐる真《まこと》の平安があるのである。（全三四／二一二）

九月十六日（日）晴　朝の集会に五十人余りの来会者があつた。詩篇第四十六篇を読んで此日の讃美歌に代へた。余は馬太伝《マタイ》二十八章十八節、「天の内地の上のすべての権を我は賜はりたり」とのイエスの言に就て感想を述べた。イエスは単に愛の人、完全の人格者ではない。宇宙の大権を其掌中《そのしようちゆう》に握り給ふ者である。彼の許可なくして何事も起らない。今回の震災の如き、亦彼の許可の下に起つた事である。故に日本国民の為に、世界全人類の為に、最大の善を行ふ為に起つた事である。我等は何故にさうである乎、其理由は判明《わか》らない。然れども宇宙の主が許し給ひし事であると信じ、黙して唯其命に従はんと欲する。故に唯「嗚呼々々《ああ》」と云ひて悲歎に耽《ふけ》らない。「我れ此所《ここ》に在り、我を遣《つかわ》し給へ」と曰ひて主の命《めい》の降るを待つ云々と述べた。

此日横浜より纔《わずか》に身を以て遁《のが》れ来《きた》りし兄弟姉妹三四人あり、深き同情に耐えなかつた。（全三四／二二三）

九月十九日（水）晴　引続き騒々しき一日であつた。来る人毎に悲惨の経験と実話とを語る。之を聞いて自分も消入《きえい》る計《ばか》りに感ずる。希望を語つて相互を力附けんとする者は一人もない。彼等が去りし後に、自分独りで生命の主に立還《たちかえ》り、彼に由りて希望を回復するのみである。「悲惨である、後は如何《どう》なるだらう」と。信者も不信者も是《こ》れより外《ほか》に語るべき言を持たないのである。家の損害も亦思ひしよりも大である。之に由りて幾分なりと罹災者《りさいしゃ》に同情する事が出来て感謝する。（全三四／二二四）

九月二十日（木）曇　万事休止の状態である、却《かえつ》て無為に困《くる》しむ。祈禱《きとう》と学習にて日を送るのみである。（全三四／二二四）

天譴《てんけん》

九月二十一日（金）雨　罹災者の事を思へば耐へられぬ苦痛である。乍然《しかしながら》自分の如きは平素斯《か》かる場合に処するの途を唱へ来つた者であるが故に此際急に慰安救護に従事するの途《みち》を知らない。唯僅《ただわず》かばかりの自分相応の奉仕を為すまでゞある。天災とは云ふもの丶其多分は人災である。低き快楽と虚栄とを追求めて三百万の民が東京湾頭隅田川《すみだがわ》河口の一地点に集合した事が此災禍の因を為したのである。神は村落を造り、人は都会を作る。虚栄の街たる都会の無き所に、如何なる天災と雖も過大の損害を生ずる事は出来ない。其意味に於て今回の天災は確かに天譴である。〔全三四／二二四―二二五〕

天の譴《とが》め、天罰を意味する、この「天譴」という語は、日記ではこの九月二一日に初めて出て来るが、一般向けには同じころ執筆されたと推定される『主婦之友』誌の一〇月号掲載の「天災と天罰及び天恵」という一文〔全二八／一八―二〇所収〕に、渋沢〔栄一〕子爵の発言として引用されている。

無道徳の天然の出来事は之に遇ふ人に由て、恩恵にもなり又刑罰にもなるのであります。そして地震以前の東京市民は著るしく堕落して居りました故に、今回の出来事が適当なる天罰として、彼等に由て感ぜらるゝのであります。渋沢子爵は東京市民を代表して、其良心の囁《ささや》きを述べて曰はれました。

今回の震災は未曾有の天災たると同時に天譴である。維新以来東京は政治経済其他全国の中心となつて我国は発達して来たが、近来政治界は犬猫の争闘場と化し、経済界亦商道地に委《い》し、風教の頽廃は有島事件の如きを讃美するに至つたから此大災は決して偶然でない云々。

（九月十三日。『万朝報』所載）

実《まこと》に然りであります。有島事件は風教堕落の絶下でありました。東京市民の霊魂は、其財産と肉体とが滅びる前に既に滅びて居たのであります。斯かる市民に斯かる天災が臨んで、それが天譴又は天罰として感ぜらるゝは当然であります。

昔時《むかし》ユダヤの預言者イザヤが其民を責めて発せし言葉に次の如き者があります。曰く『嗚呼罪を犯せる国人《くにびと》、邪曲《よこしま》を負ふ民、悪を為す者の裔……《ママ》その頭《かしら》は病まざる所なく、その心は疲れはてたり、足の趾《うら》より頭に至るまで全き所なく、たゞ創《きず》痍と打傷と腫物とのみ、而して之を合はす者なく包む者なく、亦膏《あぶら》にて軟《やわら》ぐる者なし』〔『イザヤ書』一章四―六節〕と。そして其一字一句を取つて悉く之を震災以前の東京市民に当《あて》はめる事が出来ます。其議会と市会と、其劇場と呉服店と、そして之に出入する軽佻浮薄の男女と、彼等の崇拝する文士思想家と、之を歓迎する雑誌新聞紙とを御覧なさい。もし日本国が斯かる国であるならば、日本人として生れて来た事は恥辱であります。震災以前の日本国、殊に東京は義を慕ふ者の居るに堪へない所でありました。

然るに此天災が臨みました。私共は其犠牲と成りし無辜《むこ》幾万《いくまん》の為に泣きます。然れども彼等は国民全体の罪を贖《あがな》はん為に死んだのであります。彼等が悲惨の死を遂げしが故に、政治家は此上痴愚《ちぐ》を演ずる事は出来ません。

文士は「恋愛と芸術」を論じて文壇を擅《ほしいまま》にする事は出来ません。大地震に由りて日本の天地は一掃されました。今より後、人は厭《いや》でも緊張せざるを得ません。払ひし代償は莫大《ばくだい》でありました。然し挽回《とりかえ》した者は国民の良心であります。之に由て旧《ふる》き日本に於て旧き道徳が復《ふた》たび重んぜらるゝに至りました。新日本の建設は茲《ここ》に始まらんとして居ます。私は帝都の荒廃を目撃しながら涙の内に日本国万歳を唱へます。

……私は再び「虚栄の街《ヴァニチー・フェヤー》」としての東京市を見んと欲しません。敬虔《つつしみ》に満ちたる、勤勉質素の東京市を見んと欲します。（全二八／一八―二〇）

『嗚呼罪を犯せる国人』以下は、イザヤ書一章四―六節の審判預言からの抜粋だが、先に九月五日の日記で、イザヤ書四〇章一節の救済預言「慰めよ、汝等我民を慰めよ」を引いていた内村は、この震災に神の審判と救済の両面を見ているのである。

天譴論その後

鍵語となる「天譴」の一語は日記では、九月二五日、一〇月四日の日記に繰り返され、最後に一二月一〇日の日記に見出される。ただ最後のものは、『婦人公論』誌に載った「天譴なんても のは鬼にでも喰はれろ」という内村や山本権兵衛首相、渋沢栄一子爵に対する千葉亀雄の批判の引用で、内村はここで「首相山本や子渋沢と併《なら》び称せらるゝは名誉であるやうで実は迷惑である。自分はまだ彼等程耄碌《もうろく》しない」（全三四／二五二）と、ユーモアないしアイロニーをもって余裕の反論をしてはいるが、その後当分この言葉を使うことはなかった。
それでも六年後の一九二九年、次の記述がある。これは亡くなる前年の日記で、「天譴」の最後の用例となる。

〔一九二九年〕**九月一日**（日）曇　震災記念日である。六年前に軽井沢に在りて遥かに東天の火焔に赤らみしを回想する。実に恐ろしい日であつた。此は天譴であると言ひて近代人に笑はれしを思出す。日本に取り大々的打撃であつた事が今に至つて益々明かになつた。其刑罰であつた最も明白なる証拠は日本人が之に由つて少しも悔改めず益々奢侈《しゃし》に流れた事である。撃たれて改めざる時に天罰の天罰たる事が明かになるのである。今に至つて節約を唱ふるまでもなく今頃は既に勤倹の民に成つてゐる筈である。然し他を責めても仕方がない、自分丈けなりとも天意に合ふ者と成るべきである。（全三五／四九一）

要するに関東大震災に対する内村の理解は、これを天譴と捉え、日本人が精神的に悔い改める好機と見なすものだった。こうした議論は、憂国の士の発想しやすいところのようで渋沢がそうであったし、永井荷風ですら日記『断腸亭日乗』に「天罰」と記しており、二〇一一年の東日本大震災についても石原慎太郎東京都知事（当時）が「天罰」と発言して顰蹙を買ったことは、記憶に新しい。石原氏の場合は、物質的我欲の追及にかまけ、アメリカに追従し、主体的な精神性を失った日本人に反省を強いる方向へと進むが、内村の場合は一般誌への寄稿では抑制された言い方であったとはいえ、突き詰めたところ、「東京は滅びても、日本国は滅びても、然り、全世界は滅びても、滅びない者が唯一つある。それはキリストの十字架である。……主の十字架を仰《あお》瞻《ぎみ》て永久不滅の希望を起すべきである」というのが、日記（一九二三年九月一二日）で吐露される真情であるから、畢竟、信者に内心の「真の平安」を与える効用はあっても、広く日本人一般に訴えかける実効は望むべくもなかったのかも知れない。明敏な内村はその現実乖離に気付き、次第に自身天譴論に興味を失って行くかに見える。震災の年のクリスマスの日記は、柏木の自宅に併設されていた聖書講堂、今井館を改築し、「八千余円を値する講堂を一つクリスマスプレゼントとして与へられて感謝の至りである」（全三四／二五八）という記述に終始する。これまでの寄付金総額五千五百余円と、研究会の剰余金をこれに充てており、現在の価値からすれば、二千万円くらいだろうか。暮れから正月の日記にも、往く年の未曾有の災害を回顧する一言だにない。

いずれにせよ、内村自身イザヤ書を引用していたように、こうした天譴論は旧約の預言者を思わせる。内村は預言者についてどう見ているのであろうか。内村の旧約読解という本章のもう一つの主題に戻って、彼の旧約研究の三分の一を占める預言者研究へと最後に進みたいと思う。

三B　預言書読解

四つに分けて瞥見してきた内村の旧約研究の最後が、預言書研究である。内村はまず「イザヤ書の研究」のなかで、「聖書は世界最大の書であつて、イザヤ書は最大の聖書である」（全三一／七）と評価し、主として六章までを詳細に論じた（これは一九二八年の『聖書之研究』誌に連載されたものだが、四〇章以下を、第二イザヤ、第三イザヤの作としてイザヤと分離して学界の定説となった、一八九二年のドゥーム説は、そのままには採用していない。しかし例えば三A節で参照した九月五日の日記に「イザヤ書第四十章以下の予言者」と注意深く記していたように、重々この新説を考慮してはいるのである）。然し内村は、「耶利米亜《エレミヤ》記感想」という珠玉の一篇で、イザヤを尊崇するけれど、エレミヤは親愛するとし、「旧約聖書人物中で余が最も親んだ者は此《この》『涙の預言者』である」（全一四／一〇〇）と語り、その後、「ヱレミヤ伝研究」（全二九／三五三以下）において一一回に分けて九章までのテクストについて講解したのだった。その他、『ヱレミヤ哀歌』、『エゼキエル書』、『ダニエル書』、そして『十二小預言書』からは、ホセア、アモス、オバデヤ、ヨナ、ハバクク、ゼパニヤ、ゼカリヤの七預言者について、長短様々の文章を公にしている。

紙幅を鑑み、ここでは、内村の多彩な預言者論の中で、「預言の読み方」という概論と「耶利米亜記感想」という各論を、一つずつ瞥見するに留めねばならない。然し、簡にして要を得た叙述の中に雄大な視座を秘め、短文に於いて全てを包括し得る、内村の偉才の前に、量の多寡はそう本質的な問題ではないように見える。

「預言の読み方」

一九三〇年四月の『聖書之研究』三五七号に載ったこの短文（ただし成稿は一九二九年九月、全三二／三三四―三三七）は、先に参照した「世界歴史とイスラエル」（一九二七年）という歴史観の、二年後の若干の修正とも読むことができる。ここで内村は、「預言は神の言である、神の言は必ず成ると信ずるは間違でない。唯然《ただしか》し乍《なが》ら神の言と雖《いえど》も必然的に成る者と条件的に成る者との区別ある事を忘れてはならない。星や地球に関する神の言は文字通りに必然的に成るであらう、然しながら国家人類、即ち人に関する神の言は条件附《つき》であらねばならぬ、何故なれば、人以外の万物は凡《すべ》て無意的なるに対して人のみは有意的であるからである。神と雖も其聖意を人に強《し》ふる事は出来ず、又決して強ひ給はない」（全三二／三三四）と言うのである。

そして、『出エジプト記』二〇章、『申命記』二八章を引いて、「罰も恩恵も人の神に対する態度に応じて降るのである」（全三二／三三五）ことを強調する。また『ヨナ書』四章、『アモス書』七章を引いて、「ニネベと雖《いえど》も其覆滅《そのふくめつ》は必然的でなくして条件附《つき》であつた。若し悔改めずば滅さるべしとの事であつた」（全三二／三三六）と言い、また「『民が悔ひたれば神も亦悔ひ給へり』と云ふ、実に著るしき言《いちじ》である、然れども真理である、事実である。神に悔改なしと我等は断言する事は出来ない、神が人の罪を罰せんと思ひ給ひし時に、人が己が罪を悔ひれば、神も亦処罰の思念《おもい》を悔ひて之を撤回し給ふと云ふ。人の偉大性は茲《ここ》に在《あ》る、彼は心を変へて神の御心さへも変へる事が出来るのである」（全三二／三三六）と指摘する。半世紀後に、ドイツの旧約学者J・イェレミアスが一つの文学類型として「神の悔い」に注目して一著を著したが、(255)内村の慧眼《けいがん》はこの点に逸早《いちはや》く着目しているのである。そしてこの短文の結論はこうである。「神の預言は絶対的不変的のものでない、条件附のものである。人の意志と行為とを以つて之を変へることの出来るものである。預言は約束又は警告として読むべき者である、不変的告示として解すべき者でない」（全三二／三三六―三三七）。

「耶利米亜記感想」

内村は、「特愛の預言者」（全一四／一〇〇）エレミヤについて、一九〇六年、〇九年、二六年と、生涯三度にわたって纏まったものを書いているが、「耶利米亜《エレミヤ》記感想（余の古き聖書より）」（『新希望』七四号『聖書之研究』七五号、一九〇六年四―五月、全一四／一〇〇―一一一）はその最初のものである（続いて「天然詩人としての預言者ヱレミヤ」（全一六／二八一以下）、一一回にわたって『聖書之研究』誌に連載された「ヱレミヤ伝研究」（全二九／三五三以下））。齢四五、満を持して書かれたこの最初のエレミヤ論は、召命時のエレミヤの思いと内村自身の思いが響き合い、あわせて預言の本質を突いて、特に感銘深い。

余の特愛の預言者はヱレミヤである、余はイザヤを尊崇し、エゼキエルを敬畏し、ダニエルを歎賞する、然かしヱレミヤに至ては余は彼を親愛する、預言者と云へば如何にも厳格にして近づくべからざる者のやうに思はれるが、併《しか》しヱレミヤに至ては彼に就《つい》て少しもさういふ感覚が起らない、余は余の親しき友人として彼に近づく事が出来る、彼は余に取りては預言者といふよりは寧《むし》ろ詩人である、神の僕《しもべ》といふよりは寧ろ人類の友である、旧約聖書人物中で余が最も親んだ者は此の「涙の預言者」である。(全一四/一〇〇)

という書き出しで始まる、この文章は、自身「如何にも厳格にして近づくべからざる」預言者のように目された内村が、(256) 実は預言者に怖れを抱きつつ、独りエレミヤに対してはそうではなかったことを告白する。では、エレミヤの何が、内村をして「友人として近づく」ことを得せしめたのか。

第一に「神と民との間に立つて祭司を経ずして直《じか》に神の聖意《みこころ》を民に伝ふる者であつた」(全一四/一〇〇)こと、第二に、「田舎《いなか》の預言者」で「閑静と孤独とを愛した」(全一四/一〇〇―一〇一)こと、そして第三に、「婦人の情性」を持ち「細美なる所」があり、「深くして濃《こまや》か」(全一四/一〇二)な女性の如き愛を有していたこと、それらが相俟って内村に「親愛」の情を与えたという。そして「斯くも親しき予言者の記事であれば、余は幾回となく繰返して耶利米亜記を読んだ、余の古き聖書は其耶利米亜記に於て朱字《しゆじ》を以《もつ》て記入されたる感想を以て充たされて居る、余はヱレミヤの実験は悉《ことごと》く余の実験である乎《か》の如《ごと》くに感ずる」(全一四/一〇一)というのである。

中でも内村が強調するのは、エレミヤの第一の特性である。彼の召命は「如何にも平民的で如何にも単純であつた」（全一四／一〇二）。「彼は独り神の前に立ち、神より直《じか》に予言の職を授つた」（全一四／一〇二）のである。では神の言葉は如何にしてエレミヤに臨んだのか。内村は想像する、「祭司の口を以てであらふか、否な、或ひは天より響き渉《わた》る声を以てゞあらふか、多分さうではあるまい、是れは多分青年のヱレミヤが彼の成育の地なるアナトテ附近の郊外を独り歩みし時に於て、或ひは古きオレブ樹の下に独り黙禱《もくとう》に耽《ふ》けりしころ、彼の心琴《しんきん》〔すなわち、心の琴線〕に幾度となく触れし細き微《かす》かなる声であつたらふ、彼は幾度となく之を打熄《うちけ》さんとしたらふ、然かし其声は彼を去らなかつたであらふ、彼は終《つい》に彼の予言者として神に予定されし者であることを信ぜざるを得ざるに至つたのであらふ」（全一四／一〇二）、と。そして自らをこれに重ねて、(257) こう語る。

憐むべき人は神に其職を定められし者である、彼は先天的の神の捕虜である、事業の撰択の如きは彼の為し得ることではない、彼は否《いや》でも応でも彼のために定められし職に就《つ》かなければならない、予定の天職を示されし時の神の子供の心の状態は決して感謝ばかりではない、ヱレミヤに取ても多分爾《そ》うであつたらふ、彼も彼の懐《いだ》きし多くの小なる冀欲《アンビシヨン》を放棄するの苦痛を感じたであらふ、彼も亦《また》彼が父の職を嗣《つ》いで祭司とならんことを欲《ねが》ふ父の意志に乖《そむ》くの苦痛を感じたであらふ、然かし止むを得ない、彼は母の胎内に造られざりし前より神に定められし予言者である、予言者たらざらん乎、彼は無きに等しき者である、予言者たるは辛《つ》らし、然かし止むを得ない、其《その》職に就《つ》くと就かざるとは彼に取ては死活問題である。(全一四/一〇二―一〇三)

『エレミヤ書』は、「ベニヤミンの地のアナトテの祭司たちの一人ヒルキヤの子、エレミヤの諸々の言葉」(一章一節)という表題をもって始まる。ベニヤミンの地は、北のエフライムと南のユダに挟まれた、死海北方の小さな族領であり、その一寒村であるアナトテは、『ヨシュア記』二一章一八節によれば、正統の祭司と目されるレビ人の町であった。ヘブライ語の原文は、エレミヤ自身が祭司とも読めるが、彼が祭司職にあったという証拠は存在しない。それで父ヒルキヤが祭司であったと読む読み方を、内村は取っているのである。

申命記史家との関係

現代の旧約学は、エレミヤ書に申命記史家的編集の痕跡を探り、ある確度をもってエレミヤの真正部分と申命記史家の加筆部分を分離した。(258) そのことによってエレミヤ書の中の、相矛盾する二つの思想の系譜が整理されて見えてきたことについて、我々はその貢献を多としてよい。しかし惜しむらくは、W・ティールによって新紀元を劃《かく》されたとはいえ、総じて編集史的研究は、編集者の編集意図を剔抉するに急で、より重要で本質的と思われるエレミヤ真正部分の思想を蔑ろにする傾向が強い。(259) ところが申命記史家の編集意図とは確固としており、善因善果悪因悪果の道徳的応報や、双務的契約のドグマどおりに働く神の義を弁証することにあった。すなわち、選民イスラエルが滅びたのはヤハウェが応報を無視し契約を破ったからではなく、イスラエルが罪を犯し続けたからであると、言わば神義論的に歴史を編集し改竄《かいざん》することが、彼らの牢固たる意図であった。

それに対し、エレミヤが問題としたのは、神が応報や契約といった知的合理性を遥かに超えており、しばしばドグマを超えて極悪にまで降るかのようであり、その生きた神との格闘の中で罪と赦しを示されることであった。(260) 内村の具眼《ぐがん》は、そうした文献学的な成果とは別に、より本質的な後者、すなわちエレミヤ真正部分の神との格闘へと、その考察を収斂させていくのである。生涯に三度論じた内村のエレミヤ論のいずれも、申命記史家的編集句(261)を避けてエレミヤ真正部分に的を絞るかのようであり、たとい編集句に触れることがあっても、そのドクマティズムの臭い立つ思想などは一顧だにしない。内村がそういう鋭い嗅覚を有していることに、我々はむしろ驚くべきであり、解釈学が何を対象とし、如何にそれと取り組むべきかをめぐって、現代の旧約学は反省を強いられるのではあるまいか。

エレミヤの逡巡と嘆き

内村は、続けてエレミヤの逡巡について、こう語る。

彼は彼の年齢不足の故を以て予言の大任を辞退せんとした、彼は一には未だ自己《おのれ》を信じ得なかつたであらふ、二には社会が彼の若年を侮り、耳を彼の言に傾けざるを恐れたであらふ、或ひは彼の親戚友人にして、彼に起立の尚ほ早きを説き、尚ほ数年の修養を勧めた者もあつたであらふ、何《いず》れにしろ彼は内気の青年であつた、彼は性来《うまれつき》の格闘家ではなかつた、彼は寧ろ憶病者であつた、彼は公的生涯を忌《い》んだ、若し彼の意志其儘《そのまま》を云はしめしならば、彼はユダの山地《やまじ》に橄欖《かんらん》を植え、其谷間に麦を蒔《ま》き、前の雨と後の雨とを待つて、穂にヱホバの恵《めぐみ》の実るを視て、彼を讃《ほ》めまつらんことを望んだで〔あ〕らふ、彼の理想は多くの詩人のそれと等しく「藁葺《わらぶき》の屋根の下に少さき妻と共に居る」ことであつたらふ、然し彼に干《かか》はるヱホバの聖意は之とは正反対であつた、（全一四／一〇三）

後にエレミヤは自分の預言者としての生涯を顧みて、妻を娶るどころか、ソードに座ったこともなかったことを嘆いた（一五章一七a節）。ソードとは、一日の仕事を終えた人々が夕食後、村の広場に三々五々やってきて語り合う、和やかな集いのことである。「私は独りぼっちで座っていました。貴方が憤怒をもって私を満たしたからです」（一五章一七b節）と、この元来は心優しい預言者は神に訴えたのだった。

なお若き日の内村は、詩人の理想と預言者の現実の調和するような、「楽しき生涯（韻なき紀律なき一片の真情）」について歌っていたことが、ここで想起されてもよいであろう。

一函の書に千古の智恵あり
以て英雄と共に語るを得べし
一茎の筆に奇異の力あり
以て志を千載《せんざい》に述《のべ》るを得べし
……
翁《おきな》は机に凭《もた》れ
媼《おうな》は針にあり
婦《つま》は厨《くりや》に急《せ》はしく
児《こ》は万歳《まんざい》を舞ふ
……
生を得る何ぞ楽しき
讃歌絶ゆる間なし（『国民之友』一八九六年一月、全三／二〇六―二〇七）

エレミヤ書一章の召命記事に戻るならば、その七―八節を内村は引用して、更にこう註解する。

青年のヱレミヤはイザヤ、アモス、ホゼヤ、ミカの如く予言者たるべし、彼は己《おのれ》の歳《とし》足らざるの故を以《もつ》て予言の重職を辞退すべからず、そは予言者たるは、己の智慧《ちえ》を以て謀《はか》り、己の言を語ることにあらざればなりとのことであつた、ヱレミヤは未だ予言の何たるを知らなかつた、彼の予言者たるは神の機械となることであることを知らなかつた、「我の意志は神の意志を我が意志となすにあり」との信仰の秘訣は今始めて彼に伝へられた、彼は若年《よ》でも可い、然かり、若し神の聖意《みこころ》となれば無学でも可い、唯《ただ》神の声を識別するの能《ちから》さへあれば可い、此能さへ神より賜はらば、彼は人を畏るべきではない、神は彼に取り、「最《い》と近き援助《たすけ》」である、彼は今より独り立《たち》て万国を相手に闘ふべきである。（全一四／一〇三―一〇四）

そして「ヱホバ遂に其手を伸べて我口につけ……視よ、我れ我言を汝の口に入れたり」という九節については、「ヱホバの手はヱホバの力である、その予言者の口に入りしとあるは力が彼に臨んだのであらふ、彼は此時彼が未だ曾て知らざりし権能の彼に加へられし〔ママ〕のを感じたのであらふ、憶病なる彼は今は勇者となつたのであらふ、懐疑の彼は今は確信の彼となつたのであらふ、彼は今、頼るべき或る確実なる物を感ずるに至つたのであらふ」（全一四／一〇四）と語る。

また続く十節、「視よ、我、今日汝を万民の上と万国の上に立て、汝をして或ひは抜き、或ひは毀《こほ》ち、或ひは滅し、或ひは覆《たお》し、或ひは建て、或ひは植しめん」は、先に挙げたW・ティールなどが、一八章七節、二四章六節等の申命記史家的な類似表現に鑑み史家に帰する一句だが(262)、内村は、「彼れ在世当時のすべての国民の運命を卜《ぼく》し、其罪を責め、其罰を宣告し、其滅亡を判決すべき者となつた」（全一四／一〇五）とし、「彼は神の聖意を語る者である故に、彼の言辞《ことば》は必ず事実と成りて顕はるべしとのことである」（全一四／一〇五）と簡単に言及し、ドグマティックな解釈には向かわない。むしろ醒めた眼で、「彼れ若し暗愚ならば彼は宗教狂となり果てたであらふ、予言者たるの難《かた》きは他を責むるよりも己を慎むにある」（全一四／一〇五）と指摘するのである。そして「ヱレミヤは此大任を負はせられて彼の常識を失はなかつた」（全一四／一〇五）ことに刮目する。

田園詩人にして家庭の予言者

エレミヤは、「巴旦杏《はたんきよう》の枝」（十一節）と「沸騰《にえたち》たる鑊《なべ》」（十三節）を見て、黙示を与えられる。内村は更にこれを註解して、次のように語る。

巴旦杏《はたんきよう》と鑊《なべ》、梅と鉄瓶、瑣々《ささ》たる此天然物と些細《ささい》なる此家具とは国民の運命を此青年予言者に伝へた、神は其聖意《みこころ》を其愛子に伝ふるに方《あたつ》て必ずしも雷霆《らいてい》の声を以て大岳《たいがく》の上より轟《とどろ》き給ふに及ばない、梅の一枝を以て、或ひは煮え立つ鉄瓶を以て、宇宙の奥義を人に示し給ふ、耳ある者は聴くべし、眼ある者は視《み》るべし、神の黙示は台所に在り、路傍《みちばた》にあり、必しも高壇の上より説教師の説教を聞くに及ばず、山中に隠退して人生の秘密に就て沈思黙考するに及ばない、ヱレミヤはまことに田園詩人にして家庭の予言者である。（全一四／一〇七）

「巴旦杏《はたんきよう》」と訳される原語シャーケードはシャーカド（目覚める）に由来し、冬の終わりに未だ眠っている他の木々に先立って花を咲かせる「目覚めの木」という象徴的意味を持つ。巴旦杏はスモモないしアーモンドを指すから、内村は逸早く花を咲かせる梅で言い直しているのである。「鑊《なべ》」と訳される原語シールは、釜や鉢も指すが、「沸騰《にえたち》たる」という形容句を鑑みて、分かり易く「鉄瓶」と言い換えている。共に「田園詩人にして家庭の予言者」のイメージを膨らませる註解である。

更に、「汝、腰に帯して起ち、我が汝に命ずるすべての事を彼等に告げよ、彼等の面を懼《おそ》る、勿れ、否《しか》らざれば我れ彼等の前に汝を辱《はず》かしめん、視《み》よ我れ今日……汝を堅き城、鉄の柱、銅《あかがね》の牆《かき》となせり」（十七、十八節）については、

恥に対するの鉄面皮、義と情とに対する鉄面皮は悪いことである、然し不義に対するの鉄面皮、殊に権力に依る不義と圧制と暴虐とに対する鉄面皮は善いことにして賞すべきことである、爾《そ》うして神と正義とのために尽さんと欲する者には此種の鉄面皮がなくてはならない、正義は美《うる》はしいものである、然かし花のやうに、美人のやうに美はしい者ではない、正義の美はしいのは山岳の美はしいやうに美はしいのである、之に巍々《ぎぎ》たる所があり、嵯峨《さが》たる所があるから美はしいのである、故に其唱道者たる者にも亦崎嶇《きく》たる所、鬱崛《うつくつ》たる所がなくてはならない、彼

は所謂る八方美人であつてはならない、寛容を唱へて何人でも之を懐《なつ》けんとする人であつてはならない、預言者は磐《いわ》でなくてはならない、鉄でなくてはならない、（全一四／一〇七―一〇八）

というのが、内村自身の分析と自戒を込めたと思われる註解である。ただし「八方美人」については、『コリント人への第一の手紙』九章二〇―二二節を引いて、「是れ確に一種の八方美人主義なり、而も道を伝へんと欲する者に此慈愛的大度あるを要す、詩人ホヰ《イ》ットマン曰く『我が衷に矛盾あり、そは我は大なればなり』と、人類を抱括するに足るの愛心ありて吾人は何人に向ても彼のあるが如くに成り得るなり」（「一種の八方美人主義」『聖書之研究』一九〇一年二月、全九／五〇）と語る柔軟性ないしは矛盾性をも、内村は併せ持っていたことを付言しておこう。

預言者の孤独

次の文章の「我」は「エホバの神」を指すが、「汝」はエレミヤと共に内村自身、「彼等」はエレミヤだけでなく内村の同時代人をも指すかのごとくである。

彼等は彼等の不義偽善を摘指《てきし》せらるゝを歓《よろこ》ばざるべし、汝は彼等の中に在て邪魔物として扱はるべし、然れども彼等の面を懼《おそ》るゝ勿《なか》れ、彼等は彼等の面に現はるゝが如き畏《おそ》るべき者にあらず、彼等の心は彼等の面の如くに恐しからず、彼等の良心は静かなる所に於て彼等を責むるなり、彼等又時には死の恐怖を以て襲はれ、神の裁判を想像して戦慄するなり、然り、彼等の面を畏る、勿れ、彼等の面に対して彼等の罪悪を述べよ、汝、外より言辞《ことば》を以て彼等を攻めよ、我、衷《うち》より良心の声を以て彼等を責めん、彼等は多数にして汝は一人なり、然れども我れヱホバの神の汝と力を合せて彼等の背後より彼等を責むるを忘る勿れ。（全一四／一〇八―一〇九）

エレミヤは内村自身と二重映しとなって、「即ち全国を相手にして立つべき者である、……神の僕である、故に神に敵する者には貴族にも平民にも敵する者である　彼の属する党派なる者はない」（全一四／一〇九）と言われる。軽井沢で内外の避暑客との社交を楽しんで、「一年中の交際を一時に為すやうなものである。悪い事ではない。人間が社交的動物である以上、斯かる機会もなくてはならない」（全三四／二一二）と、晩年の日記に書いた（一A節に引用した八月二十日日記参照）内村は、壮年期のこの文章では、「彼は一人《ひとり》で立つべきである、彼は異邦のギリシヤ人に倣《なら》ひ人は社交的動物であるとの言に従つて、強ひて同志を求むべきではない」（全一四／一〇九）と言い放つのである。「堕落せる彼の在世当時の社会に在ては止むを得ず孤独たるべきである、而して彼は孤独たるを悲んではならない、ヱホバの神は彼と偕《とも》にありて彼を救ふべしとのことである。単に孤独たるばかりではない、彼は……全国民に対して鉄の面と金剛石の額とを向くべきである、彼等の罪悪は決して仮借《かしやく》すべきでない、婬縦《いんじゆう》は婬縦と呼ぶべきである、奢侈《しやし》は奢侈と称《とな》ふべきである、偽善は偽善として攻《せ》むべきである、……黒は黒、白は白、事実有《あり》の儘《まま》を唱ふべきである、斯く為して彼は此社会に在て敵地に陣を張るの境遇に立たざるを得ない」（全一四／一〇九—一一〇）との決意を語るのだった。そして、エレミヤ書一章の末尾、一九節の「彼等汝と戦はんとするも汝に勝たざるべし。我れ汝と偕に在りて汝を救ふべければ也とヱホバ言ひ給へり」に和して、その雄渾な一文を結ぶ。少し長いが、省略してよい一字、無視してよい一句も見つからないので、全文を引用し、もって　そのまま内村の預言者論の結びに代えたい。

世は挙《こぞ》つて立つも預言者に克《か》つ能《あた》はざる説明は茲《ここ》に在る、ヱホバが彼と偕《とも》に在りて彼を救ひ給ふからである、彼れ自身に不抜の精神があるからではない、不撓《ふぎょう》の精力があるからではない、ヱホバが彼に由て語り、ヱホバが彼を以て動作《はたら》き給ふからである、世は人が欲《おも》ふやうに成るものではない、神の渝《かわ》らざる聖意《みこころ》に従つて進むものである　預言者の強きは彼は此聖意に託《よ》るからである、世の人の弱きは彼等は自己に頼るからである、預言者に世に克つの力があるのではない、彼は神に従ふが故に神と偕に世に克つのである、預言者は世に克つの秘訣を知る者である、彼の強きの故を以て彼を褒むべきではない、彼の聖き智慧を讃《さん》すべきである、然り、彼に賜はりし信仰の故を以て彼を羨むべきである。

斯く固められてヱレミヤの生涯は始つた、今より彼は或ひは国王に対し、或ひは牧伯《つかさ》に対し、或は祭司に対し、或ひは平民に対し彼の預言的攻撃を開始した、茲に一大戦争はヤコブの家とイスラエルの家のすべての族《やから》の中に開かれた、一大強敵は民の中に現はれた、国王、牧伯、祭司、平民は挙《こぞ》つて彼を圧服せんとした、彼は半百年の間孤独の生涯を継《つ》けた、彼は度《た》び〳〵泣いた、自己の孤独を悲んだ、彼は時には神をも恨み奉つた、然かし彼は堅き城、鉄の柱、銅《あかがね》の牆《かき》たるの彼の本性を失はなかつた、爾うして彼は甚《いた》く国人に困《くる》しめられたけれども其克《か》つ所とはならなかつた、ユダ王国終りの五十年間、然りユダ民族過去二千五百年間の歴史は神がヱレミヤを以て指定し給ひしものであつた、然り、ユダ王国は終に亡びて了《しま》つた、然れどもヱレミヤの言は亡びなかつた、ヱレミヤの言は民の慰藉《いしゃ》として存した、爾うして存して今尚ほ残つて居る、二十世紀の今日に至るもヱレミヤの言は神を愛するすべての民の慰藉であつて、能力《ちから》であつて、指導である、草は枯れ、其花は落つ、然れど主の言は窮《かぎり》なく存《たも》つなり（彼得《ペテロ》前書一章廿五《にじゅうご》節）。（全一四／一一〇―一一二）

小括

内村の文章は、既に簡にして要を得、その上要約しては妙味が失われる。また彼の旧約読解は、その信仰的現実体験と不可分であって、単に抽象的に整理することを許さない。引用が、この手の選書にしては異例なほど長くなり、旧約読解という主題をめぐる考察が、彼の震災体験という副題と交叉して多岐にわたらざるを得なかった所以である。内村の文章と体験に魅せられて来た小論を、然し最後に現代の批判的視点をまじえつつ、幾つかの論点に整理して、考察の結びに代えたいと思う。

天譴論批判

キーワードは震災天譴論となるであろうか。三A節で見たとおり、当時からこの手の議論は「天譴であると言ひて近代人に笑はれしを思出す」（全三五／四九一）と内村自身述懐していたように、受け入れられなかった。そして現代では、もっと総スカンを食らうだけだろう。実際、東日本大震災に際して「天罰」と語った石原慎太郎氏は、世間の批判を受けて直ぐに謝罪した。それは、現代人が或いは傲慢となり或いは軟弱となって、この手の議論への抵抗性を失ったということでは必ずしもないだろう。むしろ一九二三年と二〇一一年、その八八年の間に人類の経験したことが、如何にも重かったからに相違ない。

例えばポストモダンの宗教・道徳批判があった。宗教も道徳も権力維持のイデオロギー装置となり得、既存社会の既得権を保持するための仮構に堕する恐れがあるという批判。清廉潔白な武士道によって育ち、高潔なモーセの十誡を奉じ、無教会集会を率いる大先生としてキリスト教伝道によって生計を立てていた内村が、自覚すると否とにかかわらず、民衆の道徳的宗教的堕落に対する、旧約の祭司や一部の預言者と同断の、嫌悪地獄に陥り、こうしたイデオロギーを語っていなかったという保証はどこにもない。

また天譴論が再臨信仰と結び付き現世批判の終末論となる時それは、徒に信者の恐怖心をあおり支配構造を強化するという、中んづくオウム真理教事件以後周知のこととなった、カルト集団の常套との並行性を疑われることともなろう。それだけではない。科学の進展によって、むしろ科学の力で応対することが、この手の天災への正しい対処と広く認められるようになった。そもそも、第二次世界大戦をはじめとする幾多の残虐な戦争と暴力の経験を経て、アウシュヴィッツ、ヒロシマ、ナガサキのどこに、神の意志を見出すなどと言えるのか、その点に対して人類は決定的な懐疑を抱くようになった。歴史を愛と義をもって導く神観念そのものが、もう古くなって葬られたのではないか。

更に言うならば現代は、キリスト教以外に霊的救済の事実が豊かにあることを経験し、視野を開いた宗教多元主義の時代となりつつある。三A節で参照した九月十二日の日記に、「東京は滅びても、日本国は滅びても、然り、全世界は滅びても、滅びない者……はキリストの十字架である。そして之に倚《たよ》りて我も国家も人類も再び興る」（全三四／二二二）とあったが、こうした希望の語り口は、一笑に付されるだけでなく、狭い知見の自己絶対化として忌避されることを、謂《いわ》れなしとはし得ないのではないか。[263]

彼我の間の八八年には、そうした重く決定的な経験の積み重ねがあった。

このような現代人の目から見ても、内村の天譴論は間違いだったと結論してよいかに見えるのである。

創造信仰からの反撃

だが、本書第二章、第三章で辿って来たことだが、内村の信仰の聖書的な拠り所として、キリストの贖罪と復活に窮極する、歴史を司る神の救済論と並んで、天地万物を創造する神の創造論もまた大きな役割を果たしていた。この創造論が、内村擁護の拠点とならないか。すなわち本章一B節で確認したように、この世界も人の命も、神が創造し、「神の有《もの》」であるならば、それを「我が有」と誤解し盗んでいた人間への「天譴」として、この震災は与えられ、我々に反省を強いるのだという内村の論理は、突き詰めたところ成り立つのではないかと、このように未だ内村を擁護する人がいるかも知れない。

然し問題は、ここでもそう簡単ではない。内村は、一A節で見た八月二十四日の日記において、ファンダメンタリストへの共感を語りつつ、彼らが聖書の高等批評を無視して進化論も受け入れないことに対しては異議を唱えていた。そして一B節の「創世記第一章第一節」講演にあったように、神が創造したものが進化したと考えて、進化論も創造論に包摂されると見ていたようである。だがダーウィンの『種の起源』は、おのおのの生物が、より下等なものから自然淘汰によって進化してきたことを論じ、『創世記』にあるように、神がそれぞれの種を現在の形に創造したこととは明らかに対立する仮説である。しかもここでも彼我の間の八八年に進んだ認識として、加えてビッグバン論、そして多元宇宙論があった。しかし創世記は、地球を中心とする、この宇宙しか視野に入れていない。しかもこの宇宙も、創世記の語るように、創造神によって紀元前五五〇九年から三七六一年の間にできたのではなく、約一三八億年前に起こった大爆発によって、創造神なしにできたというビッグバン論は、検証不可能とはいえ、創世記の叙述よりよほど確度の高い科学的知見である。創造論も我々の依拠する最後の砦とはなり得ないように見える。斯くして、内村天譴論の擁護は万策尽きたかに思われるのである。(264)

私想

では翻って、現代の我々自身はどう考えるのか。本章の冒頭に、「内村の旧約聖書読解」についての考察は、単なる「抽象的」な「整理概観」に留まることはできないと書いたが、更にそれは、論者自身の主体的理解を査問し、これを明らかにすることを迫るのである。僭越ながら、論者自身の「震災」の位置づけ、「神」と「この世界」の関係についての視点の素描だけでも、ここに挟まざるを得ないであろう。

私見によれば、鍵はやはり創造論にある。だがファンダメンタルな意味での創造論ではない。創造神が数千年前にこの天地万物を種に従って創造したとは、この半世紀の科学的知見の進展によってますます信じ得なくなった。そもそも啓蒙思想以降の近代人は、その手の創造神の観念にもはや付いて行けず、これを放棄し神の死を宣告した。それはよい。しかし近現代人は、創造神の概念を捨てるとともに、天地万物が与えられているという根源的事実の方も一緒くたに捨ててしまった。天地万物を「我が有」として盗んだのである。そこに誤謬がなかったか。

確かに天地万物を創造した人格神はもはや科学的知見と余りに乖離し、付いて行けない。然しそれでも天地万物が、我々が創り出したものではなく、贈与として与えられているという原事実は依然赫々として残る。贈り与えた主語は分からない。ならば主語は括弧に入れて、受動形で言い直そう。天地万物が贈り与えられている、と。存在の被贈性、所与《しょよ》性《せい》。これが、近現代人の忘却しがちな、然し依然として無視することのできない驚嘆すべき原事実ではないか。古代の創世記の記者も、この原事実に驚き感謝して、どうにかこれを言い表したく、当時の宗教的な知見に従って創造神話を作り上げたのではなかったか。言葉は時代の制約のもとにあり、その神話は古くなった。然しその言葉が象徴的に指し示す超越的事実はいささかも古びず、今に真理である[265]。

それだけではない。この八八年間に得た我々の知見として、J・デリダの贈与の不可能性という指摘も、我々は忘れてはならないだろう[266]。贈与者が誰か分かっているならば、贈る側は恩を売ろうとし、贈られる側はお返しをしなければと感じ、そこに出来しているのは、もはや純粋な贈与ではなく、互換性の取り引き、デリダのいわゆるエコノミーでしかない。贈与者が隠れている時、贈与は初めて純粋な贈与となり得るのだという、この無神論を標榜する哲学者の知見は、存在の被贈性、所与性の考え方にも、勝義に妥当する。天地万物は、命は、総じて存在は、贈与者が分からないままに、贈られ与えられている。これほど純粋な贈与はないはずなのに、これを古代の宗教的枠組みで創造神話に作り上げてしまったことの失敗。それを現代のユダヤ・キリスト教徒は大胆に認めてよいし、認めるべきなのではないか。

こう考えて来るならば、我々は天地万物の創造論から、存在の被贈論、所与論へと進まねばならない。

所奪可能性の思想

しかも単にそれだけばかりではない。私は従来の哲学の先所与性の議論に与しつつ、そこに或る違和感を抱いてもいた。それはしばしば、存在は斯くも豪奢に与えられている、だから人生は遊戯であり、自然を命を蕩尽して何が悪いかといった無道徳ないし超道徳となって、結局は、創造神への応答としての内村流の「倹約」や「真面目」といった道徳を無視する方向へ行くのではないかという違和感にほかならない[267]。

然し今回の震災が私に突き付けたのは、所与性だけでなく、所奪性《しょだつせい》という事実であった。より正確には、所与現実性と所奪可能性と言い換えた方がよいかも知れない。与えられている贈り物をいつ奪われるかも知れないという可能性もまた、人間の生を規定している根源的事実ではないか。従来の所与性の哲学が片手落ちだったのは、この点を看過していたからではないか。

だが所奪可能性は、いつ存在を奪われるかも知れないという恐怖や不安を惹起する消極的な概念ではないかという疑問に対しては、必ずしも然らずと答えたい。むしろ所奪性の認識は、いつ存在を奪われるかも知れないから、今この命を生き抜き、またそうした束の間の命を生きる儚《はかな》い存在同士、労《いたわ》り合い育《はぐく》み合おうとする共生の意志を陶冶《とうや》し、そして理不尽と見える形で早逝《そうせい》した者への永い哀悼《あいとう》と記憶を作り出す、そうした積極的な思想ともなり得るはずだし、ならねばならない。所奪可能性の思想に補塡《ほてん》されて初めて、所与現実性の思想は、事実を過不足なく捉える哲学となり得るし、またその事実が我々に強いる倫理性をも獲得するのではないか。

所与性に対する所奪性の考えは、震災後まもなくの講演[268]で語ったことがあり、以後色々な機会に述べてきた。未だ熟さないながら、以上が、論者自身の「震災」の位置づけ、また「神」と「この世界」の関係についての視点の素描にほかならない[269]。

展望

本題に戻ろう。内村の天譴論はこのままの形では、当時も今も受け容れ難いとしても、右のように創造論を被贈論、所与論、更には所奪論へと展開して、これを変奏する限り、或る真理性を含んだものとして甦る可能性を、或いは秘めているのではないか。存在は与えられているのであり、いつ奪われてもおかしくないのであり[270]、そのことを忘却して、遊蕩と蕩尽に任せていたことに対して、我々は反省を強いられるという、その一点のメッセージにおいて。

そしてそうした読み開きは、決して我が田に水を引き過ぎた物言いなのではなく、むしろ内村に可能性として内在するのではないか。我々は、「我が矛盾」の一文において十字架教徒内村が、十字架を経ないで嘻々《きき》的人生を語るホイットマンに倣《なら》う矛盾を第一章末尾で問い、第二章小括の「余の人生観」において、十字架を無制約的な「愛」を指し示す一つの象徴として非神話化する姿勢が内村にあることを指摘し、ひとまずその問いに対する解を得た。十字架の贖罪を文字通りに信仰する側面と、それをあくまで無制約的な神的愛を指し示す象徴として読み解く側面を内村は併せ持ち、それゆえ十字架を経ない嘻々的人生をも語り得たのである。その系譜において創造をも、我々を超えた何者かからの豪奢な愛の贈り物の象徴的表現として非神話化する可能性を、内村が有していたことは、見られる道理であろう。

「我が矛盾」において内村が、「人は何人も神に象《かたど》られて無限大に造られし者なり」（全一六／二八〇）と語ったのは、確かに十字架の贖罪の救済論を経ないで旧約の創造論（特に『創世記』一章二六―二七節）に立った言明であった。そして「余の人生観」の「愛は宇宙を造り、且之を支持す、此愛の宇宙に棲息して余は歓喜極りなきなり」（全一一／二八六）のくだりは、思えば、この「宇宙」を創造したのが「愛」であるとまで非神話化して語っていたのである。天地万物がこんなにも無限者の愛に満ち、我々はその無限性を帯びた者であるのに、その愛に応えようともせず、それに感謝しようともせず、見て見ず聞いて聞かず、いや、かつて見もし聞いたこともあったやも知れぬが、この世の打算と保身と怠惰に堕し、いつしか忘却を決め込み、却ってこの天地を私《わたくし》し、その争奪戦に汲々とし、恐ろしく鈍感で傲慢だった。そのことに改めて覚醒し、頽《くずお》れて深く頭《こうべ》を垂《た》れよう。天譴論は実は、内村自身を含む皆人に向けて、このように語り掛けてやまない言葉だったのかも知れない。

本章の課題は、内村の旧約読解と、彼を襲った震災という現実とのその関わりについて、幾ばくかの展望を開くことであった。最後に加えたクリティカル[271]な考察は、実はそのまま、内村だけでなく旧約聖書そのものに向けられている。旧約に余りに忠実だから、内村の旧約読解とそれに基づく思想に、クリティークが加えられねばならなかったと言ってもよい。旧約そのものへのクリティークとその先に精錬されて来る、旧約が包含する価値についての読み解きは、既に色々な所で書き語ってきたことなので（註でしばしば言及した拙著『旧約における超越と象徴』『旧約聖書の思想』『旧約聖書と哲学』等参照）、ここではこれ以上立ち入らない。

終章　本書全体の結びに

卑小にして偉大

前章で見た、内村の道徳的理想からする文学と芸術をめぐる Japan 批判も、その批判から震災の現実を性急に天譴と論難してしまったことも、更には第二章で通覧したような、国家と国家が政治的、経済的な力を背景に主導権を握ろうとする駆け引きという側面の強い国際政治上の争闘の現実をひたすら Jesus の理想に照らして論じ、義戦論、非戦論、そして再臨信仰へと変転したことも、いずれも第一章で見た「二つのJ」の理想と現実の相克に苦闘した試行錯誤の悲劇的な足跡と見なさねばならないかも知れない。

然しそのことを鋭敏な内村は自覚していたし、序章以来繰り返し確認してきたとおり、そういう自己の悲劇を喜劇として嗤《わら》う、ユーモア、場合によってはアイロニーすら兼ね備えていた。それは、自己とこの世を絶対に超えたものと出会い、その意志を現実に内在的に読み取ろうとし続け、そしてしばしば間違ってしまう、人間というものの卑小と滑稽とを嗤うことにほかならなかった。彼はこの人間の限界を超え得ないことを自覚していたが、然しこれを突破しようと、果敢な挑戦を自らに課し続けた。否、彼がその超越との出会いに誠実であろうとする限り、超越からその突破を促され続けたと言うべきであろうか。超越とは、我々を全く超えたものであり、しばしば我々の想像を絶する。然しだからと言って、その超越が存在し、然も我々のこの生と——政治や歴史、自然といった太い道を通ってか、あるいは宗教、更には罪と赦し、愛といった細い道を通ってかを詳らかとしないが——、のっぴきならぬ関係で生きて働いていることだけは、無視しようにも無視し得ない明々赫々たる事実である。その超越が、単なる理想を超えて確かに存在するという偉大な確実性と、それが、この現実に右往左往する我々の想像を超えているという卑小な不確実性とのディレンマを、内村は果敢に生き抜いた。その卑小に徹した偉大という逆説に、我々は、ちょうど旧約の預言者に対するように、また頭を垂れざるを得ないのではないか。

いま内村を読むことは

アウシュヴィッツ、ヒロシマ、ナガサキを経験し、歴史的批判的聖書学の成果を踏まえ、キリスト教以外の諸宗教の多様性に目を開いた現代人は、内村の信じていたこと（歴史を導く応報的な人格神、天地万物の創造、十戒の絶対的権威、そして十字架による排他的救済、終末の日の再臨等、超越を指し示す諸々の象徴）を、そのまま直解主義的に信じることは、もはや困難になっているに違いない。然しそれら此岸の象徴を通して、またそれらとの誠実真剣な斬り結びによって、彼が彼岸の超越との生き生きとした関係を保持し得たこと、その戦いへと自己超越し続けたこと、しかもその象徴すらもいったん放擲《ほうてき》して（例えば直解主義的な再臨信仰とは距離を置き、人格神信仰に対する汎神論的哲学への親和性を語ることもできた等々）超越そのもの、愛そのものを垣間見る自由さを持したこと、そのことに我々は――内村の預言者への思い（全一四／一〇〇）に擬するならば――「尊崇」「敬畏」「歎賞」の思いを抱き、或いは更に「親愛」の情すらも禁じ得ない。

いま内村を読むことは、翻って、象徴の相対性に拘泥《こうでい》し、愛そのものの自由を忘却し、そうして絶対的超越への方途を見失いがちな我々とは一体何者なのかを、不断に問い返されることにほかならないのかも知れない。

現代的射程

本書は副題にあるとおり、内村鑑三の旧新約聖書の読解を通覧し、それに基づく、彼の生きた危機の時代との斬り結びを探ることを、課題としてきた。後者において彼は、しばしば間違えた。それは、彼自身認めるところであり、現代人の視点から見て、我々もそれを無理に弁護することはできないように見える。では内村はもはや現代的射程を有さない、過去の遺物に過ぎないのであろうか。否、そうではない。内村の真骨頂は、むしろ前者、聖書の読解にこそあったのではないか。

第二章の新約読解、第三章の旧約読解の随所で指摘してきたことだが、ほかならぬ聖書釈義において、彼の先見の明は、余りに真実の価値をおろそかにし、没価値的な事実のみをあげつらうことをもって学問的厳密さと見誤った現代の歴史的批判的方法に対する、あるいは逆に信仰的価値観から性急に護教論へと奔る神学的方法に対する、頂門の一針として、我々に示唆するところ多大なのではあるまいか。

例えば、十戒の「盗むなかれ」という戒めをめぐって、ガーナブというヘブライ語が自由人男子の誘拐に使われるという事実から、ここもそういう意味に限定すべきだといった、歴史的批判的な現代旧約学の、木を見て森を見ずとなりがちな議論ではなく、神の被造物を私することこそ盗みの本質だという旧約の広く深い論脈から、個人的、社会的、国家的な盗みから、更に人類的、世界的な盗みまで論じ切った内村の堂々たる思索は、事実の書ではなく真実の書としての聖書に対して釈義が何をすべきかを銘記して余すところがなかった（第三章一B節参照）。

あるいは新約聖書『ロマ書』一二章の「愛する者よ、自から讐《あだ》を復《かへ》す勿れ、退きて主の怒に任せよ」といった、ニーチェのいわゆるルサンチマン正当化の嫌疑のかかる躓きの箇所については、神の復讐とは、人間の逆上した暴力とは異なる、神の愛と合致した義の審きだといった言い方で、これを性急に弁護しようとする現代新約神学の釈義と袂を別つ。内村は、そうした神に下駄を預けて人間の復讐心を満たそうとする申命記的な宗教的欺瞞を否定し、むしろ「我等の目的は敵人の改悛に在り」（「親愛有怒の途」全一三／二七五）という一点を見据えるところにこそ、その真骨頂があった。すなわち、箴言を多として、汝自ら「敵」を「祝」し、「之に食はせ」「飲ませ」ることで、却って敵の「首」に「熱炭を積」み、可能ならばお灸をすえて兜を脱がせるように仕向け、たといそれが現実には不可能な場合でも、少なくとも自らは憎悪と復讐の思いに絡み取られることを拒否して、そこから解放されることを目指すといった、懐の深い釈義を呈示していたのである（第二章二B節参照）。

しかし結局、内村はこうした聖書釈義に閉じ籠って、現実と斬り結ぶ姿勢を失ったのか、あるいはそもそも聖書の研究に現代的な意味があるのか、と更に問う人がいるかも知れない[272]。そうした問いに対しては、内村の次の文章を参看して駄目押しとしたい。

社会事業と聖書研究

○社会事業を生活改善、幸福増進とのみ見るは大なる間違である。イエスが曰ひ給ひしが如くに「人はパンのみにて生くるに非ず、唯神の口より出づる凡ての言《ことば》に因る」である。人の生活幸福は獣のそれとは異ふ。豚は食足れば満足するが、人は衣食住の外《ほか》に霊魂の糧なる真理を要する。此意味に於て社会の為に詩も哲学も倫理も必要である。神の言なくして人は活きず、社会は成立しない。言あり曰く、北米合衆国はGod（神）を求めし人達に由つて建られしが故に健全なる発達を遂ぐるを得しに対して、南米諸共和国はGold（金）を探りし人等に由つて立られしが故に、動揺常に止むことなしと。神を求むると金を探るとの間に天地の差がある。神を求むるの心なくして国も興《おこ》らず、社会も振《ふる》はないのである。

○如斯《かくのごとく》にして聖書研究に従事して私は大なる社会事業を為しつゝあると思ふ。勿論《もちろん》私の浅学微力を以てして為す所甚だ尠《すくな》しと雖《いえど》も、為《な》さゞるに勝《ま》さること万々《ばんばん》なるを疑ふ事は出来ない。預言者アモスの言に「神の言を聴くの饑饉《ききん》」と云《い》ふがある通り、食物の饑饉の外に天より臨む真理の光の饑饉ある事を忘れてはならない。日本に於ても何時《いつ》か其国民が神の言の饑饉を自覚する時が到るであらう。其時私供の小なる努力が認められて、私供も亦《また》「社会の功労者」の内に算《かぞ》へらるゝであらう。勿論社会や政府に認められんがために為す事業でないから、認められずとも恨みはしないが、然し聖書研究を閑人の道楽である乎の如くに思ふ人が信者不信者の間に許多《あまた》あるを知るが故に、茲《ここ》に一応弁明して置く次第である。(「社会事業として見たる聖書研究」『聖書之研究』一九二九年一〇月、全三二/二一五。以下章末までの傍点は、全て引用者による)

かつて「慈善事業は放蕩息子の梅毒《かさ》を治療してやる様なもので」「利益《つま》らないものである」(「予が聖書研究に従事するに至りし由来」『聖書之研究』一九〇一年九月、全九/三四一)と喝破し、「梅毒を治療」するといった対症療法ではなく、そもそも放蕩に陥らない精神を作り上げることが肝心だと考えた内村、また「社会改良とは何でありまするか、……社会とは多くの人が考ふる如き単純なる組織躰ではありません、随《したがっ》て社会的罪悪の如きも之を責め立てたばかりで正すことの出来るものではありません、社会改良は至て易いやうで最も困難なる業であります、是を行ひまするには多くの勇気を要しまするのみならず、亦深き智慧と強き能力《ちから》を要します、直《じか》に人の良心を改良するにあらざれば社会の罪悪は拭《ぬぐ》へるものではありません」(「聖書の研究と社会改良」『聖書之研究』一九〇二年三月、全一〇/一〇五)と述べた内村、そしてまた、「種々雑多の社会の罪悪も之を詮《せん》じ詰めれば二個の罪悪に帰するのでありましやう、即ち利慾と好色の二つに帰着するのでありましやう、故に若《も》し何にかの方法を以て此等二個の罪悪を其源《そのみなもと》に於《お》て涸《から》すことが出来ますれば、是れ社会の罪悪を其本に於て絶つことであるに相違ありません、而して若し此病根を絶たずして、いくら其結果を責めた所が、是れ単に一時を繕《つくろ》ふに止《とどまり》て永久の治療でない事は誰も能く知つて居ます、如何《どう》して人の利慾と好色の念を潔めることが出来る乎《か》、或は是れ実際出来得る事であるか、是れ大《おおい》に私共の攻究すべき問題であります。……聖書は人をして其利慾の念を絶たしめ、之に代ふるに他を救はんと欲するの聖慾を以てせしめまして社会を其根底より改めます、爾《そ》うして私共は世に此事を為し得る勢力は聖書の基督教を除いて他に決して無い事を信じます。／利慾を殺《そ》ぎ之を聖化するに此くも偉大なる功力を有する聖書の教訓は利慾の姉妹とも称すべき好色の罪悪に対しても同一の権能を揮《ふる》ひます」（同、全一〇／一〇五―一〇六）と道破した内村は、終始、社会への眼差しを持しつつ、直接の慈善事業や社会改良運動ではなく、間接的に聖書の研究を通した社会の精神の変革へと、その活動の焦点を絞って行ったのだった。[273]「矛盾」の人、内村鑑三は、そう思い定めつつも、直接の社会的行動に出、そしてしばしば間違ったが、彼の真骨頂は、その聖書の研究にこそあり、そしてそこで彼は勝義の社会の変革を目指したのだということを、ここに確認しておきたい。内村の戦争論の到達点であった、結局神の「事業《ビジネス》」に委ねる宗教的非戦論は、決して現実からの逃避ではなく、むしろ戦時の非戦論は遅きに失し、戦争を起こさぬための事前の永い努力こそ人の「事業《ビジネス》」であり、そこにおいて現実に参与するのだという決意と裏腹のはずであった。そしてその決意は中んづく、所与の贈与を「我が所有《もの》」とする強欲を捨てて、それら共同の贈与を平等に分かち合う共生を喜ぶ愛こそが、戦争の狂熱を鎮め防ぐ途だという認識と不可分だった。そのことを聖書読解に基づく聖性の顕示とともに清明《さやか》に指し示し続けることが、勝義の宗教の分限だという見極めに、再臨運動後の内村は行き着いたように見えるのである。

哲学的解釈

こうした自らの聖書解釈を、内村は謙遜して「平信徒の立場よりの見方」（第二章一B節等参照）と称したが、しばしばむしろ哲学的解釈と呼称した方がよいようにも見える。[274] 哲学は、第二章二B節で見た通り、若き日の内村の忌避するところではあったが、後年の日記にはむしろ、「哲学熱が復興し、殆んど終日哲学書を耽読」といった記述が随所に見られ、或る時期から彼は哲学を大いに多としているのである。[275] 第三章一B節で見た、キリスト教的有神論、人格神信仰と長短相半ばするものとしての、スピノザの汎神論哲学への高い評価などは、その最も良質な一端だったと言えよう。

平民的ないし普遍的な聖書

聖書という書物について内村は、「平民」的、更には「普遍」的といった見方をする。例えば、

聖書はキリストの書なり、而してキリストは平民なりし、故に聖書は平民の書なり、聖書は平民が大平民に就《つい》て平民のために記《か》きし書なり、然るに僧侶階級なる者起りて聖書を平民の手より奪ひ、之に自己に便利なる註解を加へ、之を以て平民の上に強《し》ひんと為せしが故に、ルーテ

ル、カルビンの如き大改革者起りて、聖書を僧侶（教会）の手より取戻し、之を其正当の持主なる平民に渡したり、而して今に至るも僧侶階級は其跡《そのあと》を絶たず、ルーテル、カルビンの後継者の中にすら其跋扈《ばっこ》を見るが故に、神はバウル、リッチュル、プフライデレル、ホルツマン等の碩学を送り、其犀利《さいり》なる頭脳を以て新たに聖書を研究せしめ、全然之を僧侶（教会）の手より奪ひ、再《ふた》たび之を平民に下し給へり、第十九世紀の最大発見の一は実に平民の書としての聖書なりき、今や大平民ナザレのイエスは其聖書を以て直《ただち》に平民に語り給ひつゝあり、吾等何を苦《くるし》んで再たび僧侶の声に聞かんや、今や実に僧侶（教会）の羈絆《きはん》〔すなわち、束縛〕より脱すべきの時なり。（ハーバード大学聖書学教授ヘンリー・S・ナッシユ氏近著『高等批評の歴史』を読んで感ずる所を記す）。（「平民の書としての聖書」『聖書之研究』一九一四年三月、全二〇／二八二）[276]

また「普遍的」については例えば、

イスラエルは神の選民たりと雖《いえど》も神を求むるの心はイスラエルの独占物ではない、人は各個人直接に神を求むるを得、神は各個人の心霊にその姿を顕し給ふ、此意味に於て国籍民族の区別は全く無意味である、そは実に個人的なるが故にまた普遍的である、故に神を求むる者を猶太《ユダヤ》人に限る要はない、異邦人にて宜《よろし》いのである、否《いな》異邦人の方が却て宜しいのである、約百《ヨブ》記が異邦人ヨブの心霊史を掲ぐるは神を求むる心の普遍的なるを示すと共に、神の真理の包世界的なるを示すのである、実に各個人の——従つて全人類の——実験を描かんとせば其主人公を猶太人以外に求むるを得策とするのである、而して旧約聖書はその教訓部の劈頭《へきとう》に異邦人の心的経験を記載して以て其人類的経典たることを自証してゐるのである、げに聖書ほど人類的の書はないのである、聖書を以て猶太思想の廃址《はいし》〔すなわち、朽ちたあと〕と見るは大なる誤謬である、その然らざるを証するものは少なくないが約百《ヨブ》記の如きはその最たるものである、されば約百記は特に普遍的の書物である、（「約百記の研究」『聖書之研究』一九二〇年六月、全二五／三七〇[277]）。

このように内村は、「平民」的で「普遍」的な書物として聖書を見ていた。そして内村が、「平民」の「自由、独立、正義、平和といった〔普遍的〕諸価値の世俗世界における普及」[278]を考えていた限りにおいて、内村が自らの聖書解釈の基本姿勢も「平信徒」的と称したことは、故なきことではない。とはいえ、彼が無教会の集会の末席で聖書講義を聴講する普通の平信徒ではなく、却ってこれに向かって講義をする伝道者であり、『聖書之研究』者であることを考えれば、この謙譲表現を真に受け過ぎることも妥当ではないだろう。むしろ聖書の「普遍」的な使信を汲み取り、それを「平民」に呈示するといった意味において如上の「哲学」的という言葉で、内村の聖書解釈の独自の地歩を表すことこそ妥当なように思われるのである。

歴史的批判的・神学的・哲学的聖書解釈の統合

しかも単にそればかりではない。

「高等批評」、すなわち、いわゆる歴史的批判的な聖書解釈の方向は、一九世紀から二〇世紀初頭の内村の楽観とは裏腹に、私見によれば、事実のみ論《あげつら》って真実の価値の問題を無視ないし貶価する方向に現代では行き過ぎたように見える。対するに、いわゆる神学的な聖書解釈の方向は、価値を問題にするとはいえ、「今に至るも……其跡を絶た」ない「僧侶（教会）」が一旦「其正当の持主なる平民に渡した」（全二〇／二八二）聖書を、再び奪い返して囲い込む恐れなしとしないだろう。[279] 聖書の真実の価値と正面から向き合いつつ、しかも一定の信仰には偏しない意味で「普遍的」で合理的な立場から論ずる内村の解釈は——殊更その呼称に拘る必要もないが——、確かに如上の複合的な意味において、これを勝義の哲学的解釈と呼ぶことこそが最も相応しいように見える。しかし単にそれだけでなく、彼は歴史的批判的な「高等批評」の成果にも常に開いていたし、「平信徒」は結局「神学者」と信仰的価値に基づくという点では軌を一にするものである限り、「神学」と対話する用意にも怠りなかった。

何事にも一長一短がある。信仰的解釈はもとより哲学的解釈も、聖書に対して主体的に過ぎる読み込みをし得るという短所を有する。それに対し、そうした主体的な読み込みに歯止めを掛けるのが、歴史的批判的解釈の長所であり、その客観的な読み取りの作業であるはずなのである。逆に言えば、客観的な読み取りに反しない限り、人は主体的な読み込みを大胆にしていけない謂れはなく、それこそが却って聖書を現代に豊穣化し蘇生させるということにほかならない。

そうした様々な釈義の方法の長短を時代に先んじて洞見しつつ統合し、歴史的批判的事実をめぐる客観的な読み取りに反する独善的な読み込みは排し、しかし信仰的な実験に基づく主体的な真実の価値の読み込みは、平民の手から聖書を奪う危険を注意深く回避しつつ、これを大胆に敢行する。そしてそうした釈義の積み重ねの先に、政治や社会をめぐる大きな語り口においてではなく、罪と赦し、中んづく、象徴論を踏まえて畢竟《ひっきょう》するに、愛という細き道を通って人は宗教へと深く分け入るのだという哲学的到達点を、陰に陽に指し示し続けることにおいて、内村鑑三の聖書読解は、その堂々たる結構《けっこう》と雄渾《ゆうこん》の文体ともども、今に汲めども尽きない霊感の源として幸《さきわ》うている。(280)

後書き

本書の内容に関わる解題は「前書き」に記したので、ここでは成立事情をめぐる解題を記すに留めたい。

編集の北村善洋氏が拙宅に見えて、本書の構想について語り合ったのは、今年の正月のことだった。その後原稿を書き進め、勤務校の聖学院大学大学院春学期の講義は内村鑑三論とした。書き上げたところまで読み上げる**Vorlesung**形式の授業で、毎回質疑の時間をもった。傾聴と対話の時を共有してくださった聴講の諸氏には、改めて御礼を申し上げたい。

夏休み、講義ノートに更に推敲を加えてできあがった第一稿を、畏友・渋谷治美氏のもとにお届けし、閲読していただいた。氏から与えられた鋭い御指摘と温かい激励にどれだけ勇気づけられたか分からない。それを元に更なる推敲改訂を加えて秋口にやっと完成した原稿を筑摩書房に送付し、それから北村氏とそのチームの周到な校閲を経て、本書はようやく、読者のお手許に届ける体を成した。

放送大学埼玉学習センター所長最終年度の御多忙にもかかわらず変わらぬ友情と識見を示して下さった渋谷氏に、また何度も鄙《ひな》の茅屋《ぼうおく》まで足を運び、的確な助言をもって伴走してくださった北村氏に、そして本書をここまで通読してくださった読者諸兄姉に、加えて校正段階で目を通してくれた妻・美芽（幸か不幸か、ルビが大幅に増えたのは彼女のお蔭である）にも、心からの感謝を捧げたい。

二〇一八年師走

高坂にて

関根清三

註

前書き

（1）批判・批評とクリティークが似て非なることについては、今道友信「批評とクリティーク」（『美の位相と藝術』東京大学文学部美学芸術学研究室、一九六八年、三二一―三五四頁）を参照されたい。半世紀の間、この国の解釈学に影響を与え続けてきた、この古典的な論文において今道氏は、批評・批判が下位者の悪いところを論《あげつら》って殴りつける否定的な語であるのに対し、クリティークの語源であるギリシア語のクリネインは元来、悪いものを取り去りつつ、それでも残る良いものを見出すことを終《つい》の課題とする肯定的な語であることを指摘された（三五一―三五三頁）。そして価値への憧憬に貫かれたこの原意は、近代ヨーロッパ語のクリティークに脈々と受け継がれているというのである。（特に三四九―三五〇頁）敢えてここで「クリティカル」という言葉を使うのは、そうした背景を踏まえてのことである。もちろん終の課題に至る前段階における漢語の否定的な意味での吟味検討の際には「批判的」という言葉を用いて、以下、両語を使い分けることとしたい。

なお内村自身、批評・批判よりもクリティークを身をもって実践した人だったのではあるまいか。例えば、福田清人「内村鑑三の影響を受けた作家たち」の伝える次の挿話が、その間の事情を伝えている。すなわち、生意気盛りだった時代の中里介山が不遇な境遇をかこつ文章を書いて、内村から次のように諌められたというのである。「文を書かんとせば文の為に文を作る勿れ、批評の材料を供するが為に文を作る勿れ、不平を洩らさんが為に文を書かば不平更に不平を生まん。君が逆境と雖も時に天来の光明に接して喜悦と感謝との溢る、時無きに非る可し。只其の時其の喜悦と感謝とを筆にして世に示せ。而して君が筆によつて一人だに霊性の慰安を得るものあるに至るを誇とせよ」(『回想の内村鑑三』鈴木俊郎編、岩波書店、一九五六年、三一二頁)。

(2) 内村の聖書解釈については、古くは新約学の前田護郎氏、旧約学の関根正雄氏から、新しくは日本近代史家のJ・F・ハウズ氏に至るまで、言及されないわけではない。歴史家であるハウズ氏は、「歴史学・言語学・考古学の研究成果」を取り入れていない内村の聖書研究は「時代遅れ」だという意見に与するようである(『近代日本の預言者、内村鑑三、一八六一―一九三〇年』教文館、二〇一五年、三七一頁)。氏は「デイヴィッドソンの偉大な『ヨブ記』注解……が一八ページも割いている『ヨブ記』の執筆者と日付」(三七四頁)等の問題に内村がまったく言及していないことを遺憾としているように見える。それに対し、内村の最晩年の弟子、あるいは内村の弟子である塚本虎二の弟子とも言うべき、共に第二次世界大戦中、ヨーロッパに留学して学位を取り、日本の聖書学のパイオニアとなった前田氏と関根氏は、内村の聖書解釈について肯定的な短文を残している(前掲『回想の内村鑑三』所収)。前者は、《内村の聖書解釈は今日でも聖書学界に貢献するだけの価値があるか》という、或る外国人の問いに即座に強い肯定をもって答えたという文章で始まり、内村からの「今日の聖書解釈が受ける刺戟は益々増大することであろう」という予言で終わっている(「内村先生の聖書解釈」同書、三二五―三三〇頁)。後者は、「先生の聖書研究をいつまでも古びない新鮮さの中に保っている理由」を「信仰と現実の生きた緊張と衝迫の中でなされた」ことに求め、その聖書研究の特色は「恩寵の浸透」にあると喝破している（「内村先生の聖書研究」同書、三三〇―三三五頁）。内村の聖書解釈を肯定するにせよ否定するにせよ、では具体的に聖書の各書について内村はどう論じ、それが近現代のいわゆる聖書学と照らして、どのように位置づけられるべきなのか。上記三人の文章はこの点に短く言及するのみであり、寡聞の限り従来ここに立ち入った考察は十分になされてこなかったように思われる。本書は内村研究史のこの本質的な欠落を補うことを、一つの課題として定めたいのである。その先に内村の聖書解釈を肯定するか否定するか、その答えも自ずと出るであろう。

序章

（3）本章の元には、拙稿「義についての語り口――内村鑑三の場合」（『無教会』創刊号、無教会研修所、一九九八年、八四―九六頁）がある。本書のためにかなりの改訂を加えて成稿した。なお章または節の初めに、こうした初出への言及のない文章は、全て本書のための書き下ろしである。

（4）高山樗牛「内村鑑三君に与ふ」『太陽』一八九八年一一月五日、第四巻第二二号、三一―三四頁（執筆者名は「高山林次郎」（本名））。鈴木範久『内村鑑三日録5 1897~1900 ジャーナリスト時代』教文館、一九九四年、三四九―三五四頁に再録されている。

（5）遠藤周作「内村鑑三と文学」『遠藤周作文学全集』新潮社、二〇〇〇年、三二五頁（初出：『現代日本思想大系』第五巻・月報、筑摩書房、一九六三年）。

（6）亀井俊介『内村鑑三　明治精神の道標』中公新書、一九七七年、二〇四頁。

(7)宮部金吾自身は、「内村鑑三君小伝」(『内村鑑三追憶文集』聖書研究社、一九三一年、四頁以下)の中で、内村が「世事慣れず一見粗野な処があったので『不意気』といふ綽名を附けられても居ました」(六頁)と記している。

(8)なお幾つか傍証を固めるならば、晩年のクリスマス会で、「自分の感想としては『常に若くある秘訣』を述べた。其一は常に沢山に笑ふ事、其二には常に強い敵を持つ事であると云うた。後で悪い事を青年達に教へたと思うた。能くユーモアを解せざる人達にユーモアを語るは危険である。然し事実は事実であつて、時には之を匿《かく》す事が出来ない」と記す内村であった(日記、一九二七年一二月二三日、全三五/二六四)。

また、「伝道は真面目の事業であるが然し時には諧謔を以て少しく之を緩和するの必要がある。人に必要なるはヒユーモアである。世に貴い者とて真面目なる人の深い笑の如きはない。誠実が解けて笑となりて現はれた者、其れがヒユーモアである。凡ての偉人にヒユーモアがあつた。クロムウエルに在つた。リンカーンに在り過ぎる程あつた。……パウロに無い訳はない」(「パウロの欠点に就て」一九二五年四月、全二九/九〇)として、ピリピの獄舎を去る際のパウロの「悪戯」(『使徒行伝』一六章一一節以下、全二九/九〇)に言及するのであった。しかも、「私は之にパウロの人間味を見て喜ぶ。……パウロは私の近づき得ない人ではなかつた。私はシラスに代つて彼の伝道旅行に同伴したく欲《おも》ふ」(全二九/九〇)と結ばれ、パウロの悪戯が相手を突き放すアイロニーに近いのに対し、相手を受容する真正のユーモアをもって、この段を結ぶのである(この箇所について、より詳しくは、後述、第二章二B節の「行伝・書簡大観」の項を参照）。

因みにユーモアとアイロニーの違いについては、後註（204）のキルケゴール参照。内村は書くときはユーモアが勝り、話すときはアイロニーが勝っていた人なのかも知れない。例えば武者小路実篤（一八八五―一九七六）（「内村さんに就て」前掲『回想の内村鑑三』、三三頁）によれば、「内村さんの演説を志賀（直哉）にすゝめられて二度聞いたが実に感心した。実に鋭い、そして皮肉だ。聞き手が痛快になつて哄笑する。……実に胸がすく演説で、僕が聞いた演説では内村さん程、熱のある内容の充実してゐる演説を聞いたことはない。一度聞けば忘れられない印象を残す。悪口の名人でもあつた」と言う。正宗白鳥（一八七九―一九六二）も、「植村〔正久〕先生は、その説く所に滋味があり、聴いてゐて心の豊かにされる趣きはあつたが、訥弁《とつべん》の方で、……眠気さす思ひのすることがあつた。……これに反し、内村先生のは雄弁型で、論調鋭く、警句あり諷刺あり、それ自身、聴衆の眠気を醒まさせる趣きがあつた」（「内村先生追憶」同書、一一―一二頁）と証言する。同様に「聖書に就いて話される事でも品の悪いセンチメンタルな調子がなく、胸のすく想ひがした」と言う志賀直哉（一八八三―一九七一）は、日常の会話でのドイツ人の弟子、W・グンデルト（Wilhelm Gundert、一八八〇―一九七一）との内村の受け答えを記している。グンデルトの先祖が城に木材を運んだとき城門の幅より長くて入らず困ったが、ふと見ると雀が藁を縦にくわえて穴を通すのに気づき、そのようにして成功した。それがドイツで藁をくわえた木彫りの雀のお土産を売っている由来だと彼が話すと、間髪を入れず内村先生、「よほど馬鹿な先祖だな」。さすがにグンデルトもちょっと嫌な顔をし、志賀も気の毒な気がしたと言う（「内村鑑三先生の憶い出」前掲『回想の内村鑑三』、二四頁。なお一九一四年、日独開戦が迫った時のグンデルトと内村の心温まる会話については、鈴木範久『内村鑑三日録9 1913~1917 現世と来世』教文館、一九九六年、一二一頁)。或る感話会では、志賀が自分でも自信のない思いつきの話をしたところ、志賀がバラの挿し木をすることを知っていた内村先生、「そんな話より、バラのさし木を作る話でもすればよかった」、と。それで当然「気を滅入らして了つた」(同書、二七頁)と志賀は述懐している。

(9)もっとも武者小路実篤は、前掲「内村さんに就て」(『回想の内村鑑三』、三三—三四頁)で、こうも語っている。「最後の審判を信じたり、キリストの再来を信じたりする事は僕には同感出来ない以上、滑稽にも思はれたが、その他の点殊に文章の調子の高さ、頭の動きのするどさには感心し、聖書之研究の巻頭に出てゐる文章は愛読した。……あの人が自由な考を持つて書きたいことをかいたら、日本文学には実に類のない調子の高い文学が生れたのだと思ふ」、と。この文学者の側からする高い評価は、内村の道化的自己評価とは裏腹に、妥当なところではあるまいか。

(10)太宰治「作家の像」『太宰治全集』筑摩書房、第一〇巻、一九七一年、一七二頁(初出「都新聞」昭和一五年四月)。

(11)塚本虎二「内村先生のことども」『内村鑑三先生と私』伊藤節書房、一九六一年、五二頁。

(12)長男祐之の嫁である内村美代子の証言(「内村鑑三の日常生活(三)」『内村鑑三全集』二〇巻、月報21、一九八二年、五頁)によれば、祐之より鑑三は「十センチほど高かった」が、祐之は「一六七、八センチぐらい」だったので、一七八センチ説が浮上してくる(最近では、眞嶋亜有『肌色の憂鬱 近代日本の人種体験』中公叢書、二〇一四年、三四頁。片山杜秀「朝日新聞文芸時評」二〇一四年、九月二四日も併照)。なお、関根正雄編著『内村鑑三』清水書院、一九六七年、一四一頁によれば、「身長五尺七寸七分（一七五cm）体重一八貫百匁（約六八kg）。これは六二～三歳ごろの数値である。明治三三年……の全国平均値一六〇・九cm……とくらべても、相当高いことがわかる（学生時代の仇名は『長すね彦』を意味する『ロン』)」。ただし典拠は記されていない。志賀直哉の前掲「内村鑑三先生の憶い出」によると、「〔内村〕先生は五尺七寸、或ひはもつとあつたかも知れない」(『回想の内村鑑三』、二〇頁)。

(13) H・ベルクソン『笑い』林達夫訳、岩波文庫、一九七六年（改版）(Bergson,H., *Le Rire: essai sur la signification du comique*, PUF, 1900) 参照。ただし次註の引用は、中村弓子「ベルクソン『笑い』最終節の《苦み》が問いかける問題」(Waseda Global Forum No. 8, 2011, 183-209) に依る。

(14)『笑い』の一番さわりの部分を、中村前掲論文の翻訳で引用しておく（林訳では二五頁以下）。「相互の絶え間ない順応の努力を社会は要求する。そこで、性格、精神のぎこちなさ(raideur)、さらに身体のぎこちなささえ、すべて社会にとって心配のたねとなる。……それはただ兆候としてであって、ほとんど脅威とも言えず、せいぜい身振り《ジェスト》である。そこで社会は単なる身振りでこれに応ずることになる。笑いとはそんなもの、いわば社会的身振り(geste social)であるにちがいない。……社会はその成員から最大の弾力と最高の社会性をうるために、これ［身体、精神および性格のぎこちなさ］をも取り除こうとしているのだ。このぎこちなさがおかしさであり、そして笑いはこのぎこちなさに対する罰なのである」(pp. 395-396. 強調ベルクソン)。普通の人間だったら受け流して柔軟に折り合いを付けてしまう道徳や宗教の問題に、これだけ生真面目に取り組んでこわばってしまう、内村の純真なぎこちなさが、これらの章句の笑いの源ではあるまいか。ベルクソンが挙げるぎこちない笑いの典型、「現実につまずく理想をもった疾走者」（Bergson, ibid., p.393〔林訳、二二頁〕）、ドン・キホーテの後裔として、内村を見ることはできないであろうか。加えて内村の場合、重々その若気の至りを知った時点から振り返って、硬直してひきつってしまっていた自分を憐憫の情、あるいは場合によっては自虐的なアイロニーも交えて描くことから醸し出されるユーモアがここにはないだろうか。更に言えば、主題の深刻さにもかかわらず、あるいは深刻だからこそ、現在赦された罪人として、当時の深刻さを笑う余裕が随所に感じられないであろうか。

（15）I・カント『宗教論』（Kant, I., *Die Religion innerhalb der Grenzen der blossen Vernunft*, 1793）、第三篇「悪の原理に対する善の原理の勝利と地上における神の国の建設」、第四篇「善の原理の支配下における奉仕と偽奉仕について」、『カント全集』第九巻（飯島宗享、宇都宮芳明訳）、理想社、一九七四年」。

（16）G・W・F・ヘーゲル「ベルン時代の断片44・46」（*Hegel's Theologische Jugendschriften*, hrsg. v. H. Nohl, 1907, S. 50ff.）

（17）E・レヴィナス『困難な自由』（E.Lévinas, *Difficile Liberté*, 1963）「II　註解・メシア的テクスト」（内田樹訳）、国文社、一九八五年。

（18）こうした批判に対する贖罪思想の側からの応答の可能性については、拙著『ギリシア・ヘブライの倫理思想』東京大学出版会、二〇一一年、二八九―二九三頁参照。

（19）H・ベルクソン『道徳と宗教の二源泉』（Bergson,H., *Les Deux Sources de la Morale et de la*

***Religion*,1932**）。なお中村前掲論文は、ベルクソン哲学において、『笑い』最終節の《苦み》が投げかける悲観論が、『二源泉』最終章の「機械と神秘主義」における、人類に対する哲学者の《呼びかけ》のうちに最終的な応答を見出すことを指摘する。

（20）この言い方は、アメリカの外交官であり歴史家でもあったケナンの次の言葉を下敷きとしている。「我々は、正直なところ、単に人間、人間の子孫、祖先と同様に人間の有り触れた弱点を全てかかえている者にすぎない」（**Kennan, G. F. *Around the Cragged Hill: A Personal and Political Philosophy*, W.W.Norton & Company, 1993, p.183.**）。その能力もないアメリカの一般国民が世界の救世主たろうとする野望をいさめる文脈で語った名言である。日頃、凡人への戒めとして拳拳服膺するところなので、引照しておきたい。

（21）倫理学会の会長在任中、病に斃《たお》れた大庭健氏が、最後の病床で語られた言葉として、二〇一八年一一月二三日、柏木教会での葬儀の際、葬儀委員長の竹内整一氏から会葬者に伝えられた言葉である。「赦されてあることへの祈りないし願いのようなものに対する眼差しは、大庭さんの根底にずっと流れていたように思います。それが本格的に組み込まれたならば、大庭倫理学がどう展開されたか、ぜひ見てみたかったように思いますが、もはやかなわぬことになりました」、と竹内氏は述べられた。日頃《赦されてある可能性にすがる信》といった同方向の考え方をしていた私は深い共感と感銘を覚えた。ふつうキリスト者は自らを「赦された罪人」と称し、そこからキリスト者の自由や喜びを語りがちだが、キリスト教信仰に立ちつつもその独善性を払拭しようとする倫理学を企図していた、大庭氏らしい注意深い言い回しとして記憶に留めたい。なお本稿の存在を筑摩書房に御紹介くださったのは竹内氏であり、両先輩の学恩に対する感謝をここに記しておきたい。

（22） Gadamer, H.G., *Wahrheit und Methode. Grundzüge einer philosophischen Hermeneutik*, Tübingen, 1960.

（23） クリティークと批評の違いについては、前註（1）参照。

第一章

（24） 本章は、拙稿「二つのJのために――内村鑑三」（藤田正勝編『日本近代思想を学ぶ人のために』世界思想社、一九九七年、六一―七九頁）を元に、特に第五節を大幅に補訂して成稿した。

（25） 鈴木範久『内村鑑三日録1　1861~1888　青年の旅』教文館、一九九八年、一七七頁。

（26） 新渡戸稲造「旧友内村鑑三氏を偲ぶ」『実業之日本』三三巻八号、一九三〇年四月一五日の回顧による。鈴木前掲書、一〇二頁およびその註（93）を参照。

（27） *How I became a Christian*〔全三／巻末七以下〕。以下の訳文は主として『日本の名著38　内村鑑三』（中央公論社、一八九五年）所収の松沢弘陽訳『余はいかにしてキリスト信徒となりしか』〔該当箇所は第一章、八四頁以下〕に依拠している。

（28） 同書、第二章〔ibid.,pp.13ff.; 同訳、八九頁以下〕。

（29） 同書、三―四章〔ibid.,pp.21ff.; 同訳、九五頁以下〕

（30） 同書、七章〔ibid.,p.95; 同訳、一五九頁〕。

（31） 同書、七章〔ibid.,p.95; 同訳、一五九頁〕。

（32）同書、八章〔ibid.,p.117f.; 同訳、一八〇頁〕。
（33）同書、八章〔ibid.,p129; 同訳、一九〇頁〕。
（34）この一句について、若松英輔『内村鑑三　悲しみの使徒』岩波新書、二〇一八年、七八頁は、「怒りとも嘆きとも判別のつかない言葉を投げかけるほかなかったというのである。／『荒態』という表現も、喩えとして認識することで終わりにしてはならない。慟哭という言葉に『犬』の文字が潜んでいるように、天を揺るがすほどの呻きのあまりその声はすでに、人間が理解できる言語の姿をしていない」という優れた註釈を付している。
（35）鈴木範久『内村鑑三日録2　1888~1891　一高不敬事件（上）』教文館、一九九三年、一一二頁は、「一団の暴徒がわたしの家の前に押寄せてきて、口々にわたしの名を罵り、まさに屋内に乱入する形勢となった。病床にあって、わたしは死を覚悟した」（横山喜之『第一高等中学校不敬事件の裏面』友愛書房、一九六三年）という内村の証言を伝えている。この時、ちょうど通りかかった喜納治五郎とおぼしき柔道の大家が、この暴徒たちを追い払った経緯については、鈴木同書、一一二―一一三頁参照。
（36）鈴木同書、一〇一―一〇二頁によれば、「〔不敬事件の〕ために、〔内村〕先生は職を奪はれ、妻を喪ひ、友は交はることを拒み、教会は門戸をふさぎ、旅に出づれば『国事犯人』として旅館さへ斥けるほどの苦境に立つに至った」（畔上賢造『日本聖書雑誌』四一号、一九三三年五月一日）との証言もある。
（37）小原信『内村鑑三の生涯　近代日本とキリスト教の光源を見つめて』ＰＨＰ研究所、一九九二年、一六四頁。
(38) 政池仁『内村鑑三伝　再増補改訂新版』教文館、一九七七年、一八一頁。
(39) 同書、一八五頁。
(40) 小澤三郎「所謂『内村鑑三不敬事件』について」前掲『回想の内村鑑三』一六四―一六五頁。
(41) 小原前掲書、一六二頁参照。
(42) 政池前掲書、一八三頁に依る。政池は典拠を挙げていないが、鈴木前掲書、八七―八八頁によれば、江原万里「教育勅語満40年と内村鑑三先生」(『聖書之真理』三九号、一九三一年一月一日)と註(35)の横山前掲書も、内村からの聞き書きとして同様の文章を残している。
(43) 不敬事件の口火は義憤に駆られた学生たちによって切られたというのが、通説である(鈴木前掲書、一〇九頁)。ただ義憤と言ってもどの程度のものか、ここに書くのもはばかられるが、学生側の証言を一つだけ引いておこう。当時、予科の学生で、後に東京帝国大学教授となった国語学者、保科孝一(一八七二―一九五五)の回想からである。「五人の生徒総代が……内村講師を訪問し、ひざづめ談判に及んだが、どうしても〔宸署拝礼を〕承知されない。……かような非国民に対しては、もはや敬意を表する必要がないというので、五人の者が玄関の三畳へ、めいめい小便をして帰って来た。これも一高だましいの如実のあらわれである」(保科孝一『ある国語学者の回想』朝日新聞社、一九五二年。鈴木同書、一一〇―一一一頁から引用)。なお鈴木氏は珍しく強い口調で、「実にひどい話を、いい年令《ママ》に達しながら、臆面もなく平気で書いているが、これがエリート教育の実態と結果であったのである。被害を受ける内村、ことに年若い妻かずの苦悩はどれほどであったことか」(同書一一一頁）と註記しているが、全く同感である。なお保科は、八紘一宇が国是とされた第二次大戦中は、日本語を他民族に移植し同化するため標準語統一を主張、戦後は漢字制限、仮名遣い改定に奔走した男である。

(44) 植村正久「不敬罪と基督教」『植村正久著作集』第一巻、新教出版社、二〇〇五年、二八九―二九〇頁。

(45) 政池前掲書、一八三頁。

(46) 前掲「内村鑑三君小伝」『回想の内村鑑三』一五頁。

(47) 小澤前掲論文、一六五頁。

(48) ただこの間の事情はもう少し複雑で、政池自身は後年、内村が不敬事件の思い出を身振りをまじえて語るのに接しており、「その時は頭は少しも下らなかった」（前掲書、一八五頁）と証言している。また同じ機会であったかどうか詳らかとしないが、やはり内村の実演を見た横山喜之は、「頭部が一センチ位……動いた」と記している（鈴木前掲書、一〇二頁に依る）。

(49) 近代思想研究会編『内村鑑三の言葉　日本キリスト者の再発見』芳賀書店、一九六九年、二九一頁以下。

(50) 植村前掲論文、二八九頁。

(51) 政池前掲書、一八二、一八七頁。

(52) なお、ルツ子の母静子ともども、「かず」「ルツ」「しづ」と表記されることも少なくないが、内村は加寿子（全二／七三、全一〇／一三二、全三四／三九等）、ルツ子（全一九／二八以下、全二〇

／八五、全二一／一九〇等)、静子(全三七／四四〇、五〇一、全三八／一四四等)と書くことが多いので、それに従う。
(53) 前註(34)、若松前掲書、七八頁参照。
(54) 例えば前註(35)、鈴木前掲書、一一〇―一一一頁等参照。
(55) 鈴木範久『内村鑑三日録4　1892~1896　後世へ残すもの』教文館、一九九三年、二〇―二四頁、小原前掲書、一七五頁。
(56) 渋谷治美『リア王と疎外　シェイクスピアの人間哲学』花伝社、二〇〇九年、一一頁以下は、『リア王』三幕四場の "filial ingratitude!" という嵐の場のリアの言葉に、「子としての忘恩」という普通解される意味だけでなく、「代々続く、子の裏切り」という含意も読む優れた解釈を呈示している。つまり、子が親に背くのは世の習いだという普遍的洞察をリアは示唆しているというのである。例えばこの辺りにも、リア王のクラシカルな所以は読み取れるであろう。
(57)「真摯で振れ幅の広い」「愁嘆場」は、シェークスピア以上にA・ボーイト＝G・ヴェルディのオペラ『オテロ』終幕において、劇的な高みと深みにまでもたらされる。拙論「「貢献心」は本能か？オペラに基づく批判的考察」『ホモ・コントリビューエンス　滝久雄・貢献する気持ちの研究』(加藤尚武編) 未來社、二〇一七年一一月、四二六頁併照。
(58) クラシックの語源については、塩川徹也「古典とクラシック」逸見喜一郎ほか編『古典について、冷静に考えてみました』岩波書店、二〇一六年、二七頁以下参照。
(59) 日にちごとのより詳しい時系列の整理は、鈴木範久『内村鑑三日録8　1908~1912　木を植えよ』教文館、一九九五年、第三章「ルツの死」を参照されたい。
(60) 志賀直哉の前掲「内村鑑三先生の憶い出」には、正にこの証言がある。志賀の家に娘の同級生四人が遊びに来て、そのなかにルツ子がいた。志賀はすぐルツ子を鑑三の娘だと認めたと言う（『回想の内村鑑三』、三二一頁）。
(61) 矢内原忠雄「先生の涙」『矢内原忠雄全集』岩波書店、第二四巻、四四六頁。
(62) 鈴木範久『内村鑑三』岩波新書、一九八四年、二〇三頁。
(63) 前註（6）の亀井前掲書、二二〇頁。
(64) 同書、一九四―一九五頁。
(65) 詳しくは、内村のことを「ホイットマン的予言者」と喝破し、両者を詳しく比較している亀井同書、一七八頁以下を参照されたい。なお杉本喬「内村鑑三とホイットマン」は「ホイットマンは、その詩人的心情のもろさによって、戦争に対して不徹底な考え方しか出来なかった。内村鑑三は信仰の強さによって、はるかにそれを乗り越えたのである」（前掲『回想の内村鑑三』二九七頁）として、内村の非戦論を高く評価する。これは次章の課題となる。

第二章

(66) 聖書学との関係についての簡単な言及については、前註（2）参照。
(67) 宗教が「実験」であることは、内村が繰り返し説くことであった。例えば「聖語を文法的に解剖しやうが、或は哲学的に説明しやうが夫れは夫れまでゞありまして、我々が其意味が解つたとは申されません、然し何時《いつ》か神の聖霊が我が心に降りて、我れ我が罪の深さを覚ると同時に神の愛の限りなきを知つて、約翰《ヨハネ》の記るせし此の聖語の事実其まゝである事を信ずるに至るので御坐います、故に神の恵に与《あず》からんと欲する者は未だ之に与からざる時と雖《いえど》も能《よ》く聖書を読んで置かねばなりません、何故なれば聖書に暗くして此実験を有《も》つ事がありましても其人は其事の事実である乎《や》否やを確める事が出来ません、聖書は神に接する時の我々の実験録とも云ふべきもので御坐いますから、之に明るくある時には我々の進歩が非常に早う御坐います、そして一体に聖書を知らざる者の神に関する智識は実に遅々たるもので御坐います」（『宗教座談』第三回聖書の事、全八／一四〇―一四一）。あるいは「人類の記録にして実に読むに足るべきものは実験なり、実験以外のものは小説なり、虚言に近きものなり、以て脳と霊とを養ふものに非ず」「〔川崎巳之太郎編述『実験上の宗教』〕序」（全五／一八三）等々。

（68）井筒俊彦『意味の構造』（牧野信也訳）新泉社、一九七二年、三五頁併照。

（69）例えば、丸山眞男「内村鑑三と『非戦』の論理」は、内村が日清戦争の主戦論の反省を踏まえて日露戦争では非戦論に転じたことを多とし、「内村の非戦論が単にキリスト教的福音の立場からの演繹的な帰結ではなく、帝国主義の経験から学び取った主張であったということは、彼の論理に当時の自称リアリストを遥かにこえた歴史的現実への洞察力を付与する結果となった」（前掲『回想の内村鑑三』一〇七頁）と評価する。家永三郎「日本思想史上の内村鑑三」も、「内村鑑三が日本思想史の上に重要な地位を占める人物として注目せられるようになったのは、太平洋戦争に敗北してから以後の現象ではあるまいか」（同書、一一四頁）とし、「太平洋戦争の悲劇は、ある意味において内村の預言の実現であった。……日本人は、今や内村の果たした偉大なる歴史的役割についての感銘を新にしないではいられなかった」（一一六頁）と述べる。家永はこれを明治四〇年以前の日露戦争時の非戦論について言っているのであって、それ以後の内村については批判している。この点については、後述する。他にも例えば中野好夫「内村先生のこと」は「近ごろ、先生の平和思想というものが、特に大きく再認識され、取り上げられるようになった。おそすぎるといえばひどくおそすぎる話だが、それにしても結構なことには違いない。わたし自身も、これは全く第二次世界大戦によってはじめて眼を覚まされたという、まことに智慧のめぐりの鈍い方だが、それでも今度こそは、絶対の戦争否定、人が人を殺すことの否定に、残った若干かの生命を貫きたいと思っている」（同書、二八八―二八九頁）と書く。いずれも一九五六年当時の文章である。

(70) 本節は、拙稿「内村鑑三の戦争論（上）」（『無教会』二号、無教会研修所、一九九九年、一四三―一五七頁）に若干の改訂を加えて成稿した。

(71) 小原前掲書、一七九―一八〇頁。

(72) 柴田真希都『明治知識人としての内村鑑三』みすず書房、二〇一六年、三五八―三六〇頁。

(73) 註（49）の近代思想研究会前掲書、一九六頁以下等参照。

(74) 陸奥宗光『新訂　蹇蹇録　日清戦争外交秘録』岩波文庫、一九八三年、六三頁。

(75) 同書、六二頁。

(76) 同書、六二頁。

(77) 隅谷三喜男『日本の歴史22　大日本帝国の試煉』中公文庫、一九七四年、二九頁。

（78）詳しくは政池前掲書、二四一頁以下。

（79）隅谷前掲書、五七頁の引く『蘇峰自伝』によれば、蘇峰は三国干渉の結果を聞いて「涙さえも出ないほどくやしく」感じたという。これが転機となり、蘇峰は平民主義からしだいに強硬な国権論・国家膨張主義へと転じ、一八九七年、第二次松方正義内閣の内務省勅任参事官に就任、従来の強固な政府批判の論調をゆるめると、反政府系の人々からは「変節」を非難された。

（80）徳富蘇峰自身の「思い出」（鈴木俊郎前掲『回想の内村鑑三』、三頁以下）によれば、「内村さんからは肥後人、肥後イズムといってひどく憎まれたが、肥後イズムというのは徳富一人ではなく、横井時雄、金森通倫、蔵原惟郭《くらはらこれひろ》、市原宏盛［正しくは盛宏《もりひろ》］などを一まとめにして指したものであったろう。まあ私が松方内閣に入って役人になったりしたことが気に入らなかったのだろう」（六頁）とのことである。なお蘇峰は、「内村君は水晶のようにどこからみても透明な頭をもっていた。だから哲学でも、宗教でも、科学でも何でも行けたわけだ。天は内村に十を与えたが、私たちには四か五しかくれなかった」（七頁）とも回想している。この点については、新保祐司『明治の光　内村鑑三』藤原書店、二〇一八年、一九頁も併照。

（81）高峰慧「蹇蹇録」『CD－ROM＆DVD－ROM版世界大百科事典第2版プロフェッショナル版』日立デジタル平凡社、一九九八年。

（82）隅谷前掲書、二七頁。

（83）亀井前掲書、二二二頁。

（84）同書、二一一頁。

（85）同書、二二〇頁。

（86）近代思想研究会前掲書、一九八頁。

（87）鈴木前掲『内村鑑三日録4　後世へ残すもの』、二〇五頁。

（88）これは、内村五八歳の文章だが、「わが信仰の表白」という若干三二歳（一八九一年一一月）の文章でも既に内村は同趣旨の「表白」をしており、一貫して聖書に打ち込んできたことが窺われる。
「余は聖書の研究を好む者なり　嘗て札幌に在つて友人諸氏と始めて之を繙《ひもと》きし以来今日に到るも尚ほ余の坐右を離れざるものは聖書なり　余の性　物に厭《あ》き易く常に一物を長く手に取り之を研むるの力薄きと雖《いえど》も　聖書のみは未だ嘗《かつ》て余を倦怠《けんたい》せしめしことなし　余は　其《その》歴史に於て最も面白き談話並に歴史上の事実を得　其詩歌は余の種々の感情に訴へて高尚の快楽を与へ　其預言書は常に余をして余の日本国を真実に愛さしめ　其福音書は余が己の罪を感ずる時の唯一の隠れ場となり　其保羅《パウロ》の書簡は余の信仰上の教科書となり　其黙示録は余が世界の歴史を研究する時の指南車となれり　故に　若《も》し爰《ここ》に人あつて余をして世界数億万巻中の書類中　余に唯一冊の書を択《えら》べといはゞ余はダルウィンの原種論を棄《す》て　ライプニッツの『セヲデシー』を棄て　余の常に大和魂の福音《ゴスペル》と称して愛読する大平《ママ》記を棄てゝ　余は古き古き『バイブル』を撰《えら》ぶものなり」（全一／二一一）。

（89）本節は、拙稿「内村鑑三の戦争論（下）」（『無教会』三号、無教会研修所、二〇〇〇年、一四八―一六〇頁）を改訂して成稿した。

（90）内村のこの「平和の福音」から「若し無辜の人を殺さなければ達しられない善事があるとならば其善事は何んでありますか……悪しき手段を以て善き目的に達することは出来ません」（全一一／

四〇九）の一節を引き、また「世界の平和は如何にして来る乎」から、「戦争は戦争を生む……世に迷想多しと雖も軍備は平和の保障であると云うが如き大なる迷想はない」（全一八／二三四）等を引いて、「こうした内村の論理がその後の半世紀足らずの世界史においていかに実証されたか、とくに原爆時代において幾層倍の真実性を加えたかはもはや説くを要しない」とした丸山眞男（「内村鑑三と『非戦』の論理」前掲『回想の内村鑑三』、一〇七—一〇八頁）は、返す刀で「帝国大学教授井上哲次郎はかねて内村の最も激しい弾劾者であったが、内村が開戦後、非戦論を以前ほど声高く唱えないのを冷笑した。しかしながら、もし内村が積極的に反戦論を継続したならば、井上は愈々いきりたって彼を攻撃したにちがいない。こうした二また論法は昔も今も御用評論家の愛好するところである。内村を『小慷慨《こうがい》家』とあざけり、『国家は実在す、空想にあらざる也』と天晴《あっぱ》れリアリストを以て任じた樗牛らの立場と、彼によって『腐儒《ふじゅ》詩人の空想』と嘲罵《ちょうば》された内村の立場と、いずれが果して歴史の動向をヨリ正しく指していたか。これは単に学校の試験問題ではない」（一〇九—一一〇頁）と、前述の二人の内村批判者を一刀両断に斬り捨てたことを、ここで想起しておく。

（91）忠孝道徳に関しては「真正の忠孝」と題された次の一文を参照。「基督の曰はれた言辞の中に『凡そ我に来りてその父母妻子兄弟姉妹また己の生命をも憎む者に非《あらざ》れば我弟子と為ることを得ず』（『ルカ福音書』一四章二五—二六節）といふことがある、是は実に強い言辞であつて、或は之を書き記せし者の誤謬に出しものではあるまい乎と疑はれることがある、然し能《よ》く考へて見ると斯くも明白に曰はれたればこそ基督の基督たりし事が能く分るのであると思ふ、吾等は実に吾等の父母妻子兄弟姉妹を憎むにあらざれば基督の善き弟子となることが出来ないのみならず、亦真正《ほんとう》に吾等の父母妻子兄弟姉妹をも愛することが出来ないのである、憎むとは情実の羈絆《きはん》を断つ事である、即ち最も乾燥なる眼を以て彼等の利害を看《み》ることである、即ち彼等の希欲の成されんことを望まずして彼等に関する神の聖意の就《な》らんことを欲することである、斯くならなくては真正の孝子となることは出来ない、斯くならなくては真正の父でもなければ夫でも兄弟でも姉妹でもない、君父の命とならば何事にても従はんと欲する支那的の忠孝は甚だ不実なる忠孝である、若し東洋人の忠孝なるものが国と家とを興したることがありとすれば同じ忠孝に由て滅びた国と家とは沢山あらふと思ふ、毒物と知りつゝ老父の欲する酒を勧めて彼を死に至らしめし孝子もあらふ、毒婦と知りつゝ主君の愛する妾婢《しょうひ》を彼に許して彼と彼の家とを転覆せしめし忠臣もあらふ、時に由ては君を鞭《むちう》つ位の臣でなければ真正の忠臣と云ふことは出来ない、東洋の天地に大忠臣と大孝子の出来ないのは其道徳の甚だ浅薄なるに由るのであると言はなければならない」(全九/一七三)。要約し、註釈を加えるつもりが、余りに間然するところのない見事な文章なので、書き写したままで終わってしまった。註らしくない註となったが、内村のこの説得的な論旨は、まことに「浅薄なる」説明など全然不要とするものに違いない。

(92)「よろず重宝」に引っ掛けた『万朝報』(『萬朝報』と旧字体で書かれることもあるが、本書では新版『内村鑑三全集』に倣って、新字体で統一する)紙は硬軟織り交ぜた紙面で、一時は東京の新聞中、最多の発行部数を誇っていたが、日露開戦に反対すると見る見る部数が落ちた。それで開戦論に切り替えたわけだが、幸徳、堺、内村という中心的な論客を失って、その後も凋落の一途をたどることとなる。

(93) 小原前掲書、二二六九頁。

（94）政池前掲書、四〇五―四〇七頁。
（95）トルストイとの関係については、それ自体興味深い問題だが、ここでは論じる遑がない。例えば、鈴木範久『内村鑑三日録7　1903~1907　平和の道』教文館、一九九五年、四八―五〇頁を参照。
（96）これらのうち第三の問題については、さすがの内村も「是れ実に大問題であつて、今茲に其事を深く攻究するのは吾等の到底、企て及ばない所である、殊に目下の如く、我国が他国に向つて戦闘を開いて居る時に際して、無抵抗主義を国家に勧むるが如きは吾等の大に心困《こころぐる》しく感ずる所である」（全一二／一七三）とし、リチャード・ル゠ガリエンの『文士の宗教 ***The Religion of a Literary Man***』（一八九三）から引用して、「世は基督の福音を試みたれども、其効なきを認めたりとは吾人の屢々《しばしば》耳にする所なり、之に対しての吾人の答弁は甚だ簡単なり、世は未だ基督の福音を試みず、而して基督降世以後、第十九世紀の今日に於けるも未だ其試験の始まりしを聞かず」と、少しずらした応答をするに留めている。この問題をめぐる私見については本章小括「イエスは非戦論者だったか」の項で後述する。
（97）亀井前掲書、二二三頁参照。
（98）同書、二一七頁、及び本書第一章五節「義戦論と非戦論」の項参照。
（99）鈴木前掲書『内村鑑三日録7』、九五頁。
（100）政池前掲書、四一〇―一頁。
（101）非戦論と贖罪死の関係については、後述、本章の小括の項を参照されたい。なお二度の世界大戦後は、そもそも非戦の犠牲を唱えることがうそ寒くなるということを、ここで付記しておいてもよいであろう。戦争の犠牲者は、日清・日露戦争の日本側の統計ではそれぞれ一万三八二五人、八万五〇八二人で、その殆どが戦闘員であった（https://www.teikokushoin.co.jp/statistics/history_civics/index04.html）が、世界大戦でその数は飛躍的に増えた。少なく見積もっても、全世界での戦争死没者は第一次大戦で約二六〇〇万人、第二次大戦で約五五〇〇万人とされ、このうち、爆撃、虐殺、戦争犯罪、強制移住、飢餓などによる民間人の犠牲者数は、それぞれ一三〇〇万人以上、三三〇〇万人以上とされる（http://www2.ttcn.ne.jp/honkawa/5228.html）。殆ど思うに堪えないことだが、これらの犠牲者が、武器を持たない非戦闘員として、言わば非戦の状態で非業の死を余儀なくされたことを考えると、これらの大戦以降、非戦論を唱えると否とにかかわらず、非戦の犠牲は戦争に纏わる有り触れた現実なのである。

（102） Wrede, W., *Paulus*, J.C.B.Mohr, Tübingen 1907^{2}, S.104. ドイツ語の第一版は一九〇四年に、英訳も一九〇七年に出ているので、内村はこの一九二〇年の「新約聖書大観」で後者を踏まえているはずである。なお内村は一九一五年の文章（「旧式耶新式耶」）で、「ウレーデやフォンゾーデンを読んで余輩は知識的に多く得る所がないではないが、然し信仰的には何の得る所がないのである」（全二一／四五五）と述べている。イエスかパウロかをめぐるその後の長い論争史については、E.Jüngel, *Paulus und Jesus*,Tübingen, 2004^{7}や、荒井献編『パウロをどうとらえるか』新教出版社、一九七二年等を参照。また拙論 "Reconciliation and Atonement: A Response to Professor Chul Ho Youn's "Theology of Reconciliation", in: *Japanese and Korean Theologians in Dialogue* (ed.by B.Byrd and M.Akudo), Seigakuin University Press, Nov. 2017, pp.103-112. も併照。

(103) 荒井献『使徒行伝』中巻、新教出版社、二〇一四年、三八八頁に依る。以下、引用は全て荒井氏の卓越した訳文に準拠する。なお、ここの原語はストラテーゴスで、文語訳は「上役」、新共同訳は「高官」と訳している。

(104) 荒井氏はラテン語のリクトルとルビを振って、その含蓄について詳しい註釈を付けている。ギリシア語原文はラブドゥークホスで、文語訳は「警吏」、新共同訳は「下役」。

(105) 原文はデスモプフィラクスで、文語訳は「獄守《ひとやもり》」、新共同訳は「看守」。

(106) 荒井前掲書、三九一頁。

(107) 同書、三九三頁。また保坂高殿「ルカとローマ市民法」『聖書学論集』22、一九八八年、一一八頁以下。

(108) この前後一年間だけ、『聖書之研究』誌が『新希望』誌と改名されていることについては、第一章冒頭参照。

(109) 「日露戦争より余が受けし利益」全一三／三九九―四〇九、特に四〇三頁以下参照。

(110) Nietzsche, F., *Jenseits von Gut und Böse*, 1886; Anaconda Verlag, 2006.

(111) Althaus, P., *Der Brief an die Römer* 6. verb. Aufl. Vandenhoeck & Ruprecht; 1949, (*Das Neue Testament Deutsch* : neues Göttinger Bibelwerk ; Teilbd. 6), S.111.（ＮＴＤ新約聖書注解『ローマ人への手紙』杉山好訳、一九七四年、三二〇頁）

(112) アウシュヴィッツ以降、こうした神の愛と義の審きについて語ることの困難について、Ｈ・アーレント、Ｖ・ジャンケレヴィッチ、Ｊ・デリダ等を引いて周到な考察をしている論考として、佐藤啓介「不可能な赦しの可能性——現代宗教哲学の観点から」『宗教と倫理』第四号、宗教倫理学会、二〇〇四年、六四—八一頁、またそれを参看しつつ、エレミヤ書にまで遡って力強い思索を展開している著作として、田島卓『エレミヤ書における罪責・復讐・赦免』日本基督教団出版局、二〇一八年（特に二七七頁以下）を参照。またヒトラーを支持した神学者として、ゲルハルト・キッテル、エマヌエル・ヒルシュらとともに、アルトハウスについても詳論している、Robert Ericksen, *Theologians under Hitler: Gerhard Kittel, Paul Althaus, and Emanuel Hirsch*, Yale University Press, 1985（ロバート・P・エリクセン（久保田浩ほか訳）『第三帝国と宗教——ヒトラーを支持した神学者たち』風行社、二〇〇〇年）も併照。

（113）Nietzsche, F., *Der Wille zur Macht*, Kröners Taschenausgabe, Bd.78, 1959,Fr.12; Nietzsche-Werke, Kritische Gesamtausgabe, hrsg. von Coli, G., und Montinari, M., Walter de Greyter. 1968,Bd. Ⅷ2-11[99]. なお Kröner 版に拠りつつ、de Greyter 版を先取りするような卓抜な註解を加えている、Heidegger, M., *Nietzsche*, Bd. II, bes.S.31ff., 1961^{3}も参照。また拙著『旧約における超越と象徴　解釈学的経験の系譜』東京大学出版会、一九九四年、一二一頁以下等併照。

（114）『舊新約聖書』日本聖書協会、一八八七年、聖書は総じて章節まで明示されるし色々な版があるので、頁は割愛して「当該箇所」とのみ記す。以下、同様。

（115）『新共同訳聖書』日本聖書協会、一九八八年、当該箇所。

（116）『新改訳聖書』聖書刊行会、一九七〇年、二〇一七年（第四版）、当該箇所。

（117）『口語訳聖書』日本聖書協会、一九五五年当該箇所。

(118)『塚本虎二訳　新約聖書』塚本虎二訳新約聖書刊行会編、新教出版社、二〇一一年、当該箇所。
(119)『新約聖書Ⅳ　パウロ書簡』新約聖書翻訳委員会訳、岩波書店、一九九六年、当該箇所。
(120)上掲、松沢弘陽訳『日本の名著38　内村鑑三』一八二頁。
(121)『内村鑑三信仰著作全集』第一巻、教文館、一九六二年版では、一三三頁。
(122)同書、一三九頁。
(123)同書、一六一頁。
(124)同書、一六三頁。
(125)同書、一六三―一六四頁。
(126)松沢前掲訳、一七五頁。
(127)同訳、一七五頁。
(128)敢えて内村の肩を持って好意的に解すれば、「視覚」的な「啓示」によって直覚するという意味で「演繹的」なのが「東洋人」だと内村は語っており、「演繹」と「帰納」をさかさまに使っているわけではないと、弁護できないわけではないとしても、では一般的な前提から、より個別的な結論を得る論理的推論の方法としての「演繹」をそのように定義することが正しいかという、また別の問題が浮上する。どちらにしても、当時の彼が「哲学はさっぱり」だったという自己認識だけは正しいという結論にならざるを得ないのではあるまいか。
(129)松沢前掲訳、一七六頁。
(130)同訳、一八〇頁。

(131) 同訳、一八二頁。
(132) 上掲『信仰著作全集』第一巻、一六六頁。
(133) 若松前掲書、一八五―一八六頁は、この内村の日記と、プラトン第七書簡(『プラトン全集』岩波書店、第一四巻)を比較して、「プラトンの活動と内村のそれは響き合うものを持っている」との重要な指摘をしている。
(134) 塚本虎二『聖書知識』一九四二年三月号。政池前掲書、五〇八頁。
(135) 鈴木範久『内村鑑三日録10 1918～1919 再臨運動』教文館、一九九七年、一〇頁。
(136) 同書、一四一―一四二頁。
(137) 小原前掲書、三二七頁。
(138) 同書、三三〇頁。また鈴木範久『内村鑑三日録6 1900～1902 天職に生きる』教文館、一九九四年、七九頁参照。
(139) 慧眼の読者はこうした表現や行論の仕方に、朝河貫一(一八七三―一九四八)の影響を感じ取られるかも知れない(『日本の禍機』〔元来は『日本之禍機』実業之日本社、一九〇九年〕講談社学術文庫、一九八七年、一五〇、一五六頁等)。日露戦争に際し戦前は、清国の主権尊重と機会均等の原則からその戦争を擁護し(*The Russo-Japanese Conflict, Its Causes and Issues*, 1904; Andesite Press, 2017)、戦後はその原則を逸脱した日本に「禍機」すなわち危機の到来を警告した、ほぼ同時代を生きた、このキリスト者と、内村との比較論は、それ自体興味深いテーマである。他日の課題としたい。
(140) 富岡幸一郎『非戦論』NTT出版、二〇〇四年。特に第二章「非戦論の源流」。

(141) 同書、五三頁。
(142) 同書、五四頁。
(143) 同書、五七頁。
(144) 同書、六四頁。
(145) 同書、七二頁。
(146) 役重善洋『近代日本の植民地主義とジェンタイル・シオニズム――内村鑑三・矢内原忠雄・中田重治におけるナショナリズムと世界認識』(インパクト出版会、二〇一八年)、三九五頁。
(147) 同書、一一五―一二〇八頁。
(148) 鈴木前掲『日録10』、一三六頁。
(149) 同書、一三九頁。
(150) 同書、三六一頁。
(151) 同書、一八〇頁。
(152) 同書、二〇一頁。
(153) 役重前掲書、中んづく第二章(三)は、政治史的観点から無視し得ない考察を展開している。
(154) 同書、一八六頁。
(155) 同書、一八七頁。
(156) 同書、一八八―一八九頁。
(157) 同書、一八五頁、一八九頁。

(158)同書、一八八頁、一九一―一九二頁。
(159)同書、一八九頁。
(160)同書、一八八―一九一頁。
(161)同書、一八五頁。
(162)同書、一八八頁。
(163)鈴木前掲書、一九一頁。
(164)同書、二〇五頁。
(165)役重前掲書、一九二頁。
(166)同書、一九二頁。
(167)鈴木前掲書、一九四、二一〇頁併照。
(168)役重前掲書、一九二頁。
(169)同頁。
(170)同書、三九五頁。
(171)鈴木前掲書、一九四頁。
(172)ただし、例えば一九一七年四月一七日のD・C・ベル宛の手紙で既に内村は、次のような認識も示しているのである。「今月の初め、一日、韓国の若者たちと箱根の山に滞在し、信仰やその他のことについて、沢山の話をしました。国を失った気の毒な朝鮮人を、その喪失について慰める手立てはありません（もちろん）。私は日本が韓国を併合することによってポーランドのようにこれを飲み込んだ（Japan has swallowed a Poland by annexing Korea）のではないかと恐れています。韓国は決してこの侮辱を完全に払拭することはできないはずです。彼らの中には何人かの素晴らしいクリスチャンがいます。霊的には、概して日本のクリスチャンより優れています。彼らの中に何人かの良い友達がいます。私たちはお互いを大切に愛し、私たちの間には『人種問題』はありません。傲慢で薄情な（haughty heartless）何人かのアメリカ人やイギリス人の宣教師たちが私を扱った遣り方から、私は幾分、いわゆる『劣等』民族（so-called "inferior" race）をどう扱うべきかを知っています。本当の良い宣教師を作ることができるのは、私たちの主イエス・キリストの恵み（the grace）だけです」（全二八／二五三―二五四。この間の事情については、J・F・ハウズ前掲書、三九二頁も参照）。とすると、一九一九年春の金貞植の訪問以前に、韓国併合の問題性は内村の中で認識されており、しかし彼らの独立運動と日本の官憲の暴力的弾圧の実際については、金の訪問によってはっきり知らされたと考えるのが妥当であろうか。

(173) 役重前掲書、一七四頁以下。

(174) 同書、一六七頁以下。

(175) 同書、一五九頁以下。

(176) なお内村自身は、後年再臨について説くのを中止した理由について、こう回顧している。「私は長らくキリストの再臨を説かなかつた。それは再臨を忘れたからでない、勿論其《もちろんその》信仰を棄《すて》たからでない、我国の信仰状態に於て、私が先年為した以上に之を説くの必要を感じなかつたからである、更らに又其危険を感じたからである。再臨は聖書の中心真理と云はんよりは寧《むし》ろ其最終真理と称すべきである。再臨は聖書の結末である、故に聖書の凡《すべ》てが解つて後に、少くとも其大体が解つて後に解かるのが再臨の教義である。然るにその余りに荘大荘美なる教義であるが故に人は始めて之に接して其胆《きも》を挫《ひし》がれ、判断を紊《みだ》され易くある。世に所謂『再臨狂』の多きは之がためである。私はキリストの再臨を説いて多くの悲むべき再臨狂の実例に接した。殊に之を敏感の婦人に於て見た。法は人を見て説くべしであつて、再臨の教義を受くる準備なき者に之を説くは大いに慎むべきであるを知つた。」(「再臨再唱の必要」『聖書之研究』一九三〇年四月、全三二一/三二七)。この手の回顧を額面通りに受け取ってよいかどうかの判断はここでは中止し、慎重を期しておきたい。

(177) 鈴木前掲『日録10』、二七頁参照。その全文は、同書巻末の史料、二九六―三〇九頁に採録されている。

(178) 同書、二九六頁。

(179) 同書、三〇〇頁。

(180) 同書、三〇二頁。

(181) 同書、三〇三頁。

(182) 同書、三〇三頁。

(183) 同書、三〇三頁。

(184) 同書、三〇四頁。

(185) 同書、三〇四頁。

(186) 富岡前掲書、七六頁は、キリスト再来説を「猶太《ユダヤ》人の迷妄」とする海老名の議論は、「彼が受容したキリスト教が、ヘレニズムが勝利した後のヨーロッパ宗教共同体に由来するものであったからである。ここに内村との決定的な相違がある」として、内村はむしろ「パウロ及び初代教会のうちに脈々として流れる、キリスト教のヘブライズムとしての本質」を見ていた点で、海老名に優るという評価を下している。

(187) P.Tillich, *Wesen und Wandel des Glaubens*, in:id., Gesammelte Werke, Bd.VIII, 1970, S141f.

(188) ibid., S. 146f.

(189) ibid.,S.142.

(190) Ibid.

(191) Ibid.

(192) ibid.

(193) ibid.,S.145.

(194) ibid.

(195) ibid.,S.145f.

(196) ibid., S.146.

(197) ティリッヒの象徴論についてより詳しくは、前掲拙著『旧約における超越と象徴』、四五―五二頁も参照。

(198) 本書序章、亀井前掲書、二一一頁以下等参照。

(199) これはイエスに限らない。新約のエイレーネー（平和）は総じて、国と国との戦闘がない和平を指すのではなく、基本的に心の平安、神との和解、救済、個人間の友和等を指す言葉である（『マタイ福音書』一〇章一三節、『マルコ福音書』五章三四節、『ルカ福音書』一章七九節、二章一四節、一〇章五、六節、一九章四二節、二四章三六節、『ヨハネ福音書』一四章二七節、一六章三三節、二〇章一九、二一、二六節、『ロマ書』八章六節、『ガラテヤ書』五章二二節、『エペソ書』四章三節等）。当然『マタイ福音書』五章九節のエイレーノポイオス（平和を作るもの）もその文脈で理解すべきであり、「剣」ないし「分裂」と対比して否定される『マタイ福音書』一〇章三四節、『ルカ福音書』一二章五一節のエイレーネーも国と国との和平を意味しているわけではない。

(200) 内村の慧眼は、この問題性を無視していたわけではない。本書第二章二A節で言及した「無抵抗主義の教訓」（全一二／一六七―一七四）という一九〇四年の文章で、この点に自身苦慮していたのである（前註96参照）。しかし結局答えが出ないまま、この点を或いは無視し、或いは軽視したまま、事の本質を晦ましているように思えてならないのである。

(201) この点についてより具体的には、「愛」の項（二〇三頁以下）で後述する。なおここで人は或いは、二〇世紀の代表的なユダヤ教哲学者、A・J・ヘッシェルの次のような言い方を想起するかも知れない。「人間は自足的であるという思想、人間の肥大化した自己意識は一つの一般化に基づいている。技術がいくつかの問題を解決しうるという事実から、技術はすべての問題を解決しうるという結論が導き出されたのだ。だがこの推論は誤りであることが明らかとなった。社会改革がすべての災いを癒し、世界からすべての悪を根絶する、と考えられた。だが結局我々は、預言者と聖者が常に知っていたこと、すなわち、パンと権力だけでは人類を救えないという事実、を発見した。神に対する畏怖だけが鎮めうる残虐行為への欲情と衝動が存在する。聖性のみが風穴をあけうる、窒息させるような利己主義の壁が人間にはある」（**A. J.Heschel, *God in Search of Man. A Philosophy of Judaism*, 1955, p.170.**〔Ａ・Ｊ・ヘッシェル『人間を探し求める神――ユダヤ教の哲学』（森泉弘次訳）教文館、一九九八年、二一三頁〕）。実際、次の第三章で見る十戒についてヘッシェルの語る、「妄想と疑われずにすむ知覚など存在しない。だが、世にはこの種の懐疑心を無意味にしてしまうほど驚異的な知覚も存在する。シナイ山のふもとで立っていたすべてのイスラエル人を〔これはモーセの十戒を授けられたときの出エジプトのイスラエル人を指すが〕宇宙的畏怖ともいうべきものが包んだ。人間の心情が耐えられないほど強烈な驚異的瞬間であった。……まさにその瞬間、イスラエルの民は一種の感動を経験しただけではない。突如世界を襲った畏怖を共有することもできたのである。世界を満たしている畏怖の霊にあずかることのできる時にのみ、われわれはシナイでイスラエルの民に起こったことを理解することができる」〔**ibid., p.196.** 同訳、二四七頁、括弧内、引用者〕や、終章で考察する生命の贈与をめぐる考察と関わる、「おそらく人間の悲惨の本質はこれだ。すなわち、生命が贈り物であり、また同時に委託された物でもあることを、忘れてしまうこと」（**ibid., p.352.** 同訳、四三一頁）等の言い方は――後代のヘッシェルを内村は参照すべくもなく、ヘッシェルが内村の日本語の主著を読むべくもなかったとはいえ――両者の根本思想の共鳴を示唆するだろう。富岡前掲書、二四〇頁以下、二六五頁以下等が、別の文脈においてだが、内村とヘッシェルを並行して論ずることも故なしとしない。なお後述する内村の非戦論が第一次世界大戦では再臨信仰と結び付いて、余りに現実的な行動と結び付かないと考える向きには、マーティン・ルーサー・キング牧師と共に公民権運動に立ち上がり、またジョン・ベネット等とベトナム反戦運動を組織したヘッシェルの行動力が示唆的であるだろう。この間の事情については、森泉弘次「A・J・ヘッシェルの生涯およびその中心的神学思想の概観」『聖学院大学総合研究所紀要』四五号、二〇一〇年、三一六頁参照。

（202）塚本だけでなく畔上賢造も独立し、かつての文学者たちの「背教」ともども、内村の狭量・非情が批判されることもあるが、そうした「傾向や老化の要素を否定するものではないが、……内村が……いうように『一家を作すの資格ある君は今に於て一家を興すべきであります』（『全集』32・352）が正論であろう。相当な年齢に達しながら、いつまでも内村の身近にあって『忠僕』のように仕える方が、独立の精神に欠けた存在である。……先生や親に反逆するように育てるのも、ひとつの育て方であろう。『先生殺し』『親殺し』の言葉こそ物騒であるが、精神の健全な発達史的見方を私はしたい」という鈴木範久氏の温かい姿勢（『内村鑑三日録12　1925~1930　万物の復興』教文館、一九九九年、三四七頁）に与したい。

（203）内村美代子「内村鑑三の日常生活（三）」『内村鑑三全集』二三巻、月報22、一九八二年、四頁。

（204）S・キルケゴールが『哲学的断片への結びとしての非学問的後書』（『キルケゴール著作集〈第七・八・九巻〉』〔杉山好、小川圭治訳〕白水社、一九六八年；Kierkegaard,S., *Abschließende unwissenschaftliche Nachschrift zu den Philosophischen Brocken*, 2Bde,GTB, 1982）で比較しているフモールとイロニーの例を想起するならば、前者は相手を包み込み、後者は相手を突き放す。例えば、「僕のいないところで皆が僕の悪口を言う」と嘆く相手に、フモリストの女性ならば「あら、羨やましいわ。私の彼氏なんて、私のいないところでは、私のことなんかすっかり忘れているんですもの」と慰めつつ笑わせ、ソクラテスのようなイロニケルだったら、「僕のいないところで悪口言われたってかまやしないよ。何なら殴られたってかまわないよ」と皮肉りつつ笑いを取る（前掲訳、九巻、二八七―二八八頁）。この伝で言えば、内村は「新人も救はざるべからず、旧人も救はれざるべからず」と、両者を包み込み、「去りし者にも残りし者にも神の恩恵の裕かに加はらんことを祈る」と、慰めて終わるので、やはりユーモアと言うべきであろうか。

(205) 第一章三節で引用した「私の基督教」、全三二／一〇四参照。他にも全二六／三、全三二／三一五、全三三／三〇七、三〇八、三三〇等、後半生の文章で、内村はキリスト教を十字架教と呼ぶ。

(206)「愛」こそ「余の人生観と宇宙観」を集約した一語だと言う。実際、「愛」こそ内村の繰り返し語る鍵語であることは、本書がこの後も再三参照する通りである。『万朝報』という一般紙に書かれた文章でもあり、特定の宗教色を出さないことが内村の意図でもあっただろうし、むしろ特別な定義をしないで、その広い意味の射程を読者が想像することに委ねた方がよいかも知れない。ただ鍵語というには余りに漠然とした言葉で摑みどころがないと思われる向きには、少なくとも次のような註釈を加えることは許されるのではないか。この一文にも目立たぬ形で「愛の福音」への言及がある限り、内村の念頭にあるのは、「愛は神から出るもので、愛する者は皆、神から生まれ、神を知っている。……神は愛である」（「ヨハネ第一の手紙」四章七―八節）、そして「あなたがたの天の父……は悪人にも善人にも太陽を昇らせ、正しい者にも正しくない者にも雨を降らせてくださる」（『マタイ福音書』五章四五節）等、新約の諸処であろう。現代の新約学者、八木誠一氏は、この両句についてこう語る。「我々には直接に神を見ることはできない。我々に経験されるのは差別を超えた愛であり、その愛について、愛は神から出る、つまりそれは神のはたらきである、といわれる。ゆえに愛する者は神を知る（単に信じるのではなく、愛する人には、愛の根源には、自我を、人間を、さらに世界をも超えたはたらきがある、という直覚がある）。……ここでの神は、悪人を罰して義人に報いる神ではなく、罪人の赦しのために贖罪を必要とする神でもなく、あらゆる人をはじめから無条件に受容して回心を待つ神である……。これは仏教でいう『無分別』に通じる消息である。……神は存在と非存在の一切をつつみ、一切のなかではたらく……創造的空の場であり、静寂は創造的無心である」（『回心イエスが見つけた泉へ』ぷねうま舎、二〇一六年、一九二―一九四頁）。内村に言及しているわけではないが、キリスト教と仏教に通底する射程を剔抉した宗教哲学者でもある八木誠一氏のこの文章以上に的確に、内村が「愛」の一語に込めたであろう意味の射程を示唆し、更に掘り下げる解説を他に知らない。

(207) 例えば二B節で参照した「パウロの救拯観」論文の、「愛、愛、愛、パウロの救拯観も亦畢竟するに愛の一字に帰するのである」（全一九／三一四）といった件は、その間の事情を集約的に指し示していた。

(208) 内村祐之「父の臨終の記」前註（7）の『内村鑑三追憶文集』、二九二頁による。また註（38）の政池前掲書、六三二頁も併照。

(209) 矢内原の、内村との関係、専門の経済学の業績等については、中村勝己『内村鑑三と矢内原忠雄』リブロポート、一九八一年、特に一七五頁以下参照。

(210) 内村の弟子の中でも、塚本虎二、黒崎幸吉、金澤常雄らは天皇を熱烈に支持し、戦争肯定へと進み、また矢内原自身、人間としての天皇に強く傾倒する傾向があったことについては、菊川美代子「天皇観と戦争批判の相関関係――矢内原忠雄を中心にして」『アジア・キリスト教・多元性』現代キリスト教思想研究会 第七号、二〇〇九年三月、五一―七二頁、赤江達也『矢内原忠雄――戦争と知識人の使命』岩波新書、一九一七年、一〇五頁以下、役重前掲書、二〇九頁以下等参照。より詳しくは、藤田若雄編著『内村鑑三を継承した人々（上）――敗戦の神義論』木鐸社、一九七七年、同『内村鑑三を継承した人々（下）――十五年戦争と無教会二代目』木鐸社、一九七七年。

(211) ただし、一九二五年に制定された治安維持法の検挙者数は、目的遂行罪が加わった一九二八年に急に増え、その傾向は三三年まで続く。内村が亡くなったのは、或る意味では風雲急を告げる前の段階で、宗教教育をじっくり行う余裕が少しはあった時代の最後だった。弾圧と戦争に直面した時には、「非常に調和がとれて居るがこれでよいのか」という、あの象徴的な問いが、佳き時代の一場の夢と化する恐れなしとしないとの留保を付けて、こう結論するのである。

(212) 役重前掲書、一九三頁。

(213) 同書、一九二頁。

(214) 同頁。

(215) 中野好夫、前掲「内村先生のこと」『回想の内村鑑三』、二八九頁。

(216) この間の事情については、ハウズ前掲書、三八二頁以下。

(217) 関根正雄前掲「内村先生と聖書研究」『回想の内村鑑三』、三三一頁。

(218) そうした観点からの単純で図式的な批判の一例は、家永三郎の前掲「日本思想史上の内村鑑三」に見出されるであろう。社会活動から撤退して「特に明治四〇年前後に『聖書之研究』に立てこもってしま」って以降の内村は、「資本主義の発達が、無産階級の窮迫という、新しい社会問題を産み出したとき、……社会主義を罵ることにより……民衆の解放の敵対者としての役割を演ずるにいたったのであ」り、「もし、内村が、信仰の問題と社会の問題を切りはなし、社会性・歴史性を喪失した抽象的個人における信仰を追求して行ったのであるならば、……それは、内村にとって致命的なあやまりであった」というのである（前掲『回想の内村鑑三』一一九―一二〇頁）。これは、自身むしろ歴史家として「致命的なあやまり」を犯している叙述であって――「社会主義」の立場からの性急な論断は今論ずるに足らないとしても（内村と社会主義の関係については、例えばハウズ前掲書、一八〇、一九九頁の的確な叙述参照）――家永氏（前註〈69〉参照）が高く評価する内村の非戦論は、大正時代に入り第一次世界大戦に際しても高唱されるのであり、また再臨運動という未曾有の社会活動がこの時期になされるのである。『聖書之研究』誌は何も「聖書の研究」だけに「立てこもっ」ったものでもなく、内村は終始「信仰の問題と社会の問題を切りはなし」はしなかった。ただ信仰と社会の関係についてより深い洞察が加わり、そこが或いは誤解を生むかも知れない。その点を終章では、よりテクスト内在的に内村の論理の襞に分け入って、再検討することとしたいと思う。

第三章

（219）本章は、拙稿「内村鑑三の旧約読解と震災の年の日記」（別冊『環』一八号『内村鑑三』、藤原書店、二〇一一年、五二―八七頁）を元とし、特にコーヘレス書やエレミヤ書をめぐる考察を加えて成稿した。
(220) 石原兵永『身近に接した内村鑑三』中巻、山本書店、一九七二年、三一四、三一七頁。夕食以外はパン食で済ますことが多く、ジャムが好物で、一缶の半分を平らげることもあったという(三一七頁)。
(221) 鈴木範久『内村鑑三日録11 1920~1924 うめく宇宙』教文館、一九九七年、二五六―二五九頁。
(222) 同書、二七三頁。
(223) 実際にはこの後すぐ福田襄三、八月下旬には石原兵永が来て、食事や風呂の世話をしている(石原前掲書、三一二頁以下)。
(224) ブライトが愛妻を喪ったとき、コブデンが来訪して、「君もし暫くして後平日の元気を回復するあらば請ふ余と共に非穀税運動に従事して奔走せよと」と語りかけて励ました逸話なども想起されよう。内村が愛妻加寿子を喪った時の葬儀で、友人の横井時雄がこの逸話を語っている。鈴木範久『内村鑑三日録3 1888~1891 一高不敬事件(下)』教文館、一九九三年、四二頁参照。
(225) Alt, A., "Das Verbot des Diebstahls im Dekalog", 1949, in: id., *Kleine Schriften zur Geschichte des Volkes Israel I*, 1953, S.333-340.
(226) Boecker, H.J., *Recht und Gesetz*: Dekalog, in: id. u.a. (Hrsg.), *Altes Testament*, 1983.
(227) 前掲拙著『旧約における超越と象徴』、二七―二八頁参照。
(228) 同書、二七―二八頁。
(229) 同書、三一―二〇頁。

（230）ここで内村はヘブライ語の語義の検討をしているわけではないが、「殺す」と訳される原語ラーツァハが、三つの場合の「殺し」に適用されない特殊な言葉であるという旧約学の成果を踏まえている。すなわち、戦争と死刑の殺人、それに動物の屠殺にほかならない。詳しくは、前掲拙著『旧約における超越と象徴』、二四頁参照。

（231）因みにベートーヴェンと内村の関係については、志賀直哉も「大津順吉」の中で、明らかに内村を指すU先生について面白いことを書いている。「先生の浅黒い、総て造作の大きい、何となく恐ろしいやうで親しみ易い其顔が好きだったのである。高い鼻柱から両方へ思ひ切つてぐッと彫り込んだやうな鋭い深い眼をして居る。……ベートーヴェンが欧羅巴《ヨーロッパ》第一の好男子であると云ふやうな意味で、先生は日本第一のいい顔をした人だと私は独り決め込んで居た」（註〈1〉の福田論文「内村鑑三の影響を受けた作家たち」『回想の内村鑑三』、三一一頁）。

（232）この点は大方の一致するところである。例えば、鈴木前掲『内村鑑三』一六九頁、小原前掲書、三二九頁、若松前掲書、九〇頁。

（233）「何故に大文学は出ざる乎」全三／一七七以下等。上述序章参照。

（234）福田前掲論文「内村鑑三の影響を受けた作家たち」『回想の内村鑑三』、三〇八―三一四頁とともに、田岡嶺雲を嚆矢とし、国木田独歩、正宗白鳥、小山内薫、志賀直哉、武者小路実篤、有島武郎、長与善郎、そして中里介山の名前が挙げられよう。

（235）福田同論文は、「たとえこれ等の作家たちで、色々な事情からその師内村からはなれた者があったにせよ……若い日のその師の影響は、ずっと後まで残っていたように思われる」（三一二頁）と結んでいるが、彼らの中に内村の集会でキリスト教信仰に留まった弟子は一人もいなかった。

(236) 武者小路実篤の「あの人〔内村〕が自由な考を持つて書きたいことをかいたら、日本文学には実に類のない調子の高い文学が生れた」（前掲「内村さんに就て」『回想の内村鑑三』、三三―三四頁）という評価とその理由については、前註（9）も参照。

(237) 批判とクリティークの違いについては、前註（1）参照。

(238) 前掲拙著『旧約における超越と象徴』、一一五頁以下参照。

(239) 例えば、Zimmerli, W., *Das Buch des Predigers Salomo*, ATD 16/1, 1980^{3}, S.235f.

(240) Crüsemann, F., "Die unveränderbare Welt", in: *Gott der kleinen Leute. Sozialgeschichtliche Bibelauslegung*, Bd. 1 (Hrsg. Schottroff W., und Stegemann, W.), 1979.

(241) Lauha, A., *Kohelet*, BKAT XIX, 1978.

(242) Krueger, Th., *Kohelet(Prediger)*, Neukirchener, BKAT, Bd.19, 2000.

(243) Zimmerli, ibid. ; id., "»Unveränderbare Welt« oder »Gott ist Gott«?", in: *Kraus Festschrift*, Neukirchen-Vluyn: Neukirchener Verlag, 1983.

(244) 関根正雄「旧約改訳・略註コーヘレス（一）（二）」（『新・預言と福音』二・三号、新・預言と福音社、一九八九年。

(245) Lohfink, N., *Kohelet*, NEB, 1980, bes.S.19ff.

(246) 西村俊昭『旧約聖書の預言と知恵――歴史・構造・解釈』創文社、一九八一年、特に第二部。

(247) Loader, J.A., *Polar Structures in the Book of Qoheleth*, BZAW 152, 1979.

（248）Michel, D., *Untersuchungen zur Eigenheit des Buches Qohelet*, BZAW 183, 1989.
（249）研究史の詳細については、前掲拙著『旧約における超越と象徴』第二章第一節を参照。
（250）筆者自身は、コーヘレスをニーチェ、ハイデッガーのニヒリズム到来の三段階論に照らしてニヒリストと大胆に規定すべきだと考え、またそのニヒリズムの超克は、未だ功利的要素を残し、終末に希望を託す（これはニヒリズム以前の第三段階に戻ることになる）一一章にではなく、むしろ「わたしは知った。人間に生きている間に、楽しみ喜ぶこと以外、他に良いことはない、と。実際、人が皆、食べ、かつ飲み、かつ労苦の中に良きことを見出すならば、それこそ神の賜物だ」（三章一二―一三節）に集約的に表現されていると見る（同書、一四三―一四九頁）。しかしそうした相対的なテクスト解釈の異同と蓋然性について争論することが、ここでの課題ではない。ただ、コーヘレスの思想の展開と本質に、内村が正面から迫っている事実を確認すれば足りるのである。
（251）石原前掲書、三二〇頁。
（252）同頁。
（253）全三九／九四の海保竹松宛書簡によれば、発熱と心臓の亢奮が伴い、「疲労より来りしレウマチス」という医師の診断を受けている。鈴木前掲『日録11』二六八頁によれば、宿痾となった心臓病への最初の言及であるという。
（254）石原慎太郎『新・堕落論』新潮新書、二〇一一年。
（255）Joerg Jeremias, *Die Reue Gottes*, 1975; 1997², 拙訳『なぜ神は悔いるのか』日本基督教団出版局、二〇一四年。

(256) 例えば、藤井武「私の観たる内村先生」(前掲『内村鑑三追憶文集』三四―三五頁)は「先生が私どもの前に、全日本のまへに現はしました姿は、紛れもなく預言者のすがたでありました」と語り、黒崎幸吉「預言者としての内村先生」(旧版『内村鑑三全集』月報第六号、一九三二年)は、「『内村先生は預言者であった』とは異口同音に唱へらるゝ処であつて、私も勿論異存はない」と述べる。

(257) 内村が伝道師を嫌悪し、「余は車夫にまで下落するとも伝道師にはならじ」(全二/一六五)と思っていたことは、夙に『求安録』などで証言されていたところである。

(258) 一九〇一年のB・ドゥームの註解(Duhm, B., *Das Buch Jeremia. Kurzer Hand-Commentar zum Alten Testament*. Tübingen/Leipzig: Mohr (Siebeck), 1901.)を嚆矢とし、S・モーヴィンケル(Mowinckel, S. , *Zur Komposition des Buches Jeremia* (Oslo: Jacob Dybwad, 1914))、J・ブライト(Bright, J., *Jeremiah*. AB Garden City, NY: Doubleday, 1965. ; id., *Covenant anti Promise: The Future in the Preaching of the Pre-exilic Prophets*. London: SCM, 1977)、中んづく一九七三年と八一年のW・ティール(Thiel, W., *Die deuteronomistische Redaktion von Jeremia 1-25*. WMANT 41. Neukirchen-Vluyn: Neukirchener Verlag, 1973. ; id., *Die deuteronomistische Redaktion von Jeremia 26-45. Mit einer Gesamtbeurteilung der deuteronomistischen Redaktion des Buches Jeremias*. WMANT 52. Neukirchen-Vluyn: Neukirchener Verlag, 1981)、そしてW・L・ホラデイ(Holladay, W. L., *Jeremiah 1*. Hermeneia. Philadelphia/Minneapolis: Augsburg Fortress, 1986.; id., *Jeremiah 2*. Hermeneia. Philadelphia/Minneapolis: Augsburg Fortress, 1989.)、W・A・マッケイン(McKane, W. A., *Critical and Exegetical Commentary on Jeremiah*, I ; II. ICC Edinburgh: T. & T. Clark, 1986;1996; id., *Prophets and*

Wise Men. SBT 44. Naperville, IL: Allenson, 1965）に至る研究史の詳細については、拙論「預言者と申命記主義（上）――研究史瞥見」『旧約聖書と哲学　現代の問いの中の一神教』岩波書店、二〇〇八年、第七章参照。

(259) その代表例が、前掲ティールの二巻本である。

(260) 拙論「預言者と申命記主義（下）――エレミヤ書の場合」前掲拙著、第八章参照。

(261) 上掲ティールが申命記史家に帰する箇所の一覧は、拙訳『エレミヤ書』（岩波書店、二〇〇二年）巻末の「解説」、三四〇―三四一頁に掲げてあるので、参照されたい。

(262) 前掲拙訳、五、一二二、一五五頁参照。

(263) 震災直後の動顚の中で記された内村の日記の走り書きの真意は、例えば次のような文章と併読して、汲み取る必要はあるだろう。「招待」という一九〇三年の短文に、こう書いた内村であった。「オ、来れよ、来てキリストの僕《しもべ》と成れよ、何故に世の罪悪を罵《ののし》て〔憤〕死せんとするぞ、何故に社会の無情を怒て切歯するぞ、汝は汝自身に就《つい》て憤りつゝあるなり、汝自身の中に調和なきが故に汝は汝の不安を木と岩と世と人とに向て発しつゝあるなり、来て主の平安を味ひ見よ、是れ凡《すべ》ての思念《おもい》に過る平安なり、是を汝の心に迎へて木は汝に向て手を拍《うつ》て歓び、人は凡て来て汝の志を賛《たす》くる者とならん」（『聖書之研究』一九〇三年五月、全一一／二四四）。それにしても、「全世界は滅びても、滅びない者……はキリストの十字架である」が、余りに短兵急な物言いであることに変わりはない。

(264) 聖書の系図で計算するとこうなる。拙著『旧約聖書の思想　24の断章』講談社学術文庫、六九頁参照。

(265) 著者はかつて、この存在の所与性と驚きの連関を古代ギリシア・ヘブライの倫理思想史に底流する本質的要素として論じたことがある(『倫理思想の源流――ギリシアとヘブライの場合』放送大学教育振興会、二〇〇一年。現在アクセサブルな改訂版、前掲の『ギリシア・ヘブライの倫理思想』で頁を明示しておくならば、一―七頁、三一九―三二八頁等)。その後、ウィーン大学哲学科の畏友、G・ペルトナー教授が『哲学的美学』(**Pöltner, G.,** ***Philosophische Ästhetik,*** **Stuttgart 2008**)の中で美の顕現と驚きの関係を論じられ、その書を次のように結んでいる。もう一人の畏友、渋谷治美氏は我々のこの共通の友人の著作の翻訳に献身的に従事され、次のようにここを訳出しておられる。「〈美しいものとの根源的な出会いの経験〉は〈存在すること〉について思索するよう迫るのだが、その〈存在すること〉とは〈与えられてある〉ことを意味する。このことにすでに悟りを得た者は、さらに〈感謝することができること〉に感謝することができる(**Wer dessen inne geworden ist, kann noch danken für das Dankenkönnen**)」(『哲学としての美学 〈美しい〉とはどういうことか』ギュンター・ペルトナー著、渋谷治美監訳、晃洋書房、二〇一七年、二七三頁)。カント学者でありながら仏教にも造詣が深い氏ならではの名訳と言うべきだろう。こうしたオーストリア、そして日本で交わされた二人の畏友との、存在の所与性をめぐる多くの対話に、改めて「〈感謝することができること〉に感謝する」ものである。

(266) 前掲拙著『旧約聖書と哲学』岩波書店、二〇〇八年、一一頁以下参照。

(267) むしろ存在という奇跡に目覚め、道徳に縛られた無明の闇を超えていく方向への力強い思索としては、古東哲明『他界からのまなざし 臨生の思想』講談社選書メチエ、二〇〇五年、一二〇頁以下参照。中んづく、一五九―一六一頁は、ヘラクレイトス、プラトン等を引いて、人生やこの世のいとなみが無意味・無根拠・無目的で、遊びであり、愉悦の時だと道破する。

(268) 「キリスト教の光と闇」(アスペン・フェローズ懇話会、二〇一一年六月二五日)、「いのちについて――キリスト教倫理と一般倫理のはざまから」(日本クリスチャン・アカデミー　関西セミナーハウス修学院フォーラム「いのちを考える」第三回、二〇一一年一一月五日)等。

(269) 旧約研究者である私が所奪性と言う時、息子・娘の命を奪われたヨブが最初に語った敬虔な言葉、「わたしは裸で母の胎を出た。裸でそこに帰ろう。ヤハウェは与え、ヤハウェは奪う。ヤハウェの御名はほめたたえられよ」(『ヨブ記』一章二一節)を想起される方もあるかも知れない。しかし両者は似て非なるものであることを明記しておきたい。このヨブの言葉は人格神の存在を自明の前提としているが、所奪性の思想は所与性の思想同様、人格神を不問に付し、その存在について判断中止する点が根本的に異なるのである。

(270) 一方的な贈与として与えられているものが奪われても、異議申し立てをする権利がないと突き詰めてしまう時、ではJ・ロックが『市民政府論　市民政府の真の起源、範囲および目的について』(Locke,J., *Two Treatises on Government (1680-1690); Book II: An Essay Concerning the True Original, Extent and End of Civil Government*,〔Cambridge Texts in the History of Political Thought〕1988) 第五章「所有権について」二七節 (鵜飼信成訳、岩波文庫、一九六八年、三二―三三頁) において、自然権との連関で論じたように、各人が労働によって成した財産は私有物としての権利を認められるべきではないかと反論する人がいるかも知れない。しかし木を加工する労働の成果である机は、仮に私有物だとしても、自然林に生えた木は所与のものであり、たとい人工林に生えた樹木といえども、所与の種子に所与の土と水と陽光が与えられて、しかも光合成や細胞壁の木化といった、これまた所与の法則にのっとって生育するのだから、所与性の限界を超え得ないはずであろう。労働の実としての私有物も、元来は所与の贈与であり、それが奪われることは不当だと言い募ることは困難なのではないだろうか。

(271) 前註(1)参照。

終章

(272) 例えば前註(69)および(218)の家永三郎論文参照。

(273) 内村が若き日に水産技術官僚として各地で活動していた際、いくら漁船を改良し網道具を工夫して大漁が可能となっても、そこで得た金を漁師はただ一晩の放蕩に費やしてしまうのを目の当たりにし(「予が聖書研究に従事するに至りし由来」全九/三四〇―三四四)、「漁師たちの奔放な生活ぶりを見た内村は、漁業従事者の精神の変革の方が生業における技術的な進歩に先行されるべきと考えた」(柴田前掲書、二八六頁)。そこから「聖書研究がもつ社会改革的底力への見通し」(同書、二八八頁)を開いていった経緯については、柴田前掲書、第四章2節「知識人の社会事業としての聖書研究」(二八四―二九二頁)の見事な概観を参照されたい。

(274) 全二一/四三五、全二三/三〇八、全二四/二〇七、二〇九、五三五、全二五/九〇、九七、一〇六、全二九/一二一、全三〇/九三、二八〇、全三二/一〇七、二三二、二八四、全三五/八四等々参照。

(275) 新保祐司「今、何故内村鑑三か――キリスト教は西洋の宗教ではない」新保前掲書、二五頁以下は、近代日本人が浅いのは旧約を経ていないからだと喝破し、「信仰だけではいけない、また理性だけでもいけない。この対立するように見える理性と信仰をどのように、いわば音楽の対位法のように調和して響かせることができるか、これが最大の課題である。この課題とがっしりぶつかったのが内村鑑三であり、そこから今日の日本人が学ぶべきものは限りなく多い」(四八頁)という重要な指摘をしている。新保氏は、旧約のどこが深く、また内村の理性がどう信仰と共振するのかについては、具体的に述べてはおられないが、文芸批評家としての、この鋭い直観を多としたいのである。また同書、七四頁以下「内村鑑三――『正しい位置に心を置いた人』」は、キルケゴールの「天才と使徒の区別について」に言及しつつ、内村は「本質的に『使徒』的人間であり、『知の巨人』という存在の無意味さを知り抜いていた」(七五頁)とし、パウロやバルトに論じ及び、更に坂口安吾と小林秀雄の有名な対談「伝統と反逆」を取り上げて、内村は「巧みに巧んで正しい位置に心を置いた人」だと指摘する秀逸な論文である。ただ私自身は、パウロ、キルケゴールから、バルト、安吾、小林に至るまで、みな言わば居直りの達人だという評価から抜けられない人間で、例えばバルトよりもティリッヒ、小林よりも吉田秀和に親和的になることは如何ともし難い。内村にも「唯神の恩恵を信頼するの才能があるのみ」(「我が才能」『聖書之研究』一九一七年一月、全二三/一六四、新保同書、八五頁)という自己評価と共に、晩年の日記(全三五/三二九と三三七の一九二八年六月九日、七月四日等。本書第二章二B節「晩年の哲学熱」の項等参照)に散見されるように、哲学者に成りたくなった、聖書の次ぎに侔らい書はソクラテスの哲学問答だといった、信仰だけに居直らないで理性でどこまでも解き明かそうとする姿勢があることに、本書が重きを置いた所以である。それが新保氏のいわゆる「理性と信仰……の対位法」を奏でることに成功しているか否かは、読者の御判断に委ねるほかはない。

(276) 他にも全二／二九六、全六／四一八、全八／一九七、二九三、三〇五、三二〇、全九／三二六、全一〇／五四、全一一／一三、二七、五八、全一三／一五六、四七六、全一四／五三、六七、六八、一〇一、一〇九、一一〇、一一一、全一六／一七四、全一七／四〇一、全一九／七〇、三〇五、三五七、三六八、全二一／二八七、全二四／二六、全二九／一四五、全三二／三五、全三四／四七二等参照。

(277) 他にも全一六／四三二、全二〇／三二五、全二二／四六一、全二二／四六二、四六三、全二六／八九、九〇、全二七／五七、四三七、全三二／二八一、二八二、三七六等参照。

(278) 柴田前掲書、二八二頁の的確な指摘による。なお「平民の」と「普遍的」は筆者の付加である。内村の典拠としては枚挙に遑がないが、例えば「自由、独立」については全八／一〇一、全九／一二一、全一〇／一九二、全一六／一五、三七四、四八八、四八九、全二一／二八〇、全二六／五七、五八、三三九、全二九／六、三〇等々、「正義」については、全二／一八三、二〇三、二〇六、二〇九、二三二、二三六、全三／一七五、一七六、全五／三、一四五、二二五、全六／二九三、三二〇、全七／六四、一二六、一六六、二二一、三二六、三三八、三五一、四二三、四二四、全八／一〇〇、一四二、一四三、一七三、三〇〇、五二三、五四二、五六二、全九／二四七、二四八、全一〇／五、二二

八、三三三、四〇〇、四六七、全一一／一四、五六、六三、一三三、四七三、全一二／一四四、二〇〇、全一三／二三三、二三四、全一四／一〇七、一〇八、全一五／八七、八九、一五四、一六〇、全一六／三五七、三八二、全一七／二八五、全一八／一三、三二、九七、全一九／三九、七〇、全二〇／六二、六五、二六四、三六三、全二一／八九、一八九、全二二／五〇、六三、四六一、全二三／一二六、二八八、全二四／一七五、二五六、全二五／七一、九五、全二六／一五二、四六四、全二七／五〇、八五、全二八／一一九、三一五、全二九／一一六、二二〇、全三〇／三一〇、三一一、三七七等々を、そして「平和」については本書第二章の数多の箇所を、参照されたい。

(279) 内村自身、時代の聖書学について、既に次のような鋭い批判を物している。「学者とパリサイ人は今も在る。聖書を言語学と考古学と文学的批評の材料として使ふの外、之を用ふるの途を知らざる者、今日の欧米諸大学に設けられたる聖書学講座が取扱ふ問題は概ね是である」（「十字架の道」第十二回「羔の怒」『聖書之研究』一九二六年四月、全二九／一三五）。そして返す刀で、牧師神学者の聖書解釈、更には宗教者の問題性についても、「そしてパリサイ人！　彼等は自己拡張の為に宗教を用ふる者である。宗教界に於ける帝国主義の応用者である。他《ひと》の教会を倒して己が教会を興さんとする。伝道と称して水陸《うみやま》を歴巡《へめぐ》りて一人をも己が教会に引入れんとする。己に従ふ者が信者、従はざる者が異教徒。誠実もなければ親切もない」（同頁）。

(280) 註（2）において、《聖書の各書について内村はどう論じ、それが近現代のいわゆる聖書学と照らして、どのように位置づけられるべきなのか――この従来の内村研究史において十分論じられてこなかった問題を追及することによって、内村の聖書解釈を肯定するか否定するかの答えも自ずと出るであろう》との見通しを述べた。その答えはここに至って明らかであろう。デイヴィッドソンがエレミヤの著者問題といった非本質的な問題に大量の頁を割くことが見当違いなのであって、内村がこれに一顧だに加えないことこそが見識なのである。聖書という真実の書に対して、歴史的批判的な研究をすれば、没価値的な事実（むしろそれをめぐる仮説）はいくらでも出てこようが、肝腎の真実の価値の方は等閑に付されてしまう。果敢に真実にこそ、その考察の焦点を定めるということが、哲学的な内村の聖書解釈の見識にほかならないのである。前田氏のいわゆる「〔内村から〕今日の聖書解釈が受ける刺戟は益々増大することであろう」という予言はその意味において、幸か不幸か見事に的中していると言わざるを得ないであろう。冒頭部と末尾の註が呼応連関したところで、ここに本書の考察を結ぶこととしたい。

主要文献

青野太潮（訳）『新約聖書Ⅳ　パウロ書簡』、新約聖書翻訳委員会訳、岩波書店、一九九六年
赤江達也『矢内原忠雄――戦争と知識人の使命』岩波新書、一九一七年
荒井献編『パウロをどうとらえるか』新教出版社、一九七二年
荒井献『使徒行伝』中巻、新教出版社、二〇一四年
家永三郎「日本思想史上の内村鑑三」鈴木俊郎（編）『回想の内村鑑三』岩波書店、一九五六年、一一四―一二〇頁
石原慎太郎『新・堕落論』新潮新書、二〇一一年
石原兵永『身近に接した内村鑑三』中巻、山本書店、一九七二年
井筒俊彦『意味の構造』（牧野信也訳）新泉社、一九七二年
今道友信「批評とクリティーク」『美の位相と藝術』東京大学文学部美学芸術学研究室、一九六八年、三二一―三五四頁
植村正久「不敬罪と基督教」『植村正久著作集』第一巻、新教出版社、二〇〇五年、二八九―二九〇頁。
『内村鑑三全集』一―二〇巻、岩波書店、一九三二―一九三三年

『内村鑑三著作集』一―二一巻、岩波書店、一九五三―一九五五年
『内村鑑三全集』一―四〇巻、岩波書店、一九八〇―一九八四年
『DVD版 内村鑑三全集』内村鑑三全集DVD版出版会、二〇〇九年
『内村鑑三聖書注解全集』(山本泰次郎編) 一―一七巻、教文館、一九六〇―一九六二年
『内村鑑三信仰著作全集』(山本泰次郎編) 一―二五巻、教文館、一九六一―一九六六年
『内村鑑三日記書簡全集』(山本泰次郎編) 一―八巻、教文館、一九六四―一九六五年
『内村鑑三英文著作全集』(山本泰次郎・武藤陽一編) 一―七巻、教文館、一九七一―一九七三年
内村鑑三『基督信徒のなぐさめ』岩波文庫、一九三九年
内村鑑三『求安録』岩波文庫、一九三九年
内村鑑三『地人論』岩波文庫、一九四二年
内村鑑三『内村鑑三随筆集』岩波文庫、一九四八年
内村鑑三『内村鑑三所感集』岩波文庫、一九七三年
内村鑑三『代表的日本人』岩波文庫、一九九五年
内村鑑三『後世への最大遺物・デンマルク国の話』岩波文庫、二〇一一年
内村鑑三『宗教座談』岩波文庫、二〇一四年
内村鑑三『ヨブ記講演』岩波文庫、二〇一四年
内村鑑三『余はいかにしてキリスト信徒となりしか』岩波文庫、二〇一七年
内村鑑三『キリスト教問答』講談社学術文庫、一九八一年

内村鑑三『デンマルク国の話 信仰と樹木とをもって国を救いし話』青空文庫、二〇一二年
内村鑑三『後世への最大遺物』青空文庫、二〇一二年
『内村鑑三先生追憶文集』聖書研究社、一九三一年
内村祐之「父の臨終の記」『内村鑑三追憶文集』聖書研究社、一九三一年、二九二頁
遠藤周作「内村鑑三と文学」『遠藤周作文学全集』第一二巻、新潮社、二〇〇〇年、三二五―三二七頁
小原信『内村鑑三の生涯　近代日本とキリスト教の光源を見つめて』PHP研究所、一九九二年
亀井俊介『内村鑑三　明治精神の道標』中公新書、一九七七年
片山杜秀「朝日新聞文芸時評」二〇一四年九月二四日
菊川美代子「天皇観と戦争批判の相関関係――矢内原忠雄を中心にして」『アジア・キリスト教・多元性』現代キリスト教思想研究会 第七号、二〇〇九年、五一―七二頁
『舊新約聖書』日本聖書協会、一八八七年
『旧約聖書翻訳委員会訳　聖書』岩波書店、一九九七―二〇〇四年
近代思想研究会編『内村鑑三の言葉　日本キリスト者の再発見』芳賀書店、一九六九年
黒崎幸吉「預言者としての内村先生」旧版『内村鑑三全集』月報第六号、一九三二年
『口語訳聖書』日本聖書協会、一九五五年
古東哲明『他界からのまなざし　臨生の思想』講談社選書メチエ、二〇〇五年

佐藤啓介「不可能な赦しの可能性――現代宗教哲学の観点から」『宗教と倫理』第四号、宗教倫理学会、二〇〇四年、六四―八一頁
塩川徹也「古典とクラシック」逸見喜一郎ほか編『古典について、冷静に考えてみました』岩波書店、二〇一六年、二一―四四頁
志賀直哉「内村鑑三先生の憶い出」鈴木俊郎（編）『回想の内村鑑三』岩波書店、一九五六年、一五―三三頁
柴田真希都『明治知識人としての内村鑑三』みすず書房、二〇一六年
渋谷治美『リア王と疎外　シェイクスピアの人間哲学』花伝社、二〇〇九年
『新共同訳聖書』日本聖書協会、一九八八年
『新改訳聖書』聖書刊行会、一九七〇年、二〇一七年（第四版）
新保祐司『明治の光　内村鑑三』藤原書店、二〇一八年
『新約聖書翻訳委員会訳　聖書』岩波書店、一九九五―一九九六年
杉本喬「内村鑑三とホイットマン」鈴木俊郎（編）『回想の内村鑑三』岩波書店、一九五六年、二九八―三〇四頁
鈴木俊郎（編）『回想の内村鑑三』岩波書店、一九五六年
鈴木俊郎（編）『追悼集　内村鑑三先生』岩波書店、一九三四年
鈴木範久『内村鑑三』岩波新書、一九八四年

鈴木範久『内村鑑三日録1　1861~1888　青年の旅』教文館、一九九八年
鈴木範久『内村鑑三日録2　1888~1891　一高不敬事件（上）』教文館、一九九三年
鈴木範久『内村鑑三日録3　1888~1891　一高不敬事件（下）』教文館、一九九三年
鈴木範久『内村鑑三日録4　1892~1896　後世へ残すもの』教文館、一九九三年
鈴木範久『内村鑑三日録5　1897~1900　ジャーナリスト時代』教文館、一九九四年
鈴木範久『内村鑑三日録6　1900~1902　天職に生きる』教文館、一九九四年
鈴木範久『内村鑑三日録7　1903~1907　平和の道』教文館、一九九五年
鈴木範久『内村鑑三日録8　1908~1912　木を植えよ』教文館、一九九五年
鈴木範久『内村鑑三日録9　1913~1917　現世と来世』教文館、一九九六年
鈴木範久『内村鑑三日録10　1918~1919　再臨運動』教文館、一九九七年
鈴木範久『内村鑑三日録11　1920~1924　うめく宇宙』教文館、一九九七年
鈴木範久『内村鑑三日録12　1925~1930　万物の復興』教文館、一九九九年
隅谷三喜男『日本の歴史22　大日本帝国の試煉』中公文庫、一九七四年
関根清三『旧約における超越と象徴　解釈学的経験の系譜』東京大学出版会、一九九四年
関根清三「二つのJのために――内村鑑三」藤田正勝編『日本近代思想を学ぶ人のために』世界思想社、一九九七年、六一―七九頁
関根清三『旧約聖書の思想　24の断章』岩波書店、一九九八年
関根清三「義についての語り口――内村鑑三の場合」『無教会』創刊号、無教会研修所、一九九八年、

八四—九六頁
関根清三「内村鑑三の戦争論（上）」『無教会』二号、無教会研修所、一九九九年、一四三—一五七頁
関根清三「内村鑑三の戦争論（下）」『無教会』三号、無教会研修所、二〇〇〇年、一四八—一六〇頁
関根清三（訳）『旧約聖書翻訳委員会訳　聖書Ⅷ　エレミヤ書』岩波書店、二〇〇二年
関根清三『旧約聖書と哲学　現代の問いの中の一神教』岩波書店、二〇〇八年
関根清三『ギリシア・ヘブライの倫理思想』東京大学出版会、二〇一一年
関根清三「内村鑑三の旧約読解と震災の年の日記」別冊『環』一八号『内村鑑三』、藤原書店、二〇一一年、五二一—八七頁
関根清三「「貢献心」は本能か？　オペラに基づく批判的考察」『ホモ・コントリビューエンス　滝久雄・貢献する気持ちの研究』（加藤尚武編）未來社、二〇一七年一一月、四一七—四四九頁
関根清三 "Reconciliation and Atonement: A Response to Professor Chul Ho Youn's" Theology of Reconciliation", in: *Japanese and Korean Theologians in Dialogue* (ed.by B.Byrd and M.Akudo), Seigakuin University Press, Nov. 2017, pp.103-112.
関根正雄「内村先生の聖書研究」鈴木俊郎（編）『回想の内村鑑三』岩波書店、一九五六年、三三〇—三三五頁
関根正雄（編著）『内村鑑三』清水書院、一九六七年
関根正雄「旧約改訳・略註コーヘレス（一）（二）」『新・預言と福音』二・三号、新・預言と福音社、一九八八九年

高峰慧「蹇蹇録」『CD－ROM&DVD－ROM版世界大百科事典第2版プロフェッショナル版』日立デジタル平凡社、一九九八年
高山樗牛（執筆名は高山林次郎（本名））「内村鑑三君に与ふ」『太陽』一八九八年一一月五日、第四巻二二号、三一―三四頁
太宰治「作家の像」『太宰治全集』筑摩書房、第一〇巻、一九七一年、一七一―一七五頁
田島卓『エレミヤ書における罪責・復讐・赦免』日本基督教団出版局、二〇一八年
塚本虎二『聖書知識』一九四二年三月号
『塚本虎二訳　新約聖書』塚本虎二訳新約聖書刊行会編、新教出版社、二〇一一年
徳富蘇峰「思い出」鈴木俊郎（編）『回想の内村鑑三』岩波書店、一九五六年、三―八頁
富岡幸一郎『非戦論』NTT出版、二〇〇四年
中野好夫「内村先生のこと」鈴木俊郎（編）『回想の内村鑑三』岩波書店、一九五六年、二八七―二九二頁
中村勝己『内村鑑三と矢内原忠雄』リブロポート、一九八一年
中村弓子「ベルクソン『笑い』最終節の《苦み》が問いかける問題」（Waseda Global Forum No. 8, 2011, 183-209）
西村俊昭『旧約聖書の預言と知恵――歴史・構造・解釈』創文社、一九八一年

新渡戸稲造「旧友内村鑑三氏を偲ぶ」『実業之日本』三三巻八号、一九三〇年四月一五日
ハウズ、J・F・『近代日本の預言者、内村鑑三、一八六一―一九三〇年』教文館、二〇一五年
福田清人「内村鑑三の影響を受けた作家たち」鈴木俊郎（編）『回想の内村鑑三』岩波書店、一九五六年、三〇八―三一四頁
藤井武「私の観たる内村先生」『内村鑑三追憶文集』聖書研究社、一九三一年、三四―四二頁（『藤井武全集』第一〇巻、岩波書店に採録）
藤田若雄編著『内村鑑三を継承した人々（上）――敗戦の神義論』木鐸社、一九七七年
藤田若雄編著『内村鑑三を継承した人々（下）――十五年戦争と無教会二代目』木鐸社、一九七七年
保坂高殿「ルカとローマ市民法」『聖書学論集』22、一九八八年、一一八頁以下
前田護郎「内村先生の聖書解釈」鈴木俊郎（編）『回想の内村鑑三』岩波書店、一九五六年、三二五―三三〇頁
政池仁『内村鑑三伝　再増補改訂新版』教文館、一九七七年
正宗白鳥「内村先生追憶」鈴木俊郎（編）『回想の内村鑑三』岩波書店、一九五六年、一一―一五頁
眞嶋亜有『「肌色」の憂鬱　近代日本の人種体験』中公叢書、二〇一四年
松沢弘陽（編）『日本の名著38　内村鑑三』中央公論社、一九八五年
丸山眞男「内村鑑三と『非戦』の論理」鈴木俊郎（編）『回想の内村鑑三』岩波書店、一九五六年、

一〇四―一一〇頁
宮部金吾「内村鑑三君小伝」『内村鑑三追憶文集』聖書研究社、一九三一年、四―一五頁
武者小路実篤「内村さんに就て」鈴木俊郎（編）『回想の内村鑑三』岩波書店、一九五六年、三二―三四頁
陸奥宗光『新訂　蹇蹇録　日清戦争外交秘録』岩波文庫、一九八三年
森泉弘次「Ａ・Ｊ・ヘッシェルの生涯およびその中心的神学思想の概観」『聖学院大学総合研究所紀要』四五号、二〇一〇年、三一三―三三五頁
八木誠一『回心　イエスが見つけた泉へ』ぷねうま舎、二〇一六年
役重善洋『近代日本の植民地主義とジェンタイル・シオニズム――内村鑑三・矢内原忠雄・中田重治におけるナショナリズムと世界認識』インパクト出版会、二〇一八年
矢内原忠雄「先生の涙」『矢内原忠雄全集』第二四巻、四四六―四四八頁
若松英輔『内村鑑三　悲しみの使徒』岩波新書、二〇一八年

Alt, A., "Das Verbot des Diebstahls im Dekalog", 1949, in: id., *Kleine Schriften zur Geschichte des Volkes Israel I*, 1953, S.333-340.
Althaus,P., *Der Brief an die Römer*(NTD 6), Göttingen, 1949[6], 1966[10]（アルトハウス『ローマ人への手

紙』杉山好訳、ＮＴＤ新約聖書注解、一九七四年）
Bergson,H., *Le Rire: essai sur la signification du comigue*, PUF, 1900.（Ｈ・ベルクソン『笑い』林達夫訳、岩波文庫、一九七六年〔改版〕）
Bergson,H., *Les Deux Sources de la Morale et de la Religion*,1932.（Ｈ・ベルクソン『道徳と宗教の二源泉』澤瀉久敬訳、『世界の名著64』、中央公論社、一九七九年）
Boecker, H.J., “Recht und Gesetz: Dekalog”, in: id. u.a. (Hrsg.), *Altes Testament*, 1983.
Bright, J., *Jeremiah*. AB Garden City, NY: Doubleday, 1965.
Bright, J.,*Covenant and Promise*. London: SCM, 1977.
Crüsemann,F., “Die unveränderbare Welt”, in; *Gott der kleinen Leute. Sozialgeschichtliche Bibelauslegung*, Bd. 1 (Hrsg. Schottroff W., und Stegemann, W.), 1979.
Duhm, B., *Das Buch Jesaja, Handkommentar zum Alten Testament, III. abt., 1. bd.*, Göttingen, Vandenhoeck & Ruprecht, 1892.
Duhm,B.,*Das Buch Jeremia. Kurzer Hand-Commentar zum Alten Testament*. Tübingen/Leipzig: Mohr (Siebeck), 1901.
Gadamer, H.G., *Wahrheit und Methode. Grundzüge einer philosophischen Hermeneutik*, Tübingen, 1960.
Hegel's Theologische Jugendschriften, hrsg. v. H. Nohl, 1907.
Heidegger, M., *Nietzsche*, 2 Bde. Verlag Günther Neske, 1961.

Heschel, A. J., *God in Search of Man. A Philosophy of Judaism*, 1955.（A・J・ヘッシェル『人間を探し求める神――ユダヤ教の哲学』森泉弘次訳、教文館、一九九八年）

Holladay, W. L., *Jeremiah* 1. Hermeneia. Philadelphia/Minneapolis: Augsburg Fortress, 1986.

Holladay, W. L., *Jeremiah* 2. Hermeneia. Philadelphia/Minneapolis: Augsburg Fortress, 1989.

Jeremias,J., *Die Reue Gottes, Aspekte alttestamentlicher Gottesvorstellung*, BThS31, Neukirchen-Vluyn, 1975; 1997^{2}.（イェルク・イェレミアス『なぜ神は悔いるのか』関根清三・丸山まつ訳、日本基督教団出版局、二〇一四年）

Jüngel, E., *Paulus und Jesus*,Tübingen, 2004^{7}.

Kant, I. , *Die Religion innerhalb der Grenzen der blossen Vernunft*, 1793（I・カント『宗教論』飯島宗享、宇都宮芳明訳『カント全集』第九巻、理想社、一九七四年）

Kennan, G. F., *Around the Cragged Hill: A Personal and Political Philosophy*, W.W.Norton & Company, 1993.

Kierkegaard,S., *Abschliessende unwissenschaftliche Nachschrift zu den Philosophischen Brocken*, 2Bde,GTB, 1982（S・キルケゴール『哲学的断片への結びとしての非学問的後書』杉山好、小川圭治訳『キルケゴール著作集〈第七・八・九巻〉』白水社、一九六八―一九七〇年）

Krüger, Th., *Kohelet(Prediger)*, BK^{N} XIX Sonderband, Neukirchener, 2000.

Lauha, A., *Kohelet*, BKAT XIX, Neukirchener, 1978.

Lévinas, E., *Difficile Liberté*, Albin Michel 1963.（E・レヴィナス『困難な自由』内田樹訳、国文社、

一九八五年）
Loader, J.A., *Polar Structures in the Book of Qohelet*, BZAW 152, 1979.
Locke,J., *Two Treatises on Government (1680-1690); Book II: An Essay Concerning the True Original, Extent and End of Civil Government*〔Cambridge Texts in the History of Political Thought〕1988.（J・ロック『市民政府論　市民政府の真の起源、範囲および目的について』鵜飼信成訳、岩波文庫、一九六八年）
Lohfink, N., *Kohelet*, NEB, 1980.
McKane, W. A. , *Critical and Exegetical Commentary on Jeremiah*, I; II. ICC Edinburgh: T. & T. Clark, 1986;1996
McKane, W. A., *Prophets and Wise Men*. SBT 44. Naperville, IL: Allenson, 1965.
Michel, D., *Untersuchungen zur Eigenheit des Buches Qohelet*, BZAW 183, 1989.
Mowinckel, S. , *Zur Komposition des Buches Jeremia*, Oslo: Jacob Dybwad, 1914.
Nietzsche, F., *Jenseits von Gut und Böse*, 1886; Anaconda Varlag, 2006.
Nietzsche, F., *Der Wille zur Macht*, Kröners Taschenausgabe, Bd.78, 1959.
Nietzsche-Werke, *Kritische Gesamtausgabe*, hrsg. von Coli, G., und Montinari, M., Walter de Greyter. 1968,Bd. Ⅷ2.
Pöltner, G., *Philosophische Ästhetik*, Stuttgart 2008.（G・ペルトナー『哲学としての美学　〈美しい〉とはどういうことか』渋谷治美監訳、晃洋書房、二〇一七年）

Thiel,W., *Die deuteronomistische Redaktion von Jeremia 1–25*. WMANT 41. Neukirchen-Vluyn: Neukirchener Verlag, 1973.

Thiel,W., *Die deuteronomistische Redaktion von Jeremia 26–45. Mit einer Gesamtbeurteilung der deuteronomistischen Redaktion des Buches Jeremias.* WMANT 52. Neukirchen-Vluyn: Neukirchener Verlag, 1981.

Tillich, P. , *Wesen und Wandel des Glaubens*, in:id., Gesammelte Werke, Bd.VIII, 1970.〔Offenbarung und Glaube : Schriften zur Theologie II / Paul Tillich〕, S.111-196.

Wrede, W., *Paulus*, J.C.B.Mohr, Tübingen 1907^{2}.

Zimmerli, W., *Das Buch des Predigers Salomo*, ATD 16/1, 1980^{3}.

Zimmerli, W., “»Unveränderbare Welt« oder »Gott ist Gott« ?” , in; *Kraus Festschrift*, Neukirchen-Vluyn: Neukirchener Verlag, 1983.

関根清三 せきね・せいぞう

一九五〇年、東京生まれ。東京大学大学院人文社会系研究科倫理学専攻博士課程修了。東京大学より博士（文学）、ミュンヘン大学よりDr.Theol.。東京大学大学院人文社会系研究科・文学部教授を経て、現在、聖学院大学特任教授。東京大学名誉教授。ウィーン大学・放送大学などで客員教授を務める。専門は、旧約聖書学・倫理学。主要著訳書に『旧約における超越と象徴』（和辻哲郎文化賞、日本学士院賞受賞）『ギリシア・ヘブライの倫理思想』（ともに、東京大学出版会）、『旧約聖書の思想』『旧約聖書と哲学』『イザヤ書』『エレミヤ書』（いずれも、岩波書店）、『倫理の探索』（中公新書）、*Philosophical Interpretations of the Old Testament*, de Gruyter がある。

筑摩選書 0172

内村鑑三《うちむらかんぞう》 その聖書読解《せいしょどっかい》と危機《きき》の時代《じだい》

二〇一九年三月一五日　初版第一刷発行

著　者　関根《せきね》清三《せいぞう》

発行者　喜入冬子

発　行　株式会社筑摩書房
東京都台東区蔵前二-五-三　郵便番号 一一一-八七五五
電話番号　〇三-五六八七-二六〇一（代表）

装幀者　神田昇和

印刷 製本　中央精版印刷株式会社

ISBN978-4-480-01678-2 C0316

筑摩選書
0014

瞬間を生きる哲学
〈今ここ〉に佇む技法

古東哲明

私たちは、いつも先のことばかり考えて生きている。だが、本当に大切なのは、今この瞬間の充溢なのではないだろうか。刹那に存在のかがやきを見出す哲学。

筑摩選書
0071

一神教の起源
旧約聖書の「神」はどこから来たのか

山我哲雄

ヤハウェのみを神とし、他の神を否定する唯一神観。この観念が、古代イスラエルにおいていかにして生じたのかを、信仰上の「革命」として鮮やかに描き出す。

筑摩選書
0093

キリストの顔
イメージ人類学序説

水野千依

見てはならないとされる神の肖像は、なぜ、いかにして描かれえたか。キリストの顔をめぐるイメージの地層を掘り起こし、「聖なるもの」が生み出される過程に迫る。

筑摩選書
0106

現象学という思考
〈自明なもの〉の知へ

田口茂

日常における〈自明なもの〉を精査し、我々の経験の構造を浮き彫りにする営為——現象学。その尽きせぬ魅力と射程を粘り強い思考とともに伝える新しい入門書。

筑摩選書
0119

民を殺す国・日本
足尾鉱毒事件からフクシマへ

大庭健

フクシマも足尾鉱毒事件も、この国の「構造的な無責任」体制＝国家教によってもたらされた——。その乗り越えには何が必要なのか。倫理学者による迫真の書！

筑摩選書
0169

フーコーの言説
〈自分自身〉であり続けないために

慎改康之

知・権力・自己との関係の三つを軸に多彩な研究を行ったフーコー。その言説群はいかなる一貫性を持つのか。精確な読解によって明るみに出される思考の全貌。